Días de ruido y furia

Alfredo Urdaci

Días de ruido y furia

La televisión que me tocó vivir

PLAZA & JANÉS

Primera edición: enero, 2005
Segunda edición: febrero, 2005
Tercera edición: febrero, 2005
Cuarta edición: marzo, 2005
Quinta edición: marzo, 2005
Sexta edición: marzo, 2005
Séptima edición: abril, 2005
Octava edición: abril, 2005

Printed in Spain – Impreso en España

ISBN: 84-01-37908-3
Depósito legal: B. 18.995-2005

Fotocomposición: Fotocomposición 2000, S. A.

Impreso en A & M Gràfic, S. L.
Santa Perpètua de Mogoda (Barcelona)

L 379083

Para María, que es el origen de la fuerza y de la esperanza.
Este libro es para ella, como todo, y como siempre

Para Adrián y para Inés, ejemplo de lo
generosa que puede ser la inocencia

Índice general

Denme la libertad para saber, para expresarme y para argumentar libremente según me dicte mi conciencia, sobre todas las libertades.

JOHN MILTON

¿Por qué no habría de llegar yo hasta el final?

FRIEDRICH NIETZSCHE,
Ecce Homo

Prólogo

Me senté por primera vez en la silla del telediario un día de septiembre de 1998. Era el comienzo de una aventura que duraría seis temporadas. Durante todo aquel verano había probado las sensaciones y los imprevistos en un largo entrenamiento que tuvo que pasar los aprobados del director de Informativos, Javier González Ferrari, y del director general, Fernando López Amor. Cada uno de los tres asumía sus riesgos. En mayo de aquel año el telediario segunda edición se había quedado sin presentador, por la fuga de Sáenz de Buruaga a Antena 3. Con él, poco después, se marchaba Matías Prats. En el ambiente de Torrespaña flotaba una sensación de descomposición, de derribo. Los rumores, tan frecuentes en la casa, tan fantásticos casi siempre, hablaban de una voluntad política de desmantelar RTVE, de dejarla languidecer hasta caer en la anemia. La competencia era cada vez más intensa, y los canales privados iban consiguiendo igualar en medios la capacidad informativa de TVE. Aquel verano la casa estaba inquieta por el incierto futuro, y aquel septiembre, las palmadas en la espalda sonaban al «que Dios reparta suerte». Se tenía la impresión de que un trasvase de profesionales tan completo afectaría a la audiencia de los telediarios. Todavía no se había establecido la certeza de que los presentadores de los informativos no llevan detrás al pueblo de su audiencia en sus migraciones. Moisés habría fracasado en la era de la televisión.

Aquel primer día había más gente que de costumbre en el estudio. En la quinta planta, González Ferrari tenía invitados para aquel estreno. El calor en el plató era insoportable. La sintonía sonó a las nueve en punto de la noche. No recuerdo cuáles eran las noticias de aquel día. Pero no se me borra de la mente la intensidad de la luz de los focos y la angustia del sudor incesante que empapaba mi camisa. En cada entradilla las maquilladoras se afanaban por borrar todo brillo de humedad. Los deportes llegaron como un oasis. La espléndida María Escario, una de las personas que más ayudó con su experiencia, con su conocimiento y sobre todo con su generosidad, a que todo aquello saliera bien, tomó el relevo y relajó con su sonrisa la densa tensión de aquel estudio. El primero siempre es el peor, pero todo pasa. En muy poco tiempo, aquel pequeño equipo reunido en torno a Javier pudo demostrar que nada había cambiado, que TVE mantenía un liderazgo distante, por el que habría que trabajar muy duro cada día de los siguientes años. Nos tocaron tiempos muy interesantes en los que la televisión tuvo que responder con rapidez, rigor y eficacia a una demanda creciente de información. Recuerdo los años que he pasado en TVE como seis temporadas en las que, año a año, el número de horas dedicadas a la información crecía sin pausa ni descanso, mientras los telediarios buscaban la proximidad de la noticia y sacaban los estudios a la calle.

Ésta es la historia de esos años, de un tiempo vivido con pasión. Han sido seis años, seis temporadas sobresaltadas por los atentados del terrorismo islámico, por las campañas de acoso criminal de la banda terrorista ETA, por la catástrofe del *Prestige*, por las guerras de Iraq. El mundo de aquel primer telediario de septiembre de 1998 era muy diferente del que contábamos en abril de 2004. Pasamos de la seguridad de la posguerra fría y el fracaso del sistema comunista a la inseguridad del principio de un nuevo tiempo, de un nuevo siglo, marcado por una sensación de vuelta a las guerras y a la incertidumbre del medioevo. La vida nos ha situado en medio de tiempos interesantes.

Eso que para los chinos es una maldición, para los periodistas es una bendición.

En estas páginas se puede encontrar también la vida interna de RTVE, la cuenta de sus éxitos, que han sido muchos, y la de sus fracasos, que también los ha habido. Se habla y se escribe en abundancia sobre Televisión Española, pero se sabe muy poco sobre esa casa. Hay una historia interior que apenas se ha esbozado, que se ha mantenido siempre en la sombra, oculta, protegida por las reglas de la alternancia política. Hemos preferido la leyenda, la insinuación, el ataque, sin saber cómo funciona por dentro, quién toma las decisiones, cómo se organiza el trabajo, quién se encarga de los contenidos y cómo se discuten antes de ponerlos en antena. La televisión es un trabajo de equipos, de formaciones complejas en las que intervienen profesionales de campos muy diversos. Este libro intenta aportar luz sobre la maquinaria interna de Televisión Española y sobre las claves de su papel en los grandes acontecimientos del tiempo que me tocó vivir en esa casa, al frente o como parte de su equipo de los Servicios Informativos. Es frecuente escuchar en la redacción de TVE que ésa es una «casa de cristal». Todo lo que ocurre dentro se conoce fuera. Es sólo una apariencia. En realidad se sabe muy poco de la vida íntima de la televisión pública. Solamente se emiten algunos detalles. Es cierto que la parte más visible son los informativos, porque también es la zona más sensible. Pero el paisaje se oscurece cuando nos acercamos a Prado del Rey, a la región donde se compra y se vende, donde se programa, donde se dan cita los grandes intereses de las productoras, donde las poderosas empresas audiovisuales se juegan la cuenta de resultados. Hemos estado también, a nuestro pesar, en el centro de una batalla política por el poder, y como me dijo alguien en una conversación que se relata en este libro, «cuando los políticos se juegan su futuro, son capaces de todo». Este libro es la demostración de que esa aseveración es cierta.

Frente a las mixtificaciones de algunos grupos de comunicación, de presión, o de interés político, frente a las leyendas, frente a algunas campañas, éste es un relato desde el corazón de los Informativos de TVE. No tiene otra pretensión que contar una parte importante de la verdad, una serie de hechos, actuaciones, circunstancias, planes, estrategias, palabras, diálogos, entrevistas, sin las que el juicio, sea cual sea su resultado, sería incompleto, parcial. Es también una forma de ejercer un derecho de réplica que en la España iracunda de los últimos años ha sido uno de los derechos menos respetados para una parte de los ciudadanos. En este libro hay capítulos crudos, duros, vivencias ásperas, momentos de desolación y rabia, amenazas, derrotas. Pero también hay días, muchos, de ilusión, de entusiasmo, incluso de felicidad. Letizia Ortiz, hoy princesa de Asturias, llena con su presencia fugaz todo un capítulo en el que se cruzan las líneas de la pasión por el periodismo, el retrato personal y la intriga del secreto. Su paso por TVE es muy diferente del que han narrado algunos libros escritos en la urgencia de poner en las librerías versiones apócrifas sobre la vida de la prometida del príncipe. También en los libros las prisas son el pretexto de la mentira.

He comenzado mi relato en el 11 de marzo, en aquella mañana aciaga en la que fueron asesinadas 191 personas y en la que conocimos también la muerte de una de las personas más queridas en la redacción: Jesús María de la Calle. En la urgencia angustiosa de aquella mañana, nuestro primer dolor fue por él. Hay una regla de oro del periodismo que dice que importa más lo que está más cerca. Nuestra primera víctima de aquel día, antes de que los muertos de Atocha tuvieran nombres y apellidos, rostros y familia, fue nuestro compañero. Al margen de su muerte, el 11 de marzo concentra buena parte de las corrientes que circulaban por España desde marzo de 2000. El río turbio que atravesaba el país precipitó sus lodos el 14 de marzo. Por tanto en el examen de esos barros es donde hay que empezar a buscar algunas explicaciones. El periodismo es en buena parte el relato de la experiencia personal de los que lo han ejercido. Espero que la mía sirva a algunos, entretenga a otros, y permita sobre todo un acercamiento a una profesión apasionante, a una RTVE necesaria y a una circunstancia crucial.

La historia que cuenta este libro está cargada de deudas. La primera con los que integraron mi equipo en TVE, con Pedro Roncal y con Andrés Martín Velasco. Sólo ellos saben el precio personal que hay que pagar por tener a punto la maquinaria informativa. Espero que su destino esté a la altura de su experiencia, de su conocimiento y de su disposición para entregarse a un trabajo en el que han demostrado que contar con ellos fue un acierto. En estos años he tenido la fortuna de encontrarme en el camino con profesionales que me enseñaron casi todo lo que sé de televisión: con Antonio Casado, con José Luis Hernández, con Evaristo Canete, con Mauricio Rico. A todos ellos les debo más de lo que imaginan. Quiero dar las gracias en especial a Julio Montero, que me animó a escribir estas páginas cuando yo había perdido la confianza en la utilidad de publicar algunas verdades ocultas por el odio, la intolerancia y la voluntad de algunos de esconder su responsabilidad en medio de la confusión; y a mi editora María Borràs, que fue la primera en creer, desde su espíritu liberal, en la necesidad de reclamar un derecho de réplica. Finalmente, nada hubiera sido posible sin mi mujer. María conoce el lado más íntimo de la historia de estos años, y por tanto es y ha sido la persona adecuada para revisar el original y corregir algunos datos y algunos tonos modificados por la arena del tiempo.

1

Tres idus de marzo

Bomba en Atocha

La mañana del 11 de marzo, a las ocho menos cuarto, un mensaje en mi móvil, enviado por el director general de RTVE, José Antonio Sánchez, me alertaba de la explosión de una bomba en Atocha. La primera noticia, confusa, la había lanzado la radio. Los detalles de las consecuencias eran muy oscuros. Un primer rastreo radiofónico, saltando de una emisora a otra, ofrecía un panorama inquietante, además de una creciente confusión sobre lo que estaba pasando. Las televisiones se sumaron enseguida a la noticia que sería la única noticia de ese jueves y de los días siguientes, tal y como ya pasó el 11 de septiembre de 2001, en los atentados contra las Torres Gemelas y el Pentágono. En nuestro caso sólo las elecciones y su sorprendente resultado serían capaces, el domingo, de situarse por encima de la secuela de muertos, de heridos y de tanto dolor provocados por la cadena de bombas que acababa de estallar en los trenes de cercanías de Madrid.

Segundos después de leer el mensaje de Sánchez marqué el número del control del Estudio A1 de los Informativos de TVE. Respondió Juan Seoane, el editor del *Telediario matinal*. No habían dado las ocho. Le dije que dieran la noticia y que se centraran en el atentado y sus consecuencias, que enviaran inmediatamente equipos de rodaje y redactores a la zona del atentado y que comenzaran a marcar teléfonos para buscar testigos. Me contestó, entre el caos de los primeros minutos, con otra trágica noticia, a esa hora mucho más dolorosa porque la víctima ya tenía identidad y era, además, alguien muy querido por todos nosotros. Esa madrugada había fallecido Jesús María de la Calle, redactor de los Servicios Informativos, un hombre al que hacía dos meses le habían trasplantado los dos pulmones para evitar que muriera ahogado por un enfisema que había convertido sus órganos respiratorios en polvo.

Tachín, como le conocíamos en la redacción de TVE era uno de los hombres más queridos, un erudito con aspecto de sabio frágil que habitaba en un cuerpo consumido por el tabaco y el asma. De la Calle había sido, en mayo del 98, el hombre que con una generosidad absoluta, me había brindado todo su conocimiento, toda su experiencia en televisión, para que el bisoño recién llegado no fuera dando tumbos por una casa tan compleja como la nuestra, y en la que todos observan al «nuevo» con una curiosidad zoológica. Tachín había sido mi cómplice, y antes que el mío, había sido el cómplice de Javier Algarra, mi antecesor en la subdirección de Informativos de Televisión Española.

Tachín era delicado como el cristal. Una tarde, después del telediario, nos fuimos a almorzar a un restaurante cercano a Torrespaña, con la promesa de una merluza a la gallega que en la cazuela superaba cualquier descripción. Sólo recuerdo a Jesús Mari y a Eugenio Calderón, realizador de la primera edición de las noticias de TVE, un hombre dotado de una simpatía inolvidable y de una capacidad para el trabajo fuera de lo común. Con Eugenio lo más complejo era fácil. Su experiencia profesional, su tacto para tratar con las personas que integran un equipo, su control de las situaciones más extremas conseguían dar confianza incluso al más inseguro de los presentadores, o al más exaltado de los editores. En fin, Tachín demostró tal entusiasmo ante aquella «escapada» que aquella comida, para nosotros ligera, le dejó postrado durante doce horas. Sus últimos días en la redacción habían sido angustiosos: caminaba despacio, paso a paso, agarrado a la pared, inseguro de tener resuello para poder llegar hasta su mesa. Los apenas cuarenta metros que hay entre el ascensor y la puerta de la redacción los recorría en cinco o seis minutos. Al final, después de superar el trauma de una operación a tumba abierta, después de pasar el primer mes y cruzar el umbral más delicado de la fase de rechazo, el corazón, que había soportado con fuerza todo aquel calvario, se rompió. Le había visitado tan sólo unos días antes en la Unidad de Trasplantes de Puerta de Hierro. Estaba postrado en la cama. A su lado había una mesa con una radio, varios libros y algunos periódicos. No podía hablar. Se comunicaba a través de un cuaderno. Lo primero que escribió fue: «¿Cómo va la boda de Letizia?». Su gran ilusión era estar bien para poder asistir a la boda de aquella chica a la que también había ayudado en sus primeros pasos en el telediario. Él era consciente de que a esa hora había ganado lo más difícil de la guerra para adaptar a su cuerpo los dos pulmones que le permitían seguir viviendo. «He salido de ésta», escribió en su cuaderno de anillas.

Jesús Mari se había roto esa madrugada y mis primeras lágrimas fueron para la persona que yo conocía, aunque la marea de emoción que me derrumbó a esa hora de la mañana venía en buena parte desde las vías del tren que mueren en la estación de Atocha, donde los primeros cronistas entraban ya apresurados en todas las emisoras de radio y de televisión, e iban sumando con la vista los cadáveres de la matanza. La angustia de las voces que narraban en los medios contenía más información que los datos objetivos que se escuchaban a esa hora. Y no era difícil saber por qué. Cualquiera que haya viajado un día en los trenes de cercanías que llevan a decenas de miles de trabajadores y estudiantes al centro de Madrid sabe que una bomba en esos vagones provoca una carnicería de consecuencias espantosas. Los trenes que vienen del Corredor del Henares y entran en Atocha en las primeras horas de la mañana, dejan en los andenes a miles de personas contagiadas por el sopor de la madrugada: jóvenes que buscan el metro para llegar hasta la Ciudad Universitaria, trabajadores, inmigrantes, una marea humana.

En pocos minutos pude movilizar con unas pocas llamadas de teléfono a decenas de personas, a los responsables de la redacción, a los periodistas, a los productores, a los responsables de las unidades móviles, a los editores o a los encargados de los estudios. Cada llamada se convertía en otras tres, que a su vez iban multiplicando la cadena en una progresión que habíamos repetido muchas veces, en otros tantos atentados de la banda terrorista ETA, cada vez que el sobresalto de «atentado en tal sitio» nos rompía el ritmo previsto de nuestro trabajo diario. Ante una situación similar, lo normal es que un organismo complejo como una redacción de televisión, con todo su aparato técnico, provoque desconcierto. La dimensión de una noticia como aquella que iba creciendo como una bola de fuego puede provocar la parálisis porque todo el mundo se siente desbordado. ¿Por dónde empezar? ¿Qué es lo que se debe hacer? ¿Quién toma las decisiones? Y más importante, cuando ya todos los responsables reaccionan ¿cómo evitar que se emitan órdenes o indicaciones contradictorias? Lo más urgente es fijar la cadena de mando, y hablar con el escalón inmediatamente inferior: con el jefe de Producción que se encargará de que los productores sepan lo que tienen que hacer; con el jefe técnico, que debe transmitir a quienes dependen de su unidad dónde y cómo tienen que trabajar; y al responsable que esté en la redacción en ese momento, para que organice, de acuerdo con el resto de los ejecutivos, a los redactores. En televisión se trata de hacer equipos, y de saber trabajar en equipo. Un redactor sirve de poco si no lleva a su lado a un reportero gráfico, y en muchas ocasiones este segundo es más importante que el primero. Pero un equipo desplazado a un lugar donde hay una noticia, sirve de poco si no hay forma técnica de que esas imágenes y esa información lleguen a la redacción central. Para que todo eso funcione, los servicios de producción y la organización técnica son trabajos vitales. Un error en una de las partes arruina el todo.

«¿Qué hacemos con Zapatero?»

Uno de los primeros problemas que hubo que resolver aquella mañana fue el de la emisión del programa *Los desayunos de TVE*. Antes del comienzo de la campaña electoral, el Consejo de Administración había aprobado la cobertura informativa propuesta por el director general. En ese plan figuraba una serie de entrevistas a los cabezas de lista de los partidos que tenían representación parlamentaria. Aquel 11 de marzo, el turno era para José Luis Rodríguez Zapatero, que había pasado por la casa el día anterior, para grabar una entrevista que se emitió a las diez de la noche por La 2. El desayuno se emitía en directo, a las nueve y media de la mañana y con una duración de treinta minutos. El problema era cómo encajar una entrevista de media hora en un momento tan crítico, sin privar a la audiencia de información durante todo ese tiempo. Hablé con Julia del Río, productora del programa para buscar una solución urgente. «¿Qué hacemos con Zapatero?», me preguntó nada más descolgar el teléfono. Se trataba, le dije, de combinar entrevista con información: no podíamos anular la entrevista porque a esa hora no teníamos ni idea de la magnitud de la matanza y porque la mecánica electoral de RTVE es tan rígida que una vez que se pone en marcha no se puede detener sin provocar una tormenta política. El plan, en aquella primera conversación con Julia, minutos después de las ocho de la mañana, fue, por tanto, combinar la información que nos llegaba desde Atocha y después desde el resto de las estaciones, con la entrevista, dar prioridad siempre al relato de los hechos y a los testigos y cumplir, en la medida de lo posible, todos los compromisos.

Ésa era la idea a las ocho y diez minutos de la mañana. Pero la realidad estaba cambiando a pasos de gigante y lo que valía a una hora se quedaba viejo un minuto después y había que recomponer de nuevo toda la estrategia. Hacia las nueve de la mañana Rodríguez Zapatero llegaba a Prado del Rey para la entrevista, y después de una urgente sesión de maquillaje se sentaba en la antesala del estudio donde a esa hora ya estaban, entre los primeros cafés, Luis Mariñas, Pilar Cernuda y Ester Esteban. El primer comentario de Zapatero antes de comenzar el programa proyectaba una larga sombra de su pesimismo sobre el resultado del domingo: «Si es ETA el PP tendrá mayoría absoluta». Ésa fue su primera impresión y su primera conclusión en voz alta, antes de entrar en el estudio para la emisión. Las bombas de los trenes de cercanías provocaban ya a esa hora una onda expansiva sobre el veredicto de las urnas. El primer diagnóstico del jefe de la Oposición indicaba que en ese momento, en la oscuridad de los escasos datos que se tenían, bajo la conmoción creciente del horror del que poco a poco íbamos siendo conscientes, Zapatero veía cómo se alejaba lo que el lunes anterior era un barrunto de victoria. Aquel día, en la recta final de la campaña, se sentía próximo a una derrota dulce: «Me conformo —dijo— con romper la mayoría absoluta del PP, y eso creo que ya lo hemos conseguido».

Cuando Zapatero se sentó en la silla para la entrevista, antes del «Dentro» que marca en voz alta el comienzo de la emisión, la redactora Carmen Pérez estaba describiendo para quienes a esa hora habían sintonizado La Primera, y a través de un teléfono móvil, un paisaje desolador, el escenario de una carnicería, el espantoso resultado de las bombas. Por prudencia nadie se atrevía con las cifras, pero si en las radios y en las televisiones se hablaba de diez, de veinte, de treinta muertos, los madrileños estaban multiplicando esos números por tres o por cuatro para llegar a esa hora a una estimación más cercana a la realidad. Advertido por los responsables del programa de que a esa hora lo fundamental eran las noticias sobre los atentados, Zapatero dejó reducida la entrevista a diez minutos, una eternidad para quien buscaba en esa mañana caótica algo de información, algún detalle seguro, y en muchos casos, una certeza en imágenes a la que agarrarse para tener la seguridad de que tal o cual persona no había sufrido los efectos devastadores de aquellas bombas. Durante el cruce urgente de preguntas y respuestas el secretario socialista expresó en todo momento la seguridad de que la banda ETA había conseguido romper la campaña electoral y que había logrado su propósito de burlar los controles de seguridad para sembrar el rastro de la muerte con un «gran atentado» en Madrid antes de que los españoles votáramos en las elecciones del domingo.

Concluida la entrevista, veinte minutos antes del horario previsto, la información se convirtió de nuevo en una corriente sin final, en un formato abierto, continuo y sin interrupciones. Este informativo-río que comenzó minutos antes de las ocho de la mañana del jueves 11 de marzo, terminaría la noche del sábado, es decir, tres días después. Fueron tres jornadas de trabajo intenso, agotador. Nuestro propósito sería, a partir de la primera hora, contarlo todo en directo, dar la información más completa, con el máximo de rigor, sin obviar ningún detalle, pero cuestionando las muchas trampas que se podían tender en un momento crítico como aquél, a tan sólo tres días del voto. Era urgente organizar la redacción para afrontar una jornada que sería larga con una mínima perspectiva, con un pequeño esqueleto de programación informativa al que iríamos colocando los órganos fundamentales y el músculo de toda la organización para ofrecer un informativo sin pausas. Lo primero que hicimos esa mañana fue convocar a todos los responsables de áreas y a los responsables de los programas, sobre todo *Informe semanal*, para encargar a cada uno una función específica. Cada programa tiene su ritmo y su cadencia de producción. En un informativo continuo como éste, o como los emitidos durante el 11-S, lo más importante es tener un pequeño esquema cargado de recursos para colgar de cada uno de ellos los diferentes elementos de la oferta informativa. Es fundamental que un equipo pequeño de editores se encargue por ejemplo de elaborar un resumen de situación para que cada hora los espectadores tengan una presentación ordenada de los hechos, de sus consecuencias. Hay que gobernar el caos porque quien se sienta delante de un televisor quiere que las cosas se presenten ordenadas, con la jerarquía de las noticias a las que les hemos acostumbrado: primero los hechos, luego sus consecuencias, después los relatos personales y las historias de dolor, de humanidad o de compasión que se encierran en cada tragedia, para continuar por los reportajes que dan profundidad a las coberturas y por último las valoraciones, las opiniones y las derivaciones políticas. Es importante que, conforme pasan las horas, se vayan incorporando a ese resumen las novedades en todos los frentes, para que la audiencia tenga, al menos cada sesenta minutos, una «puesta en hora» del reloj de la información. En definitiva, se trata de hacer un telediario cada hora sobre la base de la misma noticia.

Pero ése es sólo el armazón. El resto son entrevistas en directo o declaraciones grabadas, reportajes añadidos, trabajos que permitan establecer una perspectiva a los hechos del día. A primeras horas de la mañana, en esa reunión se encargó a Baltasar Magro, director de *Informe semanal*, que pusiera un equipo a elaborar reportajes con el resumen cronológico de los hechos, y que intentara rescatar del archivo algún trabajo sobre víctimas de ETA. Porque ese día, a esa hora, no había ninguna duda. Antes de que el ministro del Interior expresara su certeza de que los sicarios de Josu Ternera habían conseguido su viejo propósito de provocar una gran matanza, otros muchos habían manifestado idéntica seguridad, una certeza no demostrada que estaba también en la mente colectiva.

Los primeros que dieron la noticia esa mañana fueron Antonio Parreño y María José Molina. El primer relevo en la pantalla llegaría poco antes de las diez. Ana Blanco tomó el testigo. Ella fue la primera que desde la redacción de Televisión Española habló de la autoría de una forma espontánea. Ésta fue su primera frase: «ETA ha cometido una masacre en Madrid». Las conexiones se sucedían mientras en la redacción el equipo de edición y un pequeño grupo de redactores se afanaban por poner algo de orden en una ola de datos que crecía de una forma exponencial y en la que primaba todavía a esa hora el desconcierto sobre cuántas bombas habían estallado y en cuántos lugares. Desde los puntos de directo establecidos en las zonas afectadas por la cadena de atentados, y en el polideportivo Daoiz y Velarde, donde se había trasladado a los heridos, comenzaron a entrar las primeras entrevistas, con responsables de Renfe, con portavoces de los servicios de emergencia. El ritmo poco a poco se ralentiza, y da tiempo a asimilar los datos, a darles relieve, a cuestionarlos incluso.

A esa hora lo más importante eran las víctimas, las familias, los heridos. Una de las primeras entrevistas que se sirvieron en directo fue la de Manuel Sempere, portavoz de Renfe. La compañía había suspendido la circulación ferroviaria en Madrid. Sempere dirá que no tiene ninguna constancia de llamadas a los teléfonos de Renfe para avisar de la colocación de las bombas o para atribuirse el atentado. Ante las cámaras comienzan a desfilar, aturdidos, los primeros testigos de los atentados, viajeros de los trenes que han escuchado las explosiones, y que han visto lo que nunca podrán olvidar, vecinos de los barrios de El Pozo o de Santa Eugenia. Entre ellos hay un hombre que llora. Ha escuchado la explosión en el tren que acaba de coger su hijo. El padre ha salido de casa corriendo. Su hijo está entre los muertos. Desde Atocha nos llegaron también las primeras declaraciones del alcalde de Madrid y de la presidenta de la Comunidad, Esperanza Aguirre. Gallardón agradeció la solidaridad y la condolencia de todas las instituciones, de los alcaldes y de las comunidades autónomas. Hasta los alrededores de la estación llega también el vicepresidente del Gobierno, Rodrigo Rato, y el ministro del Interior. Las primeras palabras de Acebes no contienen ninguna referencia a los autores de la matanza. Acebes pidió serenidad y que se dejara trabajar a los servicios de información y a las unidades de emergencia.

Las conexiones en directo se sucedían y poco a poco fuimos construyendo el esquema mental de las bombas, la geografía del dolor, a través de los puntos donde se había situado a las personas que nos iban a contar los pliegues del horror de aquella trágica mañana: la imagen de Ana Jiménez nos llegaba desde Santa Eugenia, donde entrevistó a testigos de las explosiones; la de Mavi Doñate desde Atocha, donde hablaba con los policías encargados de los controles de seguridad en una zona en la que se temía que pudiera haber más bombas trampa; la de Sandra Sutherland desde el hospital Gregorio Marañón, desde donde nos informa a media mañana de que el número de víctimas mortales supera el centenar, de que hace falta mucha sangre para atender a los heridos, y de que ha comenzado la peregrinación de los familiares por los hospitales, en busca de desaparecidos, en busca de una pista o de un indicio, de una última esperanza.

La primera intervención en directo, esa mañana, será la del secretario general y candidato popular Mariano Rajoy, que desde la calle Génova dice que España está de luto por las víctimas, envía un mensaje de apoyo a las familias y promete que España terminará con la «lacra asesina del terrorismo». Mientras hablaba Rajoy el equipo de realización recupera las declaraciones de Zapatero de *Los desayunos* de esa mañana, para emitirlas a continuación. El candidato socialista llama a la unidad de las fuerzas democráticas, y pide una respuesta del Parlamento y de los partidos políticos. Zapatero reclama una respuesta de participación en las elecciones del domingo 14 de marzo. Ésa sería la tónica esos días. Nadie iba a tener ventaja en la presencia en la pantalla. Y si al final alguien la tuvo, ésos fueron, como verán, el Partido Socialista y sus dirigentes.

Las condenas esa mañana se sucedieron con más rapidez y con más urgencia que en los cuarenta años de nuestra trágica historia de terrorismo. «No más bombas, no más muertos», se podía leer en una pancarta desplegada en el Parlamento Europeo, mientras Pat Cox ordenaba un minuto de silencio en la Cámara. La terrible coherencia del discurso narrativo la establecía en el siguiente plano un Pedro Carreño, jefe del Área de Economía, reconvertido por unos días en el testigo y narrador de lo que estaba ocurriendo en el pabellón número 7 de Ifema, donde el ayuntamiento de la capital había levantado una inmensa morgue en la que trabajaban forenses y psiquiatras, en la que se agrupaban los cadáveres, y en la que se derrumbaban las esperanzas de tantas familias ante el lugar de la verdad y la certeza de la muerte.

Sombras en el gabinete

A media mañana nos llegaron las primeras imágenes del gabinete de crisis, en las que se veía al presidente Aznar, a los ministros Acebes y Zaplana, a los vicepresidentes Rato y Arenas, al secretario de la Presidencia Zarzalejos, y al secretario de Comunicación Alfredo Timmermans. Están sentados a una mesa en una de las salas del palacio. La sala está mal iluminada y los presentes se miran, pero no hablan. La imagen no es buena, transmite estupor, parálisis, quizá miedo. Algunos pensaron que en ese momento hubiera sido más eficaz convocar a la oposición, ofrecer una imagen de cohesión al margen de la campaña electoral, paralizada desde esa mañana. Los planos que vimos de aquella sala eran imágenes sombrías, que no transmitían la fuerza de un estado que acababa de recibir el golpe terrorista más fuerte de nuestra historia. Volveríamos a ver al Gobierno, en el exterior de la sede de la Presidencia, cuando se reunieron para el minuto de silencio.

Antes de las tres de la tarde se ofrecieron tres comparecencias en directo: la del ministro Acebes, que a las dos de la tarde apunta, rotundo, a ETA, como autora de la matanza; la de Rodríguez Zapatero que desde la sede socialista de Ferraz vuelve a pedir unidad y promete perseguir a los terroristas; y por último la del presidente Aznar, desde el palacio de la Moncloa, en la que convoca a los españoles a manifestarse al día siguiente, viernes, contra el terrorismo y promete perseguir, encontrar y castigar a quienes han cometido la matanza de esa mañana.

A las tres de la tarde comenzó la emisión del telediario primera edición. Como es lógico buena parte de la emisión de ese jueves, de una duración excepcional, se dedicó a los hechos, a la cadena de bombas, a las declaraciones de los testigos, a los primeros datos de la investigación, al estado de los heridos y al trabajo de los servicios de emergencia y de la sanidad. Pudimos escuchar también las condenas, la de Gaspar Llamazares, la de Juan José Ibarretxe, fundamentada en la certeza absoluta de la matriz vasca en esa matanza, la de Josep Antoni Duran i Lleida, y las de Víctimas del Terrorismo, y de los grupos que en el País Vasco sufren a diario la presión y el acoso de la alegre muchachada pro terrorista. En la cadena de imágenes de las concentraciones, una me llamó la atención: Josep Lluís Carod-Rovira se coloca junto a Pasqual Maragall en la plaza de Sant Jaume, frente al palacio de la Generalitat. En el centro de un silencio unánime se eleva una voz que grita un «¡Viva España!» que se queda sin respuesta.

La tarde fue el tiempo de las entrevistas. En la agenda de Mariano Rajoy hay una cita a las cuatro y media de la tarde en los estudios de Torrespaña. A esa hora estaba previsto que grabara una entrevista que debía ser emitida a las diez de la noche. Rajoy fue recibido en la puerta por José Antonio Sánchez. Llegó a maquillarse pero la entrevista no se realizó: no tenía sentido en aquel clima y una vez que los partidos habían anunciado la suspensión de su actividad electoral. La intención de Rajoy era dar por cumplido el trámite con una breve declaración sobre la matanza. Antes de que llegara le habíamos enviado el mensaje de que estaba invitado a participar en la emisión en directo que habíamos comenzado a las ocho de la mañana. Rodríguez Zapatero recibió un mensaje idéntico de mi parte. Podía participar a la hora que quisiera, en directo, o bien en el estudio, o bien desde la sede de Ferraz, a través de la línea digital. Rajoy aceptó. A las cinco de la tarde se sentaba en el estudio para la entrevista. Su primera respuesta apuntaba una mínima pero sólida certeza: «Lo único que tengo claro, y lo tengo muy claro —dijo al comenzar—, es que hay que perseverar en la política que hemos mantenido y no darles ninguna salida, porque la única es que dejen de matar. La vida no se puede negociar, ni la vida, ni los derechos, ni las libertades. Hay que mantener la serenidad. Todo el pueblo de Madrid la ha mantenido y es reconfortante ver que tantas y tantas personas han ayudado y se han prestado voluntarias para donar sangre. Vamos a terminar con ETA y lo vamos a hacer entre todos».

«Invita a Zapatero»

Siempre bajo al estudio con el teléfono móvil. Sé que es una manía peligrosa porque las ondas pueden perturbar los micrófonos del estudio. Pero también es verdad que en alguna ocasión un SMS ha sido el medio por el que me ha llegado la confirmación de alguna noticia de última hora. Ese día, consciente de que iba a pasar unas cuantas horas sin moverme del estudio, lo dejé abierto y en el modo «silencio» junto a la impresora que tenemos bajo la mesa. Antes de que terminara la entrevista con Mariano Rajoy me llegó un mensaje de Alfonso Nasarre, uno de los hombres de confianza de José María Aznar en asuntos de comunicación. Entendí que se trataba de una indicación del propio presidente. El mensaje era tan claro como escueto: «Invita a Zapatero». La respuesta le llegaría minutos después a través del mismo medio: «Ya lo he hecho».

Antes de que Zapatero apareciera en el monitor que en el estudio indica la señal previa, entrevistamos a Daniel Portero, hijo del fiscal de Granada asesinado por la banda; a Maite Pagazaurtundúa, la hermana de Joseba, también asesinado por pistoleros de ETA; a Mikel Iriondo, de Basta Ya, y al psiquiatra Luis Rojas Marcos, una de nuestras brújulas en el 11 de septiembre y una ayuda preciosa para intentar asimilar el horror al que estábamos asistiendo desde por la mañana. Rojas Marcos fue útil sobre todo para que muchos padres supieran cómo administrar la información y las imágenes ante sus hijos, para evitar la inconmensurable huella traumática que deja la violencia en la mente de los niños.

A las seis y media de la tarde llegó la hora del secretario de los socialistas. En sus palabras no había resquicios para la duda: «La barbarie y la locura de los criminales —dijo— tiene poca explicación desde el sentido común y desde la convivencia en libertad. Lo que ha hecho siempre la banda terrorista no tiene ninguna explicación. Sólo produce dolor e indignación, y todo el país está con las víctimas y con las familias que sufren esta barbarie que ha cometido ETA en Madrid».

«Es fundamental —respondió en otro momento— que haya un gran liderazgo que una a todos los partidos contra ETA, para que ganen la batalla a aquellos sectores que apoyan la violencia o que tienen comprensión hacia la violencia. Esa batalla se gana con firmeza, con más medios, todos los medios policiales y judiciales, todo el esfuerzo para arrinconar y detener y llevar a la cárcel a los terroristas.» Zapatero pecisaba así la posicion de su partido frente a sus socios catalanes de ERC. A principios de año Carod-Rovira se había entrevistado con dirigentes de ETA en Perpiñán, en una entrevista que sirvió para hacer el boca a boca a una banda asfixiada en lo político y destrozada por la vía policial. Semanas después de aquel encuentro, y poco antes de las elecciones, ETA firmó un comunicado en el que reconocía la cita de Perpiñán y anunciaba una tregua específica para Cataluña, desde entonces territorio libre de los ataques de la banda.

Minutos después de la entrevista, las cifras oficiales ya elevaban el número de víctimas mortales hasta las 181 personas. Ángel Orte, en directo desde la calle Téllez, cuenta que el último cadáver ha sido levantado a las siete menos veinticinco minutos de la tarde. Desde el resto de los puntos donde esa mañana han estallado las bombas, se repite la misma noticia: el trabajo judicial ha terminado, sólo quedan los escombros y los restos de los vagones despanzurrados por las explosiones. La tarde seguiría entre entrevistas, y nuevos invitados insistieron en la lógica que concluía que aquello sólo podía ser obra de ETA, que estaba en su diseño, que formaba parte de sus planes, y que lo habían conseguido. ¿Cuántas veces se recordó aquella tarde, por unos y por otros, que algún dirigente de la banda había amenazado en sus cartas y en sus peroratas ante los tribunales con cometer un atentado de proporciones descomunales para forzar una negociación? Nicolás Redondo Terreros precisaba que «tenemos que pensar que la banda está débil, y que le estamos ganando desde la firmeza del pacto de las libertades. Y cuanto más débil más desesperada, por eso intentó en Navidad una matanza, y por eso lo repitió hace unos días. Hoy lo han conseguido».

Desde los estudios de TVE en Bilbao, Redondo se dirigió así a las víctimas: «Que sepan que nos tienen a todos, y les quiero decir que vamos a ganar y que tenemos un arma extraordinaria para ganar: el voto, las elecciones. Tenemos que decir que no estamos dispuestos a dialogar sino a vencer y eso lo podemos hacer con el voto el día 14 confirmando la política antiterrorista. Ante quienes dan oxígeno tenemos que ser implacables. Hoy he oído en una emisora de radio a un dirigente de ERC que decía que esto viene a demostrar, este terrible suceso viene a demostrar que él tenía razón cuando hizo lo que hizo. Tenemos que ser implacables con estos comportamientos». Por la mañana Carod-Rovira había declarado a la Ser que el atentado le daba la razón, que sólo el diálogo con los terroristas podía conseguir detener estas matanzas. Es decir, que quien no se sienta con ellos y ceda a las presiones está condenado a asistir a su propio funeral. En un razonamiento encadenado, Carod-Rovira podría haber continuado diciendo que Cataluña había evitado que esas bombas estallaran en las cercanías de Barcelona gracias al pornográfico viaje del dirigente de ERC a Perpiñán. Nicolás Redondo terminará su entrevista con estas palabras dirigidas a Carod-Rovira: «La paz, la libertad y la dignidad no tienen precio. Hoy es el momento de decirlo con claridad. Tienen valor, pero no precio».

A esa hora la reina doña Sofía, el príncipe de Asturias, su prometida Letizia Ortiz y las infantas visitan en los hospitales de Madrid a los heridos. Desde Estados Unidos llega la condena de George Bush y la promesa de Powell de más ayuda a España para terminar con la banda. Desde Francia, Paco Audije afirma que el Gobierno ha reforzado sus medidas antiterroristas y que el ministro del Interior Nicolas Sarkozy dice que la pista más probable es la de ETA. Sarkozy habló aquella tarde con Acebes y puso a su disposición toda la ayuda y todos los medios de Francia en la lucha contraterrorista.

Hacia las ocho de la tarde estábamos a la espera del mensaje del rey. A media tarde habían salido de Torrespaña los equipos de grabación, coordinados por el subdirector de Producción Patricio de la Nuez. La Casa Real nos había solicitado asistencia para grabar las palabras de don Juan Carlos. Ese mensaje sería emitido desde Torrespaña a una hora determinada de antemano para que todas las cadenas pudieran tomar la señal y emitirla. Yo estaba en el estudio y por tanto aquella tarde no supe de los detalles de la grabación y emisión del vídeo, pero después he podido reconstruir el paso a paso de lo que ocurrió en aquellas horas. La grabación terminó tarde porque comenzó con retraso. La hora de emisión se coordinó con la Moncloa para evitar que coincidiera con la rueda de prensa del ministro Acebes que minutos después de las ocho compareció ante los medios para dar detalles de la investigación. Algunos medios, en especial la Ser, insinuaron que TVE había retrasado la emisión del vídeo con el mensaje del rey para dar prioridad a Acebes. Venían a decir que habíamos marginado al rey en beneficio de Acebes. Se trata de una acusación estúpida y sin ningún fundamento. ¿No estaban presionando esos mismos medios para que el Ministerio ofreciera información puntual de cada novedad en la investigación? ¿Qué hubieran dicho esos mismos medios si el mensaje del rey hubiera sido difundido antes de que Interior anunciara el descubrimiento de una furgoneta en la que se habían hallado detonadores y una cinta con versos coránicos? Hacer periodismo no es difundir sospechas sino confirmarlas antes de ofrecerlas. En Torrespaña cumplimos al milímetro nuestros compromisos con la Casa Real y con los espectadores. El rey nos dejó su mensaje a las ocho y media de la tarde, a pesar de que CNN lo había emitido un poco antes. La explicación es sencilla. Una unidad móvil de TVE, situada en las inmediaciones de la entrada del palacio de la Zarzuela, tenía que enviar el vídeo a Torrespaña para que fuera distribuido al resto de las televisiones. Como es habitual, se envió primero una prueba para ajustar la señal y comprobar que la imagen y el sonido llegaban con la calidad óptima. Los circuitos de distribución estaban abiertos y CNN copió esa señal y la utilizó para sus emisiones. El mensaje que difundieron en su señal internacional no estaba íntegro porque para la prueba sólo se pasó la primera parte. El resto de las cadenas conectó a las ocho y media de la tarde. Para entonces ya sabíamos de la existencia de la camioneta y la cinta con los versículos coránicos.

Acebes aportó muchos detalles nuevos en aquella hora. La policía alertada por el portero de un inmueble de Alcalá cercano a la estación, había localizado una furgoneta, que había sido robada, en el barrio de Tetuán el 28 de febrero. Examinado el vehículo se habían hallado en su interior varios detonadores y una cinta con versos del Corán sobre la enseñanza. El atentado se había cometido con diez mochilas cargadas con entre ocho y diez kilos de explosivo, y con otras dos que contendrían entre once y doce kilos. Entre todas sumaban más de cien kilogramos de dinamita, de la variedad utilizada por ETA. La banda seguía siendo la línea principal de investigación, aunque el ministro añadía que el hallazgo de la furgoneta le había llevado a ordenar que no se descartara ninguna hipótesis y que abrieran nuevas vías que llevaran a detener a los autores de la matanza.

El ministro citó los precedentes de Navidad, y la furgoneta interceptada la semana anterior en una carretera de Cuenca para sostener la mano de ETA como autora de las explosiones de los trenes, por su modus operandi. «Lo único que ha cambiado es la estación —dijo Acebes—. Quisieron hacer lo mismo en Chamartín en Navidad, y ahora lo han cometido en Atocha.» El ministro también enviará mensajes a Arnaldo Otegi, que esa mañana, mientras el entorno de ETA está paralizado por los efectos de las bombas, a la hora en la que temen el efecto bumerán de aquella barbarie, sale el primero a asegurar que los suyos, los de la banda, esta vez no han sido. Para el ministro, Otegi es uno de los interesados en crear confusión.

Pasadas las nueve de la noche, la puerta hacia la pista islámica se abre un poco más. Tan sólo un poco, porque su movimiento es incluso dudoso y muy discutible. Un despacho de la agencia Efe fechado en Londres habla de una carta, enviada al diario en árabe *Al-Qods al-Arabi* (*Jerusalén Árabe*), en la que una organización ligada a la red Al-Qaeda se atribuye las bombas de Madrid. Minutos después de haber leído en directo ese texto de Efe nos llega la respuesta del Gobierno. El gabinete Aznar ha tenido conocimiento de esa carta y advierte de que hay que tener todas las cautelas ante una atribución más que dudosa. La misiva dice así en uno de sus párrafos: «El escuadrón de la muerte ha conseguido penetrar en el corazón de los cruzados europeos, y ha infligido un doloroso golpe a uno de esos cruzados, a uno de los pilares de ese grupo, a España. Firmado: Brigadas Abu Hafs al-Masri, Al-Qaeda». Fuentes de Scotland Yard señalan que hay que dar poco crédito a esa atribución, porque el grupo que la firma ha llegado a asumir como atentados terroristas todo lo que altera la vida normal de Occidente, incluso el apagón que dejó sin luz a Nueva York el verano de 2003.

Mientras, los forenses seguían trabajando entre los restos humanos, al mismo tiempo que los familiares, muchos de ellos inmigrantes, se sometían a la desgarradora prueba de reconocer a los suyos. En las vías los técnicos retiraban los restos de los vagones reventados. Nosotros hicimos una pausa, poco después de las diez de la noche para escuchar la voz de las víctimas, las de todas las víctimas. Desde el archivo de TVE nos llegaba la voz de los que habían perdido a los suyos, vidas segadas por las bombas, por la irracionalidad, por el odio. Baldomero Barral Pérez, Paloma García, José Ángel Fernández, Teresa Díaz Bada, Rubén Múgica y Juan Antonio Núñez hablaban en TVE sobre sus sentimientos, sobre la pérdida, sobre la vida después de la violencia, sobre la justicia o la venganza. Desde la mezquindad más absurda y motivado por la tensión política que ya se vivía a aquellas horas, alguien dejó su protesta en el correo interno de TVE, para quejarse de que se emitiera un reportaje de víctimas de ETA cuando «la pista se inclinaba —decía— hacia el terrorismo islámico». Precisamente la singularidad de aquel reportaje, elaborado al calor del homenaje que el Parlamento español había dedicado en septiembre de 2000 a las víctimas en el primer reconocimiento público de las instituciones a su testimonio y a su sacrificio, era que todos hablaban desde lo más profundo del corazón, allí donde el dolor no distingue entre razones de independencia, fronteras territoriales o disparates integristas de la religión.

Allí estaba Baldomero Barral Pérez, hijo de un matrimonio asesinado en el atentado de la calle del Correo de Madrid. Sus padres estaban pasando unos días de vacaciones en Madrid, un remedo de la luna de miel que no habían tenido cuando se casaron. Fueron a tomar un café a la cafetería Rolando, a la hora prevista para que estallara la bomba, en aquel atentado nunca reconocido por la banda ETA. Fue el 13 de septiembre de 1974. Baldomero quedó huérfano a los cuatro meses y medio. Su testimonio marca la oscuridad y el silencio en el que vivieron las víctimas durante tantos años. «No había ningún tipo de ayuda del Estado ni económica, ni de ninguna manera. En todos estos años nadie ha llamado a ver cómo nos iba, si habíamos muerto, si habíamos tenido que pedir por la calle. Les daba igual. Yo he notado una soledad increíble, y por eso de ese sufrimiento le hago en parte culpable al Estado porque si nos ayudasen no pasaría. Yo tenía a mis abuelos, pero él se tuvo que marchar a Londres a trabajar para darme de comer. Y murió con el martillo en la mano. Eso es muy duro.»

Por el reportaje pasaba también Paloma García, hija de un hombre asesinado por la banda terrorista ETA a los 30 años en un bar de Algorta del que era propietario. Paloma repetía una frase que puede ser el eco de todas y cada una de las víctimas: «No hay un porqué». La madre, una mujer cacereña, había regresado a Extremadura porque no soportaba la presión. A su marido lo asesinaron en el bar. Paloma no recuerda el día. Pero guarda las fotocopias de lo que se publicó y mientras ojea esos recortes repite: «En mi caso no hay un porqué, ¿por qué lo mataron? Y si me dan un porqué tampoco me voy a quedar tranquila. Tengo odio y rencor porque quiero tenerlo, no quiero dejar de odiar. A mí no me sirve que me digan que el terrorismo se va a acabar, porque queremos hechos».

Podemos seguir con Teresa Díaz Bada, hija del teniente coronel Carlos Díaz Arcocha. Teresa ha estudiado psicología y sus palabras, a tan sólo unas horas del atentado, son reveladoras de lo que puede estar pasando en el alma de las víctimas de la matanza de Madrid. «El duelo en una muerte por terrorismo es diferente. Al ser una muerte de un ser humano provocada por otro ser humano, el duelo es muy distinto. En este país, hasta ahora ha habido una clasificación de las víctimas. Las ha habido de primera, de segunda y de tercera.» Rubén Múgica, hijo del abogado Fernando Múgica, asesinado por un pistolero de ETA, deja una reflexión final: «Las diferencias políticas son lo de menos, lo que importa es que cuando un ciudadano es asesinado en la calle toda la sociedad tiene que salir contra ese crimen». Y aún antes del final podremos escuchar a Juan Antonio Núñez, hijo de un militar asesinado en Madrid cuando habla desde el corazón de quienes han sufrido la violencia: «Las víctimas necesitamos el apoyo de la sociedad. Cuando se dan los homenajes no se da apoyo sólo a las víctimas de ese atentado sino también a todas las demás».

La noche avanzaba, y todavía tendríamos tiempo de recapitular varias veces, y recordar la extraña carta recibida en ese diario digital de Londres, con esos ecos de guerra de religión, y aquella retórica inquietante de la *yihad*. Desde la calle Téllez, desde El Pozo del Tío Raimundo o desde Santa Eugenia nos llegaban entre las sombras y el vaho frío del ambiente, la luz de las velas de los altares improvisados en las estaciones, y las palabras de los grupos de vecinos que se detenían unos minutos para la oración por los muertos. La emisión terminó pasadas las doce de la noche con una entrevista al portavoz del Gobierno, el ministro Eduardo Zaplana. La Ser llevaba una hora repitiendo, sin base ni fundamento, su certeza de que entre los cuerpos mutilados se había encontrado el de un suicida. Zaplana lo negó con rotundidad. Pasadas las doce de la noche el Canal 24 horas tomó el relevo para mantener el pulso del corazón informativo de la casa, hasta que el *Telediario matinal* recogiera el testigo para dar continuidad a otra larga jornada.

Antes de marcharme subí a la séptima planta. José Antonio Sánchez había pasado el día en Torrespaña, para ponerse al frente de la situación. El día había sido tenso y difícil, de una emoción contenida, y con un ambiente interno en la redacción que algunos grupos se encargaron de que fuera hostil. JAS, como le llamamos por el acrónimo de sus iniciales, me dio un abrazo, me felicitó por el trabajo, me pidió que transmitiera su agradecimiento a la redacción y nos fuimos a casa. En todo el día no se vio por Torrespaña el perfil hamletiano y dubitativo del hombre que siempre estaba ausente en los días más complicados: el director de TVE, Juan Menor. Como responsable de la antena y de la emisión, y por tanto de todo lo que saliera por la caja catódica, había optado por esconderse. El hombre que dos meses después diría que durante su mandato vio «cosas raras en TVE» y que se definió como «un mercenario» que trabaja para quien le pagara, no estuvo en el corazón de la casa en aquellas horas críticas, ni en ésas ni en las que siguieron a la primera jornada. No le volvería a ver hasta el domingo, más allá de la medianoche, cuando después del programa *Especial elecciones* nos encontramos en la antesala del despacho del director general y me dijo: «Ahora cada uno tiene que pensar en sí mismo». No entendería el sentido de esa frase hasta dos meses después.

La noche de ese 11 de marzo, a la una de la madrugada, nos encontramos en la puerta de Torrespaña con algunos redactores que regresaban de sus puntos de conexión, exhaustos, con el rostro pálido y desencajado. Otros habían tomado el relevo para mantener el operativo durante toda la madrugada. He de añadir que en todo el tiempo que he sido responsable de Informativos en TVE he visto muchos ejemplos de la profesionalidad de sus trabajadores, en especial de los redactores, y de quienes están al frente de las unidades de montaje. Hay un reflejo inmediato en esa casa que la lleva a entregarse al trabajo en los momentos críticos, con una generosidad y un esfuerzo que debería ser tenido en cuenta por todos los que disparan contra TVE con el interés de minar sus bases. Aquella noche llegué a casa antes de las dos, después de atravesar un Madrid desierto, más triste que nunca, en una de esas horas en las que percibimos que la gran felicidad es estar vivos, estar bien, tener a los nuestros cerca, poder abrir la puerta de un rincón cálido donde te esperan.

12 DE MARZO

A las nueve y media de la mañana del 12 de marzo el vicepresidente del Gobierno, Rodrigo Rato, se sentó en la silla que tenía reservada en el Estudio A1 de Torrespaña. La agenda del reparto de tiempos para los partidos le otorgaba treinta minutos en *Los desayunos de TVE*. Pero no hubo desayuno esa mañana, y para guardar el equilibrio y la proporcionalidad se le entrevistó durante diez minutos, los mismos que tuvo Zapatero el jueves a la misma hora. Rato empezó por reconocer que estábamos en los días más tristes de la historia de España desde la guerra civil. La alusión a aquel tiempo me llamó la atención, porque en la calle se empezaba a percibir un clima de indignación y de división que comenzaría a cuajar por la noche en las manifestaciones de Madrid y de Barcelona y que fue alimentado hasta crecer y convertirse en motín el sábado para fraguar el domingo en el acoso a algunos ministros y dirigentes del Partido Popular. En los días posteriores se irían añadiendo víctimas a los que «guillotinar» en la plaza de la opinión pública. Algunos medios, animados por un espíritu de revancha, jalearon con toneladas de desinformación y arengas esa reacción que algunos calificaron de «espontánea». Esa mañana Rodrigo Rato agradeció a los madrileños y a los servicios de sanidad y emergencias, el trabajo y la dedicación en atender a los heridos. No dio mucho crédito a las atribuciones a grupos cercanos a Al-Qaeda que habíamos registrado la noche anterior y pidió a los españoles que respondieran con su voto al atentado. No hubo en sus palabras ninguna alusión política, ningún detalle que pudiera hacer pensar que estaba utilizando los diez minutos para estirar una campaña electoral que estaba suspendida. Desde temprano, esa mañana, uno de los insignes integrantes del llamado «comité antimanipulación», el sanedrín definidor de las esencias, se paseaba por la redacción con una premonición: «Ahora sólo falta que no sea ETA y que pierdan las elecciones».

La mañana del 12 avanzó sobre los raíles que habíamos puesto el día anterior: las conexiones con el pabellón de Ifema, con los hospitales, y con las estaciones de tren. En medio de la desolación, los responsables de los bomberos de Madrid, como el subinspector Orellana o el coordinador del Suma, Alfonso Infante, fueron desfilando por el estudio para contar historias de víctimas, de solidaridad y de esfuerzo. La información progresa también y se mueve en las dos hipótesis: la islamista y la del terrorismo vasco. En ese mar de dolor y desgracias llegó hasta mi despacho una agradable caricia: «La Academia de Televisión se enorgullece por la excelente cobertura informativa realizada por tu cadena con motivo del brutal atentado cometido en Madrid». Lo firmaba Ignacio Salas, el presidente de la Academia.

Las versiones oficiales insisten en la autoría de ETA como la línea recta, el camino más corto entre las bombas y las manos que las dejaron bajo los asientos de los vagones. Pero los detalles de la jornada anterior, la furgoneta y la carta de Londres obligan a mantener viva la vía islamista. Una tercera hipótesis se abre camino esa mañana. Dionisio García, experto en terrorismo internacional del Ceseden, declara en una entrevista en directo, el viernes, que él tiene la convicción, por el tipo de explosivo utilizado, de que ETA es la autora de la matanza. Pero añade que el alcance del atentado, la cantidad de víctimas, y el propósito de hacer saltar por los aires la estación de Atocha podrían indicar que esta vez no han estado solos. García desliza sobre la mesa la tesis de la colaboración entre bandas terroristas, una posibilidad que muchos mantienen a la luz, o más bien por las sombras arrojadas por la investigación posterior.

El propio Aznar en su intervención de esa mañana desde el palacio de la Moncloa dice que «más allá de cualquier extremo que se deba esclarecer, ninguna sociedad puede distinguir entre terrorismo explicable o inexplicable. No debe haber reservas ni las habrá en nuestro compromiso para derrotar a los terroristas. El fanatismo religioso o el fanatismo étnico sólo se diferencian en su coartada pero obedecen al mismo instinto asesino y destructor».

Poco después Zapatero se presenta ante las cámaras, de nuevo en la sede de Ferraz. Otra vez se escuchan elogios para los médicos de las emergencias, y los sanitarios de los hospitales. «Tenemos que poner toda nuestra energía —dice— para dar a los familiares consuelo y amor. Y lo único que nos reconforta es que nuestros ciudadanos están dando un admirable testimonio de solidaridad y de temple moral. Las manifestaciones de esta tarde son una gran oportunidad para compartir el dolor y expresar nuestra firmeza frente a cualquier forma de terrorismo. Pido a todos, más allá de las ideas de cada uno, que acudan a las manifestaciones convocadas para esta tarde y que expresen la máxima firmeza con serenidad, que expresen el dolor, la solidaridad, el amor a las familias de las víctimas, que expresen los valores de nuestra convivencia, la libertad, la paz.» La comparecencia de Zapatero se transmite íntegra, incluidas las preguntas que quieren saber si Zapatero o su partido tienen alguna queja sobre la información que les ha dado el Gobierno («la información que me ha facilitado el presidente del Gobierno es la misma que se conoce públicamente») y otra en la que desde una cadena de radio se le pide que valore el hecho de que algunos medios públicos estén haciendo campaña electoral encubierta. A esto Zapatero no responde, quizá porque no comparta un juicio tan falso y tan mendaz, o quizá porque las televisiones, y la primera la pública, están ofreciendo en directo las complejas preguntas de nuestros colegas en Ferraz, preguntas con tesis y respuesta servida en bandeja, de esas a las que uno puede responder con un monosílabo.

Como en un juego en el que todos se observan, como en las cuatro esquinas, todos van saliendo, uno detrás de otro. Después de Zapatero llega el turno de Mariano Rajoy. Se presenta ante los periodistas en la sala de prensa de Génova, con traje oscuro, camisa azul y corbata negra. «Quiero que sepan —comienza— que lo más importante que ha ocurrido en el día de ayer son las víctimas y sus familias y que en cualquier actuación los tendremos siempre presentes. Estoy reconfortado y orgulloso de mis compatriotas, que cumplieron con su obligación al máximo de sus posibilidades, de los miembros de las fuerzas de seguridad, de los bomberos, de los profesionales de la sanidad, de la Cruz Roja, del Samur, de todos los que hicieron cuanto pudieron para que las cosas salieran bien.» TVE ofreció también esta comparecencia en directo, en la que Rajoy expresó su confianza plena en las informaciones que estaba dando el Ministerio del Interior. «Me fío de las fuerzas de seguridad —contestó—. Cuando el terrorismo golpea quieren que bajemos la cabeza y no lo vamos a hacer. Tenemos que salir a nuestras calles y tenemos que decir sí a la vida y sí a la libertad.» Minutos después Llamazares se une al coro para decir que IU «seguirá detrás del Gobierno y con las fuerzas democráticas, contra cualquier terrorismo. Edificaremos con las manos unidas un muro frente a la violencia y frente al terror, estaremos con el pueblo de Madrid y con el resto de fuerzas democráticas respaldando la lucha contra el terrorismo».

En medio de tanta declaración política las palabras de Irene

Villa, mutilada por una de las bombas de la banda ETA, son una caricia de consuelo. Irene se acercó aquel viernes hasta Ifema para prestar el hombro a quien no se sostenía y para regalar unas lágrimas a quienes ya no tenían para llorar. A esa hora Madrid, Barcelona, Bilbao, Pamplona, Sevilla, Valencia, todas las ciudades de España se preparaban para una sola manifestación. Pero antes íbamos a escuchar nuevos detalles sobre las bombas del jueves. Los últimos datos indican que hay 199 fallecidos, de los que 141 ya estaban identificados. Veinticuatro de las víctimas eran ciudadanos extranjeros y en los hospitales seguían ingresadas 279 personas. Pero la gran novedad es que la noche anterior, al examinar los restos de la matanza, se ha encontrado una mochila cargada con una bomba que no ha llegado a estallar. Ese artefacto está compuesto por dinamita Goma 2 Eco, reforzada con metralla para multiplicar el efecto, y armada con un detonador que está conectado a un teléfono móvil. El reloj digital del teléfono hace las funciones de temporizador. El atentado estaba preparado para no fallar. Acebes insiste en ETA: «Hemos analizado el modus operandi de la Nochevieja de 2002 y de la Nochebuena de 2003 y el atentado que pretendían cometer en Baqueira Beret y eran precisamente doce o trece explosivos para multiplicar los efectos de la actividad criminal. Todo esto tiene mucha relación con las acciones criminales de la banda, sobre todo con el tren dirigido a Chamartín». La primera línea de investigación, dice el ministro, sigue siendo ETA. El ministro recuerda que ETA ha utilizado Goma 2 en el pasado, y Titadine cuando era de origen francés. La dinamita esta vez viene de España. Acebes apunta también que se ha encontrado un teléfono móvil con una tarjeta que se están investigando, y que serán elementos fundamentales para practicar al día siguiente, sábado, las primeras detenciones. Acebes cortó el turno de preguntas después de mirar el reloj y darse cuenta de que llegaba tarde a la manifestación.

Los planos aéreos que a esa hora servía el helicóptero de TVE a todas las demás televisiones ofrecían un paisaje urbano sobresaltado en el que era imposible ver un metro cuadrado de asfalto. Cientos de miles de personas se habían echado a la calle en medio de una lluvia incesante. No se veían pancartas, no se escuchaban gritos. Tan sólo de vez en cuando se repetía entre algunos grupos el «No estamos todos, faltan doscientos». En algunas zonas de la manifestación de Barcelona el clima era otro. A los incidentes por el intento de agresión a Rodrigo Rato y a Josep Piqué, que estaban al frente de la delegación del Partido Popular, se añadieron algunas pancartas que anticipaban lo que veríamos el sábado. «Basta de mentiras, no al terrorismo del PP», decía una de esas pancartas que se pudo ver en las pantallas durante un buen rato en esa televisión según algunos, «tan manipulada». Al margen de esos detalles importantes, creo que las imágenes de TVE reflejaron la verdad de una situación tan excepcional. No sólo por los planos cenitales del helicóptero que subía y bajaba por el paseo de la Castellana y dondequiera que miraba se encontraba con las calles atestadas, sino porque ofrecimos durante varias horas, conexiones con todas las capitales de las comunidades y con algunas ciudades que aun no siendo capital tenían una importancia clave y un valor especial en su testimonio contra el terrorismo. Mientras la manifestación intentaba moverse por el centro de Madrid como un paquidermo en un armario ropero, nos llegaban desde el País Vasco las noticias de dos llamadas de un comunicante anónimo: una al diario *Gara* y otra a ETB. En las dos una voz que decía pertenecer a alguien de la banda negaba cualquier relación con la matanza de Madrid. Las llamadas no se habían grabado. Alguien recordó a esa hora que pocos días antes habían aparecido pasquines en la parte vieja de San Sebastián en los que se llamaba al sabotaje contra la Renfe.

EXCLUSIVA: HABLA EL PORTERO

La marcha se cerró pasadas las nueve e invadió con la fuerza democrática de las calles la emisión de un telediario que todavía guardaba alguna sorpresa. Pasadas las diez de la noche emitimos un reportaje con una entrevista exclusiva con el portero de la finca que había avisado a la policía de la existencia de la furgoneta. Es más, él fue la única persona que ha reconocido haber visto a los pasajeros de aquel vehículo en el momento en que sacaban las mochilas para colocarlas en los trenes.

Manuel Artero, uno de los buenos reporteros de *Informe semanal*, había conseguido una primicia. Junto a un periodista del diario británico *The Guardian*, había conversado durante varios minutos con el portero con la única condición de que mantuviéramos oculta su identidad. La cámara rodó un plano a media altura y en los momentos en los que su rostro se giraba se había velado la imagen para garantizar el anonimato. Y el portero contó la siguiente historia: «Eran las siete de la mañana y vi a tres jóvenes encapuchados, en una furgoneta, y me llamó la atención porque no hacía frío, al menos no suficiente frío como para que fueran encapuchados. Pensé que quizá iban a cometer un atraco. Luego vi que iban a la estación y pensé que iban a recoger los diarios gratuitos, y es cuando vi esto. Uno se dirigió a la estación, y los otros dos se quedaron en la furgoneta. No me fijé mucho porque no asocias lo que iba a pasar después». «¿Los vio usted?», pregunta Artero. «Sí, bueno era el clásico encapuchado que ves en la televisión el que iba a la estación, tenían el estilo de los encapuchados que salen en la televisión, los de la ETA. No puedo precisar la ropa que llevaban porque eran las siete de la mañana, y estábamos entre dos luces, eran altos, el que fue hacia la estación uno ochenta por lo menos.»

Aquel reportaje provocó una situación de tensión en la redacción. El llamado «Comité Antimanipulación», formado por militantes de Comisiones Obreras, y algunos viejos nostálgicos de la más extrema de las izquierdas, la que utilizaba las pistolas para abrir paso a la lucha de clases, emitió una nota con comentarios a aquel trabajo de Artero. La nota decía que el vídeo era una manipulación intolerable, una deformación interesada. Artero bajó al día siguiente a la redacción en busca de los colegas que habían escrito aquella infamia. Encontró a Tomás Almena, hoy adjunto del Área de Economía, y le dijo que en todos los años que llevaba de reportero en Televisión Española, y llevaba muchos, jamás había visto una cosa así, que nadie le había manipulado el texto o las imágenes, y que él había contado lo que había visto, y había reproducido las palabras que el portero había pronunciado. Los enfrentamientos en el seno de la redacción, gracias a los juicios sumarísimos de un pequeño grupo de redactores y sindicalistas de Comisiones, estaban a la orden del día. Ésa no fue la única ocasión en que la tensión estuvo a punto de llegar a un enfrentamiento físico. Los jueves de cada semana el citado comité se reunía en los locales sindicales para juzgar el trabajo de directivos y de periodistas, y después emitía un informe que era remitido a los medios de comunicación para su difusión. Era un comportamiento plenamente democrático en el que nadie podía hacer alegaciones ni defenderse. Poco antes de las elecciones generales convocaron un referéndum, una votación para saber si la redacción estaba dispuesta a promover un estatuto del redactor. Como es lógico la mayoría votó a favor. Al día siguiente el diario *El País* publicó este titular: «Quinientos periodistas votan en TVE contra la manipulación». El titular era un ejemplo más de las tergiversaciones del diario independiente de la mañana. En TVE no hay quinientos periodistas ni aunque se cuente como tales a los vigilantes de seguridad. No se votó contra la manipulación, sino a favor de un estatuto de redacción. La dirección dejó que aquella elección se desarrollara con normalidad. Volvían a deformar los hechos hasta no reconocerlos en beneficio de una opción política, la del grupo Prisa.

Después de este paseo por la redacción, volvamos al portero, a su charla en la portería, junto a los buzones, con Manuel Artero y con el periodista de *The Guardian*. En el momento en que aquel hombre hablaba en aquella cinta estaba pensando en los etarras que salen en las noticias cuando ofrecen sus comunicados. La última vez que les había visto fue cuando nos contaron en un vídeo enviado a la televisión pública vasca que regalaban una tregua a Cataluña, un dulce envenenado que la comunidad catalana rechazaría desde el primer instante. Vuelvo a ver el reportaje de Manuel Artero en mi archivo y veo al portero que cuenta cómo la policía se llevó la furgoneta entre la una y las dos de la tarde, después de haber examinado el vehículo y con la calle cortada y desalojada para prevenir alguna nueva explosión. Es curioso cómo luego este mismo portero, en su declaración ante la Comisión del Congreso, dijo que se trataba de árabes, que lo había visto con toda claridad. Sin embargo, en la entrevista dice que no se pudo fijar mucho, que todo estaba entre dos luces, y que los encapuchados eran como los de la tele. Nadie en TVE quiso rescatar para los telediarios aquella primera declaración cuando el portero pasó por la Comisión del Congreso. Aquel primer testimonio tenía el valor de la inmediatez y de una memoria fresca, no mediatizada ni condicionada por los acontecimientos que iban a sucederse en los días siguientes a la entrevista ni por las llamadas de teléfono de algún diputado. En condiciones normales de presión y de temperatura esa declaración ante la comisión se tendría que haber puesto frente a la de la misma persona al día siguiente de los atentados. Pero nadie en TVE quiso volver atrás para mirar las cosas con una mínima perspectiva. Cuando las radios reclamaron aquel documento, los responsables de Informativos les dijeron que se vendían al precio de una noticia fresca y del día. Y las radios, al menos algunas, lo consiguieron por otras vías, menos onerosas.

De lo que escuchamos aquella noche recuerdo también las palabras del todavía presidente de Castilla-La Mancha. Bono dijo al terminar la manifestación que el desmentido de ETA no tenía crédito, y que había que esperar a las investigaciones del Ministerio del Interior. «Personalmente no doy la más mínima credibilidad —dijo—, a quien su principal actividad y su principal intención es el asesinato.» El entonces presidente castellano-manchego y hoy ministro de Defensa es de esos políticos que no pierden oportunidad y no dejan tampoco que tú la pierdas. Él personalmente solía avisar a los medios de las declaraciones que había hecho o de lo que pensaba decir, y sugería incluso la parte más importante para acotar el discurso que en su opinión debía salir en televisión. Dos meses después, con Zapatero ya en la Moncloa, Bono llamó una tarde para hacer una petición. «El presidente va a dar una rueda de prensa —dijo— y claro, como es la primera vez que comparece como presidente, todo el mundo le va a preguntar a él. Hacedme el favor, que vaya alguien de los vuestros y que me pregunte a mí algo porque si no, no voy a poder hablar.» No hablar o que no le dejen hacerlo es lo peor que le puede ocurrir a don José Bono. En la rueda de prensa de Zapatero, emitida en directo por TVE, no hubo preguntas. Zapatero leyó una declaración institucional en la que anunciaba la retirada de las tropas. Pocos días antes, esa misma semana, Bono le había prometido al Gobierno de Estados Unidos que no retirarían a nuestros soldados hasta que Naciones Unidas discutiera una nueva resolución. Zapatero le dejó colgado de la brocha. Bono no sabía que aquella tarde ZP no iba a abrir ningún turno de preguntas, desconocía que se trataba de una declaración institucional, y por primera vez tuvo que asistir en silencio al anuncio que le hubiera gustado hacer como ministro.

13 DE MARZO

La historia del 13 de marzo se escribió sobre los ecos de la manifestación del 12 y sobre los intentos de convertir la circunstancia en un ariete con el que derribar al Gobierno del Partido Popular. La victoria en las elecciones era más una cuestión técnica que política y así la plantearon algunos grupos y algunos medios de comunicación. Pasé el día en Torrespaña, dedicado primero a la preparación de los avances de la mañana y del programa especial que precedió a la primera edición del telediario. A primeras horas de la tarde me contaron que por los móviles de Madrid circulaba un mensaje con este texto: «Jornada de reflexión y Urdaci trabajando. Todos a Génova. Pásalo». A esa hora estaban trabajando muchos otros periodistas, mucho más cerca de Génova, en un trabajo que sí era incompatible con el clima de serenidad y calma previo a una jornada de voto. A esas horas, por ejemplo, Fernando G. Delgado, responsable de uno de los programas más plurales y equilibrados de la radio española, repetía un gesto que ya había practicado en las elecciones de 2000. En aquel año, el mismo día del voto, dijo que votar a la derecha suponía elegir a los hijos de quienes habían fusilado en el treinta y seis a Federico García Lorca. Esta vez fue más preciso, y en plena jornada de reflexión pronunció esta frase lapidaria: «Mañana tenemos, tienen ustedes, la oportunidad de terminar con gente como Federico Jiménez Losantos, Carlos Dávila, Alfonso Ussía y Alfredo Urdaci, herederos directos de los que asesinaron a Lorca». Como no ha terminado conmigo y tampoco, creo, con los otros, entiendo que nadie ha seguido la consigna criminal del locutor. La alta densidad del odio con el que estaban cargadas aquellas palabras de plomo llevó a una oyente a pedir al locutor que retirara lo que había dicho. Delgado se negó.

La mañana había transcurrido entre funerales en el Corredor del Henares. Zaplana había hecho una declaración desde la sala de prensa del Consejo de Ministros en la que había hablado de la transparencia del Gobierno. El Ejecutivo seguía pensando que lo que había pasado era muy parecido a lo que perseguía ETA, aunque se sometían a lo que dijera la policía a partir de la investigación. «Muy parecido» ya no es lo mismo, y aquello sonaba a cambio de rumbo, a giro de timón suave y gradual, aunque la maniobra implicaba ir en otra dirección. El ministro portavoz terminó su comparecencia con el agradecimiento a los españoles por su participación en las manifestaciones del viernes.

Un puñetazo contra un paralítico

A media tarde comienzan a formarse concentraciones en las sedes del Partido Popular, en especial ante la sede de la calle Génova. Los manifestantes cortan la calle y dicen que quieren la verdad antes de votar. ¿Quién había organizado aquella protesta? Algunos diputados de la izquierda han reconocido que aquel sábado enviaron mensajes de móviles con el «pásalo» De la sede del Partido Socialista, de su maquinaria para enviar mensajes de móvil, instalada desde hacía tiempo, salieron entre el viernes y el domingo trescientos mil mensajes. Nadie ha explicado todavía su contenido, sus destinatarios y la curva de emisión de aquel río de propaganda. ¿Con qué listado trabaja ese sistema? ¿Por qué el PSOE no ha facilitado los datos en un ejercicio de transparencia? ¿Habría tenido algo que ver en esa convocatoria la persona que quince días antes había amenazado a José Antonio Sánchez con reunir ante la puerta de Torrespaña y en plena campaña electoral a veinte mil personas? ¿Era el mismo que advirtió al director general de RTVE de que estaba dispuesto a encerrarse en un despacho de la redacción de TVE con una pancarta en la ventana? Más adelante veremos cómo se expresaron esas amenazas y quién las formuló. Es importante, porque en la trastienda de la campaña sonaron algunas advertencias que indicaban que se preparaban protestas, acontecimientos fabricados para la televisión y para los medios, caceroladas, ruido, y una estrategia para el control de la calle. «Vamos a salir en la BBC», le había dicho Pepe Blanco a Jenaro Castro, editor de telediarios unas semanas antes, en la entrega de un premio periodístico de un diario de Lugo. La presión en la redacción de Torrespaña arreciaba aquella tarde. Formaba parte de una misma pinza. Militantes de Comisiones Obreras exigieron al director adjunto, Pedro Roncal, que conectara en directo y en avances especiales con la calle Génova. Su argumento era que se trataba de una manifestación «espontánea». Roncal les respondió que su concepto de la «espontaneidad» era otro. En otros canales el foco se vuelve hacia la sede de los populares. CNN+ transmite en directo el motín, mientras la Ser mantiene abierta la conexión de forma permanente. ¿Información o agitación? La policía mira atenta la concentración desde la plaza de Colón. Mi criterio es que esa noticia se debe dar en el telediario, con su justo alcance, con su dimensión, sin magnificarla hasta el punto de que se convierta en una llamada al alboroto, y sin romper el espíritu de un día de reflexión. Ni el número de los que protestaban ni la naturaleza de su concentración justificaba otro tratamiento, salvo que compartiéramos la idea de algún grupo de presión de que el resultado electoral dependía de la técnica con la que se administraran las circunstancias de aquella noche. Estábamos asistiendo a una estrategia trotskista, muy conocida por los militantes centrifugados desde el estallido en pedazos de la extrema izquierda hacia formaciones políticas como el PSOE o Izquierda Unida. Se trataba, como decía León Trotski de «ocupar la ciudad, controlar los puntos estratégicos, derribar al Gobierno. Para eso tenemos que organizar la insurrección, formar y adiestrar un pequeño grupo de asalto. No mucha gente: las masas no sirven para nada, con un pequeño grupo nos basta». Los puntos estratégicos ya no eran como en otro tiempo las centrales eléctricas, o telefónicas. Lo neurálgico aquella tarde y en aquella situación en una sociedad como la nuestra son las televisiones y los medios de comunicación. La clave era organizar el acontecimiento para buscar la máxima visibilidad y la mayor difusión. Los que conocen la televisión saben cómo convertir dos mil en doscientos mil: planos cortos y cerrados, mucho sonido ambiente, más un comentarista exaltado que simpatice con la algarada y mucho, mucho tiempo de emisión en directo.

A las ocho de la tarde, fiel al compromiso de dar información cierta y segura cada vez que dispusiera de ella, Ángel Acebes vuelve a comparecer ante los medios. El ministro anuncia la detención de varias personas, algunos de ellos de origen marroquí. El rastro de las tarjetas telefónicas cierra la calle de ETA para dejar un solo pasillo en el que se escucha cada vez con más fuerza la llamada apocalíptica contra el infiel. El telediario de las nueve de la noche abrirá con la noticia de esas cinco detenciones. La operación, decimos, está abierta y se han registrado varias viviendas y edificios. Todo se hace a partir de las órdenes de un juez de la Audiencia Nacional. El ministro añade que los detenidos tienen relación con organizaciones marroquíes. La segunda imagen de la noche es la de la concentración: dos mil personas cortan la calle Génova y lanzan gritos contra los dirigentes del Partido Popular, y contra el Gobierno. Desde Marruecos, Miguel Ángel Idígoras recuerda los atentados de Casablanca, asumidos por un grupo llamado Los Leones de la Unidad Divina en un comunicado al que se le dio una nula credibilidad. Se trata, dice Miguel Ángel, de excombatientes de la guerra de Afganistán, vecinos de los suburbios miserables de Casablanca y Rabat. Algunos de ellos, termina, aparecen en el sumario abierto por Garzón a la red Al-Qaeda.

Poco antes del telediario había recibido una llamada del director general José Antonio Sánchez que me comunicaba que en torno a las nueve de la noche habría una comparecencia de Mariano Rajoy. Le expresé mis dudas sobre la conveniencia de darla en directo por una sola razón: estábamos en jornada de reflexión, Rajoy era candidato, y podíamos incurrir en un delito. Reflexionamos en voz alta y llegamos a la conclusión de que la situación era excepcional, y que si habíamos dado la noticia de los que protestaban en la calle no teníamos ninguna razón para negar al secretario de los populares una respuesta a ese acoso callejero. Para esa hora sabíamos que desde el Partido Socialista se había convocado a los medios para un comunicado en los minutos siguientes. O dábamos los dos o no conectábamos con ninguno. Elegimos la primera opción. En términos de comunicación creo que la comparecencia del candidato fue uno de los más graves errores políticos de esos días. El secretario de los populares brindó a Rubalcaba la oportunidad que estaba esperando: Rajoy cayó en la trampa de la provocación y entró al juego. Pienso que Mariano Rajoy nunca debió responder al grupo que estaba en la calle, y que ésa era en todo caso la tarea de alguien del aparato del partido pero no de un candidato. En términos políticos su derrota comenzó a cuajar con aquella comparecencia. La situación era muy delicada y de una enorme tensión, y en Génova la dirección del partido y buena parte de los ministros del Ejecutivo asintieron y respaldaron la decisión. Rajoy quiso dejar claro desde el primer momento que su presencia estaba justificada por su condición de secretario general del Partido Popular.

«Soy Mariano Rajoy, secretario general del Partido Popular y candidato. He acudido a la sede porque se está produciendo una manifestación ilegal e ilegítima que rodea nuestra sede imputando graves delitos contra el Partido Popular. Son hechos antidemocráticos que no se habían producido en la historia de nuestra democracia... Hoy es un día de reflexión en el que están prohibidas manifestaciones para que el proceso electoral discurra limpiamente. Les pido que cesen en su actitud. A lo largo del día de hoy dirigentes políticos han realizado declaraciones que tienen que ver con esta manifestación. Estamos esperando a que se tomen las medidas pertinentes que aseguren que el proceso electoral se va a celebrar en libertad y sin coacciones. Exijo a los organizadores que suspendan cualquier acto convocado para esta noche, que es grave muestra de intolerancia. Pido a los partidos que desautoricen estas manifestaciones que están dirigidas a influir sobre las elecciones. Esta manipulación no la vamos a consentir.»

En contra de los deseos de Rajoy, la manifestación continuó y desde el PSOE se abundó en la manipulación. La comparecencia del candidato popular sirvió en bandeja a los socialistas la oportunidad de salir aquella noche y difundir un mensaje redactado de tal forma que se pedía a los electores que no votaran a un «gobierno mentiroso». Esa TVE «tan manipulada» como denunciaban los dirigentes socialistas y como no se había cansado de repetir el secretario general Rodríguez Zapatero, oculto aquella noche tras la máscara de Rubalcaba, fue la única televisión en España que ofreció aquella comparecencia que merece figurar como anexo en los libros de Maquiavelo y de Curzio Malaparte. El comunicado elaborado en la trastienda de Ferraz comienza con la celebración de la detención de cinco personas, felicita a las fuerzas de seguridad y acusa al Gobierno de mentir y de ocultar información. «Los ciudadanos españoles —terminaba el texto— se merecen un Gobierno que no les mienta, que diga la verdad. El PSOE conocía las líneas de trabajo de la investigación y por respeto a las víctimas hemos estado callados.» Fue como un «puñetazo en el rostro de un paralítico». Desde el Gobierno, su portavoz presionó para que no diéramos la intervención de Rubalcaba, pero fue inútil.

Esa noche romperíamos la programación con dos avances más: uno de Acebes, aquel en el que el ministro anunciaba el hallazgo de una cinta de vídeo en una papelera junto a la mezquita, en la que un grupo islámico se atribuye los atentados del jueves. En el otro avance se emite un comunicado, grabado en la sede de la agencia Efe y no en los estudios de TVE como se ha dicho y escrito. En ese vídeo, el ministro Zaplana contesta a las acusaciones de Pérez Rubalcaba. De todo lo que vi aquella tarde y aquella noche desde mi casa, la información más equilibrada, la más ecuánime, la más rigurosa, y la menos escorada por la pasión fue la de los Informativos de Televisión Española. Hablo de información, que era mi responsabilidad, y no de la emisión de películas que son competencia de otras personas, a las que luego aludiré. Algunos medios, sobre todo los de Prisa, intentaron deformar la realidad para difundir la idea contraria y mantener el acoso y la persecución. Aquella noche sólo se cometió un error, pero ésa ya no era una cuestión de nuestro departamento, el error vino de un escalón más arriba. Se lo voy a explicar, porque también, en el caos aparente de aquellos días, algunos quisieron atribuirme la programación en la noche del sábado de la película *Asesinato en febrero*. Estoy en condiciones de detallar paso a paso el camino y las manos que llevaron esa cinta hasta la parrilla de TVE.

ASESINATO EN FEBRERO

El jueves 11 de marzo, a media mañana, Manuel Soriano, director general de Telemadrid pidió a sus colaboradores que buscaran algún producto de ficción, alguna película, o capítulos de alguna serie que tuviera como asunto central de su narración el mundo del terrorismo vasco y la historia de sus crímenes. Lo que le ofrecieron una hora después no le gustó. «Había algunas cosas —me cuenta—, pero todas escapaban a la coherencia de los hechos de ese día.» Soriano tenía un problema: carecía de capacidad suficiente para sostener una programación informativa las veinticuatro horas del día y por tanto tenía que buscar alguna pieza que encajara y que le permitiera descansar en la oferta de noticias, algo que no sonara a frívolo en aquel trágico ambiente fúnebre. Los productores de Telemadrid le dijeron que TVE tenía en su biblioteca *Asesinato en febrero*, y Soriano se puso en contacto con Juan Menor, director de TVE, responsable de antena y de emisión, la persona que en la casa sabe qué es lo que hay y qué lo que no tenemos, y responsable en última instancia, como administrador único, de todo lo que se emite en la cadena. Ésos son asuntos que en una casa tan compleja como TVE no llegan nunca al despacho del director general. Soriano le pidió a Menor que le prestara la película para emitirla el viernes. Pero Menor, consciente de que tenía una baza importante en su mano y que veía que en el horizonte inmediato podía enfrentarse a problemas similares para componer la programación, se hizo el loco. No le dijo ni que sí ni que no, simplemente se dedicó durante todo el día a jugar al gato y al ratón y a no ponerse al teléfono. Soriano recurrió a Sánchez para desbloquear la situación y el director general le pidió a Menor que accediera a las peticiones de Telemadrid. De esa forma la televisión pública de la Comunidad emitió la cinta el viernes, día en que todavía tenía sentido el relato de los familiares de Buesa y de su escolta Jorge Díez, asesinados el 22 de febrero de 2000 en Vitoria, con una furgoneta cargada con más de veinte kilos de explosivos. Para Menor, ese préstamo, al que accedió a regañadientes, significaba que sólo tendría el sábado para programar la película. Los motivos por los que no varió sus planes hay que preguntárselos a quien hoy sigue siendo director de Televisión Española. Sólo alguien ajeno a la realidad hasta el autismo, sólo un ejecutivo de una emisora que no pisó en esos tres días de marzo las instalaciones de Torrespaña desde donde se elaboró el 95 por ciento de la programación podía estar al margen de las noticias de aquel sábado. Algunos han querido vincular la permanencia de Juan Menor como director de la cadena con la programación de aquella película. No lo creo. Equivaldría a aceptar que existieron personas ajenas a TVE que intervinieron en la programación en los asuntos que no eran estrictamente informativos.

Pero éste no sería el único «despiste» clamoroso de Menor. En agosto de 2004 TVE y Tele 5 estuvieron a la greña por Carlos Arguiñano. En aquel verano en el que por primera vez en su historia la casa perdía el liderazgo a pesar de tener en sus manos los derechos exclusivos de los Juegos Olímpicos, TVE anunció su continuidad en la parrilla de La Primera. Tele 5 proclamó el fichaje del cocinero. Pero al parecer Arguiñano ya había firmado con Prado del Rey la renovación de su contrato. ¿Qué había ocurrido? ¿Dónde estaba el error? El cocinero, tan locuaz en la pantalla, estuvo callado mientras las dos cadenas se tiraban los platos de la cocina del de Zarautz a la cresta. La explicación era muy sencilla: el contrato de Arguiñano había dormido durante dos meses sobre la mesa del director de Televisión sin que Menor se dignara firmarlo o a aclarar al cocinero cuál iba a ser el futuro que le destinaba TVE. Harto de tanto esperar, sin que nadie en la casa le dijera nada sobre su continuidad, Arguiñano se fue a Tele 5 donde encontró una acogida entusiasta y un contrato rápido. Cuando Menor puso sus iniciales al pie de la renovación, el cocinero ya estaba en la tele de Fuencarral, y TVE, La Primera y el Canal Internacional, donde es tan querido, se quedaron sin las recetas y los chistes de Carlos. El error fue tan grave que TVE no pudo reaccionar. Tele 5 había amenazado con una demanda legal si Arguiñano no cumplía su contrato, pero en Prado del Rey se quedaron paralizados cuando vieron que el de Zarautz se marchaba a la competencia con su 35 por ciento de *share* diario, un seguro de vida para cualquier programa que le tenga como telonero y un filón para la cadena. Arguiñano había sido tentado muchas veces por la competencia, pero se mantuvo fiel a La Primera, desde que Álvaro de la Riva rescató sus programas para la parrilla. La cadena le podía ofrecer algo que las demás no tienen: la posibilidad de que los chistes y las recetas de este «monstruo» de la televisión llegaran hasta Hispanoamérica, donde se le quiere tanto como en España, a través de las emisiones del Canal Internacional de TVE. Durante algunos días Arguiñano tuvo el don de la «bilocación»: mientras sus nuevos capítulos se emitían en Tele 5, Prado del Rey había decidido reponer viejas entregas a la misma hora. Ha sido uno de los pocos casos en los que un personaje de la televisión ha competido consigo mismo. El viejo Arguiñano ganó en audiencia al nuevo y pudo tener una «victoria póstuma». Los corsarios de Tele 5, que el mes anterior habían pirateado las señales de los Juegos de Atenas, anunciaban demandas contra Televisión Española para que cesaran en la emisión de las repeticiones del cocinero de Zarautz.

Indicios de la victoria socialista

El domingo 14 de marzo volvió a amanecer, y fue, al menos en Madrid, un día radiante. A partir de las nueve de la mañana comenzaba la programación especial de TVE en el domingo electoral, con avances y monográficos dedicados al voto. España votó con el corazón encogido por las víctimas de la matanza. A primeras horas de la mañana llegó a mi despacho el delegado de la empresa Ipsos, encargada del sondeo a la puerta de los colegios electorales. A las doce y media entraron los primeros datos sobre los que se construyó la primera estimación con reparto de escaños. El resultado a esa hora ya anticipaba la victoria socialista. La experiencia nos decía que la primera oleada marca una tendencia con un trazo grueso y es muy difícil que ese rumbo varíe en las horas siguientes. En las elecciones generales de 2000 supimos a mediodía que el Partido Popular conseguiría esa noche la mayoría absoluta en el Congreso de los Diputados. El 14 de marzo de 2004 supimos a la misma hora que la suerte estaba echada, y que en las horas del sábado las corrientes de fondo que venían desde la época del *Prestige* y luego de la guerra, habían cuajado en un voto de castigo contra Aznar. A cada uno hay que atribuirle su mérito: Ipsos fue el único instituto de sondeos que fue capaz de detectar que el atentado del 11 de marzo y la gestión de la crisis que hicieron unos y otros había convertido una buena parte del voto en aves migratorias. El destino regaló a Zapatero lo que había pedido durante la campaña. El secretario socialista echó mano de aquella célebre frase «He tenido un sueño», pero le añadió un deseo bastante más corto y mezquino por lo que tenía de ataque personal a alguien que no se podía defender: «... que el 14 de marzo, Urdaci anuncie la victoria del Partido Socialista». El tono era el de una persecución que no tardaría en llegar porque llevaba meses gestándose. Zapatero ignoraba por entonces la ley de la retórica que Paul Auster formuló de esta manera: «Las palabras tienden a generar lo que sucede». Aquella tarde tuvimos que cambiar el esquema previsto para la noche electoral, pero sólo en algo que no tenía nada que ver ni con los votos, ni con los candidatos, ni con los resultados. Entre las ocho y las nueve de la noche habíamos previsto combinar los resultados de la encuesta con un programa especial sobre la jornada de liga. En lugar de los goles y las noticias deportivas, emitimos un gran reportaje elaborado por *Informe semanal* en el que se reconstruía el atentado. Las consecuencias políticas de todo aquello que vimos, resumido en treinta y cinco minutos de imágenes desoladoras, las confirmaríamos a partir de las nueve de la noche del 14 de marzo.

2

El primer día con Zapatero. Los heraldos de Rubalcaba

La noche de aquel domingo de marzo, nada más anunciarse la victoria del PSOE en las elecciones generales, la calle Ferraz se llenó de militantes y simpatizantes socialistas. En el interior, la ejecutiva seguía los programas de televisión atentos al baile de escaños. Televisión Española se desviaba de la tendencia del resto de medios y a las ocho de la tarde ya apuntaba a una victoria, por un margen estrecho, de la candidatura de Zapatero. En Antena 3 se otorgaba ese mismo margen de victoria para la opción de los populares, mientras Tele 5, en una de las actuaciones más erráticas y desafortunadas de la historia de los «especiales elecciones» otorgaba la victoria al Partido Popular, con una mayoría relativa cómoda en torno a los 166 escaños. Habían cometido el grave error de encargar una encuesta preelectoral en lugar de un sondeo a pie de urna. La encuesta se había realizado durante toda la semana previa al voto, y el sondeo había sido incapaz de detectar el trasvase de votos y la movilización de la izquierda que se había producido en los últimos tres días, desde el jueves 11 de marzo. Un estudio realizado por investigadores de la Universidad de Navarra cifra en un 18 por ciento el porcentaje de electores que cambiaron la orientación de sus intenciones electorales a raíz de los acontecimientos de aquella semana en Madrid. Había razones suficientes para invalidar el método seguido por Tele 5 para anticipar el resultado de las urnas, pero los responsables de la cadena optaron por el camino equivocado:

mantener el sondeo y ofrecer a la audiencia un producto caducado aun a riesgo de intoxicar a todos sus clientes.

Aquella noche el destino regaló a Zapatero uno de los deseos más repetidos de la campaña. En cada mitin, en cada cita política, el secretario general de los socialistas arengaba a los suyos con esta frase: «¿Os imagináis a Urdaci anunciando el 14 de marzo a las nueve de la noche la victoria socialista?». Abajo, la alegre muchachada rugía de satisfacción. Así me lo contó el propio Zapatero cuando llegó a Torrespaña la tarde del 10 de marzo para grabar una entrevista con Josep Puigbó que se emitió la noche de ese mismo día por La 2. El PSOE había amenazado con no presentarse a esa convocatoria, aprobada por el propio Consejo de Administración, en el caso de que fuera yo el que hiciera las entrevistas electorales. José Blanco, secretario de Organización del PSOE, había trasladado al director general, José Antonio Sánchez, la intención de los socialistas de dejar la silla vacía. ¿Temían quizá una entrevista agresiva? ¿Tan poca confianza tenían en su propio candidato? El caso es que, en la trastienda, hicieron todo lo posible para evitar el encuentro, pero sin hacer pública su posición para evitar un efecto contrario a sus intereses. Sánchez me dijo que hiciera lo que estimase oportuno, pero que no me dejara condicionar por las amenazas. Llegados a marzo yo no tenía ningún interés en ofrecer de nuevo mi rostro para que los socialistas se ensañaran y pudieran hacer una nueva campaña de vetos, ruido y titulares en la prensa con el pretexto de mi persona. Le dije al director general que optaba por la vía de la prudencia y que mi criterio es que fuera Josep Puigbó el encargado de la entrevista. Zapatero llegó aquella tarde del 10 de marzo, saludó en la puerta a sus partidarios (sobre todo sindicalistas de UGT que luego verían con preocupación cómo después de las elecciones CC.OO. se repartía los puestos más importantes y la influencia en la casa), contestó y se marchó. No se fue sin antes recordarme, satisfecho, la gracia con la que me citaba en cada mitin, como si yo fuese el gran enemigo del Partido Socialista, y objetivo primero de su programa electoral. Estaba feliz de la reacción de hilaridad que provocaba todas las tardes su gesto, cuando arrojaba a los leones un trocito de carne de periodista. Era evidente que le divertía la ocurrencia, aunque a aquellas horas todavía para Zapatero todo aquello no pasaba de ser una broma (de graves consecuencias) que no estaba al alcance de las rentas políticas de su campaña.

Eso sí, no llegó a cometer los errores de Joaquín Almunia, que cuando conectábamos en directo con los mítines de su partido aprovechaba el minuto y medio de mensajes para criticar a Televisión Española, sin darse cuenta de que ese mensaje rebotaba en una audiencia que veía cómo la televisión pública daba un espacio generoso a los ataques del PSOE sin mover la regleta. Es más, cuando arreciaban esas voces dejábamos que el argumento se agotara incluso más allá del tiempo previsto en la programación. Las arengas del secretario socialista fueron la cerilla anunciada por un heraldo del PSOE que un mes antes me había dicho: «Te vamos a llenar de gasolina y te vamos a arrojar una cerilla». Fue la primera llama que alimentó el linchamiento moral, y el comienzo de la persecución no sólo para mí, sino para muchos periodistas que no supieron ver que llegaba un tiempo de hostilidades, y que callaron, si no participaron de forma entusiasta, durante los meses que duró la persecución contra Urdaci. Las primeras víctimas serían los contertulios de Radio Nacional de España. Se anunció que las tertulias serían barridas de la programación, para después corregir el tiro y proclamar que volverían en septiembre, y que serían plurales, como si los que estaban hasta mayo hubieran sido una milicia monolítica sin discrepancias ni matices. Bastaba comparar y medir la composición química del vapor que destilaban algunas charlas de trastienda entre las once y las doce de la noche para darse cuenta de dónde habitaba el pensamiento único y el razonamiento de víscera. La llama prendió porque para entonces los encargados de propaganda del partido, con ayuda de algunos medios afines y algún bufón nocturno de los programas donde se rebusca en la basura ya habían fabricado un retrato de Urdaci que nada tiene que ver con la realidad. Se trataba, sin ir más lejos, de construir una realidad ficticia, una imagen pública, para destrozar a la persona, y de paso anular sus argumentos, una vieja táctica leninista, reflejo genético de quienes se educaron en el sectarismo, la intransigencia y en la aniquilación del enemigo como método para la acción política.

Al día siguiente de las elecciones Zapatero convirtió su arenga en profecía, como si de tanto repetirlo, de tanto tocar la trompeta, la muralla de Jericó hubiera cedido. Se presentó en la Ser por la mañana como nuevo primer ministro, y a las preguntas sobre el futuro de la televisión pública volvió a recordar que él en sus mítines terminaba con el «a por Urdaci» para regocijo de los suyos que respondían «a la calle, a la calle» a aquella incitación al motín y al linchamiento. Y al final, decía ufano como si ése hubiese sido su mayor triunfo, se cumplió y Urdaci anunció la victoria socialista, como si para mí el dar la noticia hubiera sido un trago de aceite de ricino, o un sapo imposible de digerir, o un castigo infligido por la mayoría social del país. No fue nada de eso. Fue una noticia más trascendente que muchas otras que he dado en años de profesión, y mucho menos importante que otras en las que estaban en juego vidas humanas. Fue una noticia sorprendente como muchas de las que me ha tocado contar, pero tratada con igual objetividad y sin pasión, y con más, mucho más acierto, sin duda, que las noticias que ofrecieron a las ocho de la tarde nuestros más directos competidores de Antena 3 y de Tele 5. Las encuestas, si están bien hechas, si la muestra es acertada, no suelen equivocarse. Quizá pocos saben que los clientes suelen pervertir el resultado de los sondeos. Cuando los institutos de opinión ofrecen sus resultados a partir de encuestas realizadas a pie de urna, los clientes se reservan el derecho de modificar las conclusiones de la encuesta en función de su preferencias o del riesgo que estén dispuestos a asumir. Nosotros dimos la tarjeta que firmaron los responsables de la encuesta, con la conciencia de que íbamos contra la corriente dominante en aquel momento, que prefería aventurar un resultado favorable, por estrecho margen, al Partido Popular.

En la Ser, Zapatero volvió por tanto a repetir la gracia, cómodo porque sabía que jugaba en un terreno favorable a los excesos y a las homilías moralistas. Mucho más honesto fue González Ferrari, presidente de Onda Cero, que esa misma semana, después de asistir a la entrevista que Luis del Olmo le hizo al virtual nuevo presidente del Gobierno, le dijo en su despacho: «Espero que paréis en algún momento el linchamiento al que estáis sometiendo a Urdaci». Zapatero le contestó: «Sabes que esa palabra no entra en mis planteamientos políticos». Habían pasado demasiadas cosas como para que pudiéramos creer la sinceridad de esa afirmación, porque para entonces ZP se había convertido en el abanderado de aquella persecución.

Quizá Zapatero había seguido hasta entonces el manual de campaña escrito por él mismo o sus colaboradores, por Alfredo Pérez Rubalcaba o por el equipo de campaña, del que formaba parte José Blanco. No era la primera vez que el secretario socialista ejercía el principio de que en política vale todo, incluso al margen de la realidad. Nos lo había demostrado algunos años antes, y conviene contarlo por primera vez para comprobar cómo actúan algunos políticos y cuál es el rostro que se esconde tras la sonrisa: era mayo de 1999, nuestra primera campaña electoral en Televisión Española, y por tanto éramos un equipo inexperto en esas batallas. Javier González Ferrari había llegado al puesto de director de los Servicios Informativos en mayo del año anterior y yo le acompañaba como subdirector desde aquella fecha. Teníamos una sola aspiración: que nos dejaran trabajar. Nunca antes nos habíamos enfrentado a una convocatoria electoral y a la cobertura de unas elecciones; sin embargo nos íbamos a encontrar con la desconfianza y la hostilidad de los dirigentes del PSOE. La dirección socialista había solicitado una entrevista con el director de Informativos. La cita era el jueves, el 27 de mayo, víspera del comienzo de la campaña, en el despacho de la quinta planta, en Torrespaña. Nos habían anunciado que vendrían Rosa Conde, diputada y miembro de la Comisión de Control de RTVE en el Parlamento, y José Luis Rodríguez Zapatero, también diputado, que por entonces trabajaba en la sede de Ferraz a las órdenes de Alfredo Pérez Rubalcaba. La reunión comenzó a las diez de la mañana. Sólo se presentó Zapatero. La mesa de reuniones estaba preparada con mantel, para un largo desayuno que estuvo a punto de confundirse con el almuerzo porque terminó pasadas las dos de la tarde.

El planteamiento de Zapatero era tan claro como inaceptable. «No nos fiamos de vosotros —dijo nada más sentarse a la mesa—. No queremos que los equipos de TVE entren en los mítines del Partido Socialista, nosotros ofreceremos la señal realizada, el montaje de las imágenes, y vosotros, con ese material, podéis hacer la información de campaña, porque no os vamos a dejar que rodéis con vuestras cámaras en el interior de los lugares donde se celebren actos de campaña; estamos seguros de que vais a intentar sacar sillas vacías, y planos muy poco favorecedores para nuestros candidatos». No era una oferta, era una imposición. Nuestros cámaras no tenían nada que hacer, nuestros redactores se convertían en buzones de correos donde el PSOE dejaba su publirreportaje diario para ser emitido. Ellos eran los dueños de la información, los controladores de la imagen, los que construían el discurso a través de la realización más favorable a sus intereses. Un encuentro político sin público, o sin pasión se podía convertir en manos de los servicios de prensa y propaganda del PSOE en un acto apasionado cargado de energía y con moral de victoria. No podíamos aceptar un acto de censura y una cesión de nuestro deber y nuestra responsabilidad profesional. Y no lo aceptamos.

En un momento de la reunión le dije a Zapatero que aquello que planteaba me recordaba a los servicios de propaganda de Serbia en la guerra de Kosovo. Por aquellos días los aviones de la OTAN, dirigida por Javier Solana, bombardeaban la capital de Yugoslavia. La televisión serbia distribuía imágenes con los planos más favorables para sus intereses. Cada vez que esas imágenes se incluían en la escaleta de los telediarios, un rótulo advertía que los planos que estaban viendo los espectadores estaban «controlados, editados y distribuidos por el régimen de Milosevic». Le advertimos a Zapatero que si alguien nos obligaba a seguir los dictados de su partido nos veríamos obligados, por honestidad profesional, a advertir a los espectadores que no podíamos asumir la responsabilidad sobre el contenido de lo que estaban viendo. Javier González Ferrari llevó la reunión con mucha paciencia y buen talante, a pesar incluso de que en un momento de acaloramiento, Rodríguez Zapatero, en respuesta a una intervención de María Jesús Chao, y señalando hacia el lugar en el que se sentaba Ferrari, dijo: «Nuestro objetivo es este señor, nosotros vamos a por Ferrari». Era el primer ejemplo de un nuevo concepto de lo que significan el talante y el diálogo: decirle al enemigo lo que van a hacer con él en el caso de que no se pliegue a las presiones. Javier hizo como que no escuchaba, contó hasta diez, y mantuvo la calma. Pasadas las dos de la tarde Zapatero dejaba Torrespaña a bordo de un coche de los servicios de transportes de TVE, después de haber sellado con nosotros un pacto de caballeros que tendría una muy corta vida.

Antes de que Zapatero saliera del despacho de la dirección de Informativos, Ferrari consiguió desbloquear la reunión con una oferta. Esa noche, a las doce, TVE tenía programado el habitual programa de comienzo de campaña, con conexiones con los mítines de apertura de la carrera electoral de las diferentes formaciones políticas. Le pidió a Zapatero que aplazara su plan de impedirnos la entrada en los mítines del PSOE hasta el final del programa. «Míralo —le dijo—, y si te gusta, si crees que hemos sido honestos y ecuánimes, si hemos reflejado con objetividad la situación y el contenido, si hemos sido respetuosos con los tiempos establecidos, que lo vamos a ser, nosotros te ofrecemos a cambio la posibilidad de que, cada día, nos indiques qué actos de campaña os interesa que cubramos, y qué mensajes centrales son los que queréis transmitir a la audiencia. No es lo más correcto pero nos permite romper esta situación, y tener una campaña sin guerras sin sentido.» Zapatero, consciente de que no tenía otra salida, aceptó. Al término de la reunión, Andrés Martín Velasco le dio a Zapatero sus teléfonos. «Para que me tengas localizado», le dijo Andrés. «No te preocupes —respondió Zapatero— que tu cara y tu nombre no se me van a olvidar».

Esa noche el programa empezó puntual, a las doce. Habíamos trasladado la carpa que utilizábamos para hacer programas en exteriores al otro lado de la M-30, a un parque frente a Torrespaña desde el que se contemplaba la magnífica torre de transmisión que todo el mundo identifica con TVE aunque sea en realidad propiedad de Retevisión. El programa comenzó con una conexión con Vitoria, la capital alavesa, donde Loyola de Palacio, acompañada por Javier Arenas y por Jaime Mayor Oreja, abría la campaña de los populares para las elecciones europeas. Después de escuchar su primera intervención se emitieron dos vídeos, uno con el retrato de Palacio y el otro con el programa de los populares. Después conectamos con el parque de Arganzuela donde Rosa Díez, tan sólo unos segundos después de comenzar la transmisión, descubrió el cartel electoral socialista. La candidata del PSOE tuvo el mismo tratamiento que la de los populares. El programa terminó con normalidad y nos fuimos a casa con la duda de cuál habría sido la impresión de nuestro invitado a desayunar de aquella mañana.

Al día siguiente, viernes, Andrés Martín Velasco, que había asistido a aquella reunión en su calidad de jefe del Área de Política nacional, recibió una llamada de Zapatero. El diputado socialista le dijo que el programa le había parecido perfecto, equilibrado, ecuánime, sin aristas, con un tratamiento igualado de las candidatas, un modelo de asepsia y de neutralidad. Con esas premisas, cumplido el pacto por nuestra parte, Zapatero nos ofrecía el menú para ese primer día de campaña electoral. Pero el PSOE no podía vivir en un estado de relaciones normales con TVE. Necesitaba abrir de nuevo la guerra, para ofrecer a la opinión pública ese rostro de víctima de los responsables de los telediarios que siempre le ha gustado ofrecer. A las doce del mediodía Alfonso Perales, otro de los encargados de coordinar la campaña, convocaba una rueda de prensa en la calle Ferraz. Cuando la redactora encargada de cubrir esa convocatoria llegó a Torrespaña no nos podíamos creer lo que estábamos viendo y escuchando. Perales comenzó su comparecencia con esta frase: «Vamos a recurrir ante la Junta Electoral Central por el atropello que TVE cometió anoche en su programa especial de comienzo de campaña. El publirreportaje dedicado a Loyola de Palacio es intolerable, y la desproporción de tiempos y de medios en favor del Partido Popular no puede quedar impune. Televisión Española se ha vuelto a comportar como el órgano de propaganda del Gobierno y del Partido Popular. No vamos a consentirlo». Después de salir de nuestro estupor, González Ferrari llamó por teléfono a Zapatero.

—El pacto está roto —le dijo—. A partir de ahora todo lo que pidáis a la dirección de Informativos debe venir por escrito, con registro de salida y entrada, y en papel oficial de tu partido.

—¿Qué ha pasado? Ayer llegamos a un acuerdo —contestó Zapatero.

—Sí pero vosotros lo acabáis de romper —le respondió Ferrari.

—No entiendo nada.

—Pues dile a Perales que te lo aclare.

—¿Qué tiene que ver Perales en todo esto? —Zapatero entraba en el club de los perplejos o al menos lo parecía, porque dijo que no tenía ni idea de que hubiera habido una comparecencia pública en Ferraz.

—Acaba de dar una rueda de prensa y ha arremetido contra nosotros. Nos ha dicho justo lo contrario de lo que decías tú esta mañana. No tiene sentido, tenéis un discurso privado y otro público, y en ese juego nosotros no participamos.

—No tengo ni idea. Déjame que me entere y te llamo en un minuto.

—Hasta luego.

Poco después Zapatero devolvía la llamada. Le había costado unos minutos enterarse de lo que había pasado. Llamaba desde la misma sede en la que Perales había arremetido contra nosotros. Era imposible que no conociera los planes de los responsables de la campaña. Nos dijo que Perales había seguido el manual de campaña, no se había enterado de que teníamos un pacto y había salido, como estaba previsto, a «dar caña contra La Primera». Zapatero pedía disculpas, pero estaba claro que su partido le había desautorizado. Rubalcaba no quería pactos, ni admitía que los firmaran sin su permiso.

Una de las conclusiones de aquella cita en la quinta planta de Torrespaña fue la constatación de la influencia que en lo sucesivo tendría Pérez Rubalcaba sobre Rodríguez Zapatero. La otra es que Zapatero conocía al detalle los planes del partido para seguir «dando estopa a la televisión pública». Lo más sincero de su diálogo con nosotros en aquellos días había sido el juicio sobre el programa electoral. Estoy seguro de que dijo lo que pensaba, porque la queja hubiera sido para él una postura más fácil. No había esquizofrenia en el partido. Las cosas estaban muy claras, había que presionar hasta la extenuación. Nada de dejar trabajar a los profesionales, lo único que valía en Ferraz era el acoso y derribo. Fue el primer ejemplo de un comportamiento que sería la tónica durante el resto de los años que tuve responsabilidad en los informativos de esa casa: intentar sacar beneficio de acuerdos alcanzados en la sombra mientras ante la opinión pública se maltrataba a los profesionales de la casa. Durante la campaña tuvimos varios casos más del talante de los encargados de la campaña socialista. La figura de Felipe González todavía no había caducado, y el PSOE estaba convencido de que era uno de sus activos más sólidos a la hora de reclamar el voto de los españoles. Pero González no era candidato a las elecciones europeas y por tanto, a tenor de las reglas de cobertura de cualquier campaña desde un medio público, el interés se debía centrar en la oferta de quienes figuran en sus candidaturas y en la personalidad política de quienes son «cabeza de cartel electoral» en cada convocatoria. Una tarde Felipe González tenía previsto un mitin en Cataluña. La información electoral de los telediarios recogió las intervenciones de Rosa Díez, la mujer que abría la lista para las elecciones al Parlamento Europeo.

La dirección socialista entregó al día siguiente un vídeo para los «espacios gratuitos» destinados a la propaganda de los partidos políticos, esos mensajes que se emiten fuera de los informativos con un formato diferenciado y en el que cada partido, aquí sí, puede difundir el mensaje que quiera, o sacar a un doberman ladrando. El vídeo que el PSOE dejó en el buzón de TVE era un resumen de la intervención de González con un rótulo en el margen inferior que decía así: «Esto es lo que ustedes no han podido ver en los telediarios de Televisión Española». Aquel día pudimos ver después de la segunda edición, un caso concreto de lo que Rodríguez Zapatero nos había propuesto antes de comenzar la campaña electoral. Se trataba de utilizar los tiempos de propaganda para volver a golpear contra los responsables de TVE, para que supieran que el criterio de la selección de los contenidos no podía ser un trabajo de los periodistas sino una imposición de los partidos.

Aquella reunión de mayo del noventa y nueve dejó una marca en la piel del diputado, una muesca que no olvidaría, como él mismo nos demostró. No nos volveríamos a encontrar con Zapatero hasta julio de 2000, cuando el Congreso del Partido Socialista le eligió como nuevo secretario general, con una diferencia de nueve votos frente a la candidatura de José Bono. Al término del Congreso, abrimos un avance especial de información en La Primera para dar la noticia de la elección del nuevo secretario. TVE había solicitado una entrevista con el nuevo dirigente del partido. Los servicios de prensa atendieron la demanda y Zapatero se sentó en el set de TVE a media tarde. Cuando llegaba ante las cámaras se cruzó con Andrés Martín Velasco, que le estaba esperando para darle la bienvenida como responsable del operativo de los Informativos de TVE para la cobertura del Congreso, Zapatero le dio la mano y le saludó con estas palabras: «Arrieritos somos y en el camino nos volvemos a encontrar». El tono de sus palabras era todo un aviso a navegantes.

No es cierto que Zapatero tardara casi dos años en ser entrevistado en La Primera. Ésa es una de las mentiras difundidas por los órganos de propaganda del PSOE. De hecho, después del Congreso extraordinario de julio, fue el primer invitado de *Los desayunos de TVE*, el programa de entrevistas de Televisión Española dirigido por Luis Mariñas. El nuevo secretario general del PSOE abrió la temporada un lunes de septiembre del año 2000. El problema es que el PSOE reclamó siempre para su dirigente el mismo tratamiento que tenía Aznar, el mismo tiempo, el mismo horario, el mismo estudio, porque la pretensión era que la opinión pública captara un tratamiento de presidente de Gobierno para el jefe de la Oposición. Querían que aparecieran en el mismo escenario, con el mismo tiempo, en el mismo horario. Era un objetivo de la estrategia propagandística de los socialistas, y por tanto no teníamos por qué asumirlo.

El 10 de enero de 2002, al comienzo de la presidencia europea de la Unión, Aznar compareció ante las cámaras de TVE a las nueve y media de la noche, para una entrevista que duró treinta y cinco minutos y en la que se habló de Europa, del euro, y también de algunos asuntos de actualidad. La sorpresa de aquella entrevista fue la oferta que Aznar lanzó a los nacionalistas catalanes de Jordi Pujol para que entraran en el Gobierno de la nación. La invitación fue rechazada, pero ocupó durante varios días el debate político y el interés de las tertulias de la radio y de las columnas de la prensa. El 11 de enero, el registro de entrada de la Dirección General de RTVE anota la llegada de una carta de José Blanco, secretario de Organización del PSOE, dirigida a Javier González Ferrari en estos términos:

> Basta hacer un repaso del contenido de la entrevista para que cualquier observador llegue a esta conclusión: cerca del 75 por ciento del tiempo se destinó a abordar cuestiones como la situación de Argentina, la crisis internacional, el cupo vasco, la oferta

> a otras fuerzas políticas a participar en el Gobierno, el debate en el seno del PSE-EE-PSOE, el congreso del PP y el futuro personal de Aznar. Concretamente a estas dos últimas cuestiones, entrevistador y entrevistado dedicaron más del 30 por ciento.
>
> Por ello y porque, como usted bien sabe, TVE en su calidad de medio público está obligado por ley al respeto de los principios de pluralismo y de neutralidad, le solicito formalmente la realización de una entrevista con el líder de la Oposición y secretario general del Partido Socialista, José Luis Rodríguez Zapatero, en igualdad de condiciones (formato, día, franja horaria, contenidos, etc.) que la entrevista realizada y emitida ayer por TVE al presidente del Gobierno y presidente del Partido Popular.

Sin embargo no parecía lógico equiparar a un presidente del Gobierno con el secretario general de un partido de la Oposición. La pretensión, mal planteada por Blanco, nos ponía en una situación delicada, porque hacer la entrevista, a la que no teníamos ningún inconveniente, suponía aceptar los argumentos del secretario de Organización y establecer el precedente de que cada vez que se entrevistara a Aznar habría que llamar también al jefe de la Oposición. Y como verán, ésa era la idea de Blanco. Pocos días después de esa carta el director general y yo almorzamos con José Blanco y Miguel Ángel Sacaluga. Hablamos de muchas cosas, también de RTVE. En un momento de la conversación Blanco nos dio la sorpresa. «Nuestra intención, cuando lleguemos al Gobierno, es privatizar esa empresa». Del encuentro salió un acuerdo para invitar a Zapatero a esa entrevista que con tanta pasión igualitaria reclamaba Blanco. En febrero envié una carta al jefe de Prensa del PSOE, el periodista y antiguo tertuliano de noche de Radio Nacional de España Julián Lacalle. Le proponía dos fechas, una de ellas el 5 de marzo, martes, antes de la reanudación de los partidos de la Liga de Campeones que condicionan la emisión de los telediarios los días que hay partido de fútbol. Eligieron ese día de primeros de marzo. Todo estaba listo para la visita. La víspera, al salir de casa, recibí una llamada de Julián Lacalle. El secretario general tenía gripe, su médico le había prescrito dos días de reposo, y suspendía todas sus actividades hasta finales de semana. Le pedí que me enviara una comunicación por escrito, y así lo hizo. Nunca dudé de la veracidad de aquel pretexto, aunque aquellos días, en medio de la tormenta en el Partido Socialista de Euzkadi por la defenestración de Nicolás Redondo Terreros, no eran el escenario más favorable para un Zapatero que navegaba con problemas en un partido cargado de tensiones y acusado por los populares de no tener programa, de no tener una idea de España ni un modelo de Estado más allá de la suma, de resultado incierto, de las aventuras de cada una de las partes de su federación.

Restablecido Zapatero, pasada la gripe, la dirección socialista nos recordó que la entrevista seguía pendiente pero sin prisa, ya buscaríamos la fecha más adecuada, y sugirieron que a la vuelta del verano, en septiembre, con la nueva temporada, sería una buena oportunidad para intentarlo de nuevo. El calendario de la Champions no daba mucho margen y los responsables de Prensa del partido temían la pérdida de audiencia estacional que se produce todos los años con el cambio de hora. También es cierto que el relevo al frente de la Dirección General, con un Javier González Ferrari que se marchaba y un José Antonio Sánchez que llegó en julio, no facilitó las cosas y paralizó algunas decisiones en la cúpula de la casa. Mientras tanto Zapatero fue regularmente invitado a otros programas de entrevistas, a *Los desayunos* y a *El tercer grado* dirigido por Carlos Dávila, que le envió hasta ocho peticiones de entrevista que recibieron el silencio por toda respuesta.

El PSOE volvería a reclamar un trato de igualdad en diciembre de ese mismo año. El lunes día 9 de ese mes, el presidente aceptó la invitación para comparecer ante las cámaras y hablar del desastre del *Prestige*. En aquella entrevista Aznar reconoció que su gobierno había cometido algunos errores en los primeros días del desastre, que quizá no había sabido reaccionar con la celeridad debida, pero también dijo que se iban a poner todos los medios para remediar los daños y las pérdidas. El hombre que se sentó aquella noche en el plató de TVE después del telediario era un hombre herido. La reacción de algunos partidos políticos y de algunos colectivos sociales fue tan apasionada como desproporcionada. Hoy, más de dos años después de aquella catástrofe, los efectos han desaparecido. En aquellos días de diciembre, mientras miles de voluntarios y cientos de soldados del ejército español limpiaban las playas de Galicia, el PSOE volvió a exigir una entrevista en igualdad de condiciones con Rodríguez Zapatero. Nos parecía que no tenía sentido y que el planteamiento no se sostenía. Aznar había comparecido para responder a las críticas que le culpaban de la marea negra, de no haberse presentado en Galicia, de haber subestimado la magnitud de la tragedia. Los errores de comunicación cometidos por el Gobierno en aquella ocasión fueron notables. El primero, sin duda, no haber pisado las playas gallegas convertidas en un plató de televisión que encendía sus focos en cada informativo, en cada telediario, para mostrar las aguas infectadas y las arenas ennegrecidas por aquella porquería. Una entrevista similar con Zapatero no tenía sentido. O si lo tenía, implicaba también la presencia en alguna fecha del secretario de los populares y del coordinador de Izquierda Unida, una coalición por cierto que siempre se comportó con elegancia, y ejerció la crítica desde el respeto y las buenas relaciones, sin callarse pero sin amenazar ni presionar a diario. Pero el PSOE no cejó en el empeño y llevaron las cosas hasta los tribunales. En las Navidades de aquel año José Blanco pidió a los jueces de los tribunales de Madrid que nos obligaran a invitar a Zapatero. Insisto en que otros programas lo habían llamado y el PSOE ni siquiera había respondido. Reitero que lo que nos parecía inaceptable era el argumento de que, como había estado Aznar, también tenía que venir el jefe de la Oposición. La demanda en los tribunales exigía la misma hora, el mismo decorado, la misma duración, idénticos asuntos en la agenda. El juez les respondió que no había lugar, que la pretensión no se sostenía porque presidente del Gobierno sólo hay uno y las comparaciones no se correspondían con la realidad. «Es igual —decía algún consejero de la Administración socialista—, seguiremos insistiendo ante los tribunales porque al final siempre puede haber algún juzgado en el que suene la flauta».

La ocasión y el pretexto no llegarían hasta julio de 2003, justo después del debate del estado de la nación que se celebró en los primeros días de ese mes. En el PSOE había cesado la cadena de demandas, y el clima de las relaciones atravesaba una fase más estable. La entrevista, por otra parte, era una forma curiosa de prolongar el debate. Los populares podrían haber reclamado un tiempo idéntico para el secretario de su partido, y lo mismo el resto de los grupos. La víspera de la entrevista Miguel Ángel Sacaluga llamó para exigir la relación de preguntas que se le iban a formular al secretario socialista. Se le respondió que saldrían los asuntos de actualidad, y que a nadie, en ningún caso, y bajo ningún pretexto, se le adelantaba el cuestionario para que supiera lo que se le iba a preguntar. Sacaluga precisó que Zapatero tenía mucho interés en hablar de la vivienda. El secretario socialista llegó a Torrespaña minutos antes de las nueve de la noche, acompañado por Julián Lacalle y por una mujer que, según nos dijeron, era su encargada de imagen. Zapatero vestía para la ocasión un traje oscuro con raya diplomática. En la puerta de la Torre le esperaba el director general de RTVE, José Antonio Sánchez. Lo primero que le dijo a Zapatero fue que la entrevista había estado a punto de ser suspendida porque tan sólo unas horas antes alguno de los consejeros designados por el PSOE había vuelto a pedir mi dimisión. «He estado a punto de aceptarla —bromeó el director general— pero luego me he dado cuenta de que te hacía una faena porque te quedabas sin entrevista.» Antes de la emisión charlamos un rato y vimos el desarrollo del telediario. Nos dijo que habitualmente no veía informativos de televisión: «Me los cuentan mis colaboradores», añadió. Otro de los asuntos recurrentes en aquellos minutos fue el proceso de sucesión en el Partido Popular. Zapatero estaba convencido de que Aznar elegiría a Mariano Rajoy para seguir su estela desde la dirección del partido y si las urnas le elegían, desde el Gobierno. El argumento de ZP era que Rajoy era el más fiel garante de la continuidad de la obra de Aznar.

Los minutos previos a la entrevista fueron distendidos, y pasaron entre lamentos por su parte del poco tiempo que le dejaba la actividad política para estar con la familia. La vivienda fue uno de los asuntos que se trataron en las preguntas porque era obvio que era y es un asunto siempre de actualidad, y Zapatero dijo lo que traía preparado: un cálculo pormenorizado del tiempo y el esfuerzo económico que le cuesta a una pareja en la que trabajen los dos y con un sueldo medio, llegar a pagar una hipoteca. Desde Ferraz no hubo ningún comentario sobre la entrevista. Sólo en la Ser, atentos a criticar lo que hacen los demás, e indulgentes con sus errores, se escucharon algunas voces irónicas sobre la formulación de algunas cuestiones. Sin embargo el consejero Sacaluga haciendo una vez más las funciones de recadero del partido expresó a la Dirección del Ente la satisfacción del PSOE por el fondo y por la forma de aquella comparecencia.

A pesar de todo, y después de aquella primera vez, en cada ocasión que Zapatero volvía a TVE, para alguna entrevista, porque hubo más, confesaba a sus más directos colaboradores que no se sentía cómodo en la casa. No volvería a entrevistar al secretario de los socialistas en directo hasta el 11 de marzo cuando yo mismo di la orden de que fuera invitado para intervenir por la tarde en el programa especial sobre los atentados de Madrid. De hecho fuimos la única televisión que cursó una petición similar, y la única en la que Zapatero compareció para ser entrevistado en directo. Lo hizo desde la sede socialista en la calle Ferraz. Algún dirigente del Partido Popular se extrañó de que Zapatero fuera invitado a dar su punto de vista en la emisión especial de TVE. Alguno se preguntó en voz alta: «¿Cómo es posible que Urdaci invite a Zapatero a entrar en directo en La Primera cuando le está insultando todos los días en sus mítines?». Al parecer ese día José Blanco levantó el veto que pesaba sobre mí y abrió unas horas de tregua en su ofensiva para permitir que su jefe compareciera en TVE en las mismas condiciones que Mariano Rajoy. Cuando mis colaboradores llamaron a Ferraz, uno de los empleados de la sección de Prensa preguntó «¿Quién va a hacer esa entrevista?». Le respondieron que el director de los Servicios Informativos, y el interlocutor dijo que tenía que preguntar antes de decir que sí. Ése era sólo un ejemplo de la falta de pluralismo que tantas veces habían denunciado los socialistas, y del trato desigual infligido a su secretario general. Pasadas las seis de la tarde del 11 de marzo, la imagen del secretario general del PSOE apareció en el monitor de las señales previas y la entrevista se desarrolló con normalidad. Alguno de los columnistas de vanguardia del grupo Prisa se extrañó de que una de las preguntas girara en torno a quienes dan alas a los terroristas o rompen su aislamiento político con encuentros en Francia, pero ésas son cosas que sólo sorprenden a algunos. Durante toda la entrevista Zapatero no dudó en ningún momento en atribuir los atentados de aquella mañana a la mano de ETA y a sus intenciones de condicionar la campaña electoral y el resultado de las urnas. A esa hora, o quizá un poco más tarde, alguna emisora estaba ofreciendo ya la lista de los etarras que podían haber cometido la matanza. Todavía no habían descubierto el rastro de los suicidas en los trenes de la muerte.

Una vez alcanzada la orilla del poder, después de las elecciones del 14 de marzo, los socialistas olvidarían muy pronto los criterios que defendieron durante los últimos años. Hasta entonces habían reclamado un trato idéntico para el presidente y para el jefe de la Oposición. A partir de entonces todo sería más sencillo. Durante los Juegos Olímpicos, Zapatero no dudó en pasar veinte minutos de entrevista en el estudio de TVE con Jesús Álvarez, para hablar de deportes y de otros asuntos de actualidad. Nadie, desde el Partido Popular, exigió una entrevista similar con Mariano Rajoy, a pesar de que los conocimientos del gallego en materia deportiva son, por lo que hemos oído en alguna tertulia, casi enciclopédicos. No digo que la entrevista no estuviera justificada, que lo estaba. Hablo del cambio de comportamiento y de lo pronto que se olvidan los criterios cuando ya no sirven al interés partidario.

3

11 de septiembre. ¿Hasta cuándo vamos a estar con esto de las Torres?

El 11 de septiembre de 2001 fue uno de esos días que ponen a prueba la fortaleza y la capacidad de reacción de un medio de comunicación audiovisual. Nunca nos habíamos enfrentado a un atentado transmitido en directo con la dimensión que tuvo el ataque contra las Torres Gemelas y el Pentágono. Todavía hoy aquellas imágenes tienen algo de irreal, un efecto hipnótico que las aleja y las convierte en una pesadilla de la imaginación. Cuanto más las ves, más irreales parecen.

A las tres menos cuarto de la tarde había hecho un alto en las tareas de un día tranquilo. Pocos días antes habíamos presentado la nueva temporada, las novedades de la programación y de los informativos. El año se presentaba con algunas citas importantes, como las elecciones gallegas, que estaban a la vuelta de la esquina en el mes de octubre, la entrada en el euro a partir de enero de 2002 y la Presidencia española de la Unión. Pero aquel 11 de septiembre nos pasamos la tarde repitiendo que el mundo había cambiado, que habíamos entrado en el nuevo siglo a través del umbral de un nuevo terror, de una nueva amenaza, difusa, capaz de organizar un ataque terrorista desde el territorio de Estados Unidos y contra Estados Unidos.

A las tres menos cuarto de la tarde estaba esperando la bandeja del almuerzo en mi despacho. Me esperaba un descanso en solitario porque mis colaboradores más directos, Pedro Roncal y Andrés Martín Velasco, habían salido. Cuando el camarero cerró la puerta después de dejar los platos en la mesa, levanté la cabeza para decirle adiós y miré los monitores. En la batería vertical de pantallas de mi despacho me llamó la atención la emisión de la CNN donde se podía ver, bajo el rótulo *Breaking News*, la imagen de una de las Torres, con una herida en un costado de la que salía una gran columna de humo. El cielo de Nueva York estaba despejado y sereno. Por unas décimas de segundo pensé que se podía tratar de una ficción. Recordé el caso de *La guerra de los mundos*, aquella recreación de Orson Welles para la radio, que provocó el pánico de muchos oyentes que pensaron que el planeta estaba sufriendo la invasión de los extraterrestres. Pero un poco más abajo, en la pantalla de la BBC, la imagen era la misma: la misma Torre, y las mismas volutas de un humo negro, denso e inquietante que se elevaba en el *skyline* de Nueva York.

En ese momento levanté el teléfono para hablar con el editor Juan Seoane. Le di una orden precisa: «Comienza el telediario en cuanto puedas, no esperes a las tres. Que el realizador pinche esa imagen y no la dejes hasta nueva orden. Moviliza a los corresponsales en Nueva York y en Washington, y también al de Miami. Intentad también llamar a españoles que vivan en Nueva York y que nos puedan aportar algún detalle de lo que está pasando. Pero sobre todo, no dejes esa imagen, el resto puede esperar». El telediario comenzó minutos antes de las tres de la tarde. Había motivos suficientes como para olvidarnos de la sacrosanta norma de la puntualidad de los informativos. La primera imagen, después de la cabecera, fue la Torre ardiendo, el humo, y la voz de Ana Blanco que iba colocando sobre esa imagen autista los pocos datos de los que disponíamos. No sabíamos si era un incendio o una explosión. Algunas fuentes decían que una avioneta había chocado contra la Torre. Parecía imposible, en un cielo azul que todavía no había destilado los tonos naranja del amanecer, que alguien hubiera llevado su avioneta por error hasta el perfil de la Torre. Los primeros minutos pasaron entre la más absoluta confusión. Pero a las tres de la tarde, un editor vacilante, inseguro, nervioso, sin confianza suficiente en la capacidad de Ana Blanco para soportar el peso de una emisión tan complicada dio una orden equivocada, un error que nos costaría unos cuantos minutos más de pasos vacilantes. A las tres en punto de la tarde Juan Seoane, responsable de la edición, le pidió al realizador del telediario que pinchara los titulares del sumario para ganar tiempo hasta que supiéramos algo más de lo que estaba ocurriendo en Nueva York. Estaba marcando el 68940 del control del estudio cuando vi en los monitores de CNN y de BBC el impacto del segundo avión. Habíamos perdido el momento del segundo impacto, el que demostraba que se trataba de un atentado organizado con aviones lanzados contra las Torres Gemelas. La palabra *atentado* tardaría todavía muchos minutos en ser pronunciada en TVE.

Bajé inmediatamente al control del telediario para asumir la situación. Abajo, los que tenían la cabeza más fría y más claridad en lo que había que hacer era el equipo de realización con Eugenio Calderón al frente; dicho equipo y los técnicos del Centro de Operaciones de Informativos, encargados de la emisión de los vídeos y de la captación de las señales. La edición, que es la que da las órdenes de selección de noticias y cambios de última hora era un guirigay de gritos. Diez minutos después de comenzar el telediario el editor adjunto, Matías Montero, hoy subdirector de Informativos me preguntó:

—¿Cuándo vamos a recuperar el telediario que teníamos preparado?

—Nunca —le contesté—, ya no sirve, lo que has preparado durante toda la mañana ya no interesa a nadie.

—¿Y hasta cuándo vamos a estar con esto de las Torres?

—Hasta que te hagas viejo.

De momento el telediario de las tres de la tarde fue el más largo de la historia, al menos hasta el 11-M de 2004, nuestro 11-S. La emisión comenzó a las tres menos cinco minutos y terminó a las diez y media de la noche. Cuando la emisión del telediario se estabilizó con las primeras intervenciones de corresponsales y las primeras entrevistas de testigos españoles de la tragedia, llamé al director general. Estaba almorzando con la ministra de Sanidad Celia Villalobos. Le expliqué lo que había ocurrido, y se lo tuve que repetir porque no entendía nada. Minutos después me llamó y me pidió que le volviera a repetir punto por punto lo que le había contado porque no sabía si había sido un mal sueño o yo había tenido una pesadilla. Poco después de las cuatro, con la redacción organizada para alimentar la maquinaria informativa, me senté junto a Ana Blanco.

Al otro lado de la competencia, Antena 3 entendió también que estábamos ante un hecho extraordinario, uno de los grandes momentos de la historia, que justificaba romper con el plan de emisión previsto, abrir una programación especial y monográfica y mantenerla durante todo el día sin interrupción porque la demanda de información iba a ser creciente, continua, y sin altibajos. La excepción fue Tele 5, que cerró su edición de noticias de las dos y media, a la hora prevista, y pasó a emitir una serie de escolares adolescentes. Su dirección hizo una valoración económica de lo que quedaba de tarde y se estrelló. Su redacción asistió atónita a lo que llegaba desde Nueva York sin encontrar el reflejo de una reacción. Ese error les pasó factura. Al día siguiente la emisora de Berlusconi cosechó una derrota en audiencia muy severa, y lo que es peor, los espectadores percibieron que no podían contar con Tele 5 ante hechos que requerían una respuesta contundente y una oferta informativa que implicaba un gran esfuerzo para una redacción. Tiraron la toalla antes de la batalla y abandonaron sin darse cuenta de que aquella tarde, los espectadores se iban a sentar frente a los televisores para ver e intentar saber lo que había ocurrido y las implicaciones que tenía un atentado de aquellas dimensiones para la seguridad mundial. No era la primera vez ni sería la última. Llegar a asumir sucesos como éste exige unas cuantas horas de televisión.

Creo que el 11 de septiembre no cambió la forma de trabajar en televisión, pero ese día supimos que debíamos estar preparados para dar respuesta inmediata a sucesos muy complejos que en muchas ocasiones exigen el ejercicio de humildad de saber que no se sabe lo que se desconoce, algo difícil en una televisión acostumbrada a la seguridad apabullante y gritona de las tertulias. Los programas del 11 de septiembre fueron un ejercicio de autismo, una contemplación ensimismada de las mismas imágenes, de los aviones que chocaban contra las Torres, y del hundimiento de aquellas dos moles que aplastaron a miles de personas en su caída. Más allá de esos planos que nos dejaban atónitos frente a la pantalla, y que fueron capaces de dejar las calles de muchas ciudades vacías aquella noche, el conocimiento y la información que pudimos aportar desde la televisión fue ínfimo. El ejercicio demostró que no estábamos del todo preparados, a pesar de que el esfuerzo mereció la pena.

Un acontecimiento de este tipo implica a toda la sociedad. Tanto que lo primero que se debe hacer es recurrir a expertos y profesionales que nos acerquen a la circunstancia y al dolor de quienes están sufriendo esa situación, y nos ayuden a entender los procesos que se desencadenan ante una tragedia. Creo que se trata sobre todo de ponerse en el lugar del otro. Ya he citado aquí la ayuda inestimable de Rojas Marcos. Él mismo fue uno de los atrapados por aquellos atentados. El psiquiatra cuenta cómo en medio de la oscuridad ciega provocada por el polvo en suspensión y el humo, se encontró de repente con la mano y con la voz de un bombero que le guió hasta la puerta de salida. Profesores de la escuela de pilotos nos pudieron guiar por el laberinto de mandos de las cabinas de aquellos dos aparatos que se habían estrellado contra las Torres. Los arquitectos nos dieron las claves para entender cómo dos edificios, construidos con alta tecnología, se habían venido abajo como dos castillos de naipes: la fachada es la que sostiene toda la estructura y al fundirse la parte interior había actuado como una carga de plomo que derrumba una casa de palillos. Los bomberos de Madrid nos explicaron cómo actúan los equipos ante esa emergencia. Y poco a poco nos dimos cuenta de que ellos hacían los programas, y que cuando nos faltaban se producía un enorme vacío. También quisimos implicar a otros medios, a la prensa y a la radio. Por el estudio de Torrespaña desfilaron entre otros José Antonio Zarzalejos, de *ABC*; José Antonio Vera, director de *La Razón*; Casimiro García Abadillo, de *El Mundo*, y otros colegas de Onda Cero, de Radio Nacional de España, y también Diego Carcedo, miembro del Consejo de Administración, que había sido corresponsal en Nueva York. La ciudad, la gran metrópoli cultural y económica, ha atraído a muchos españoles. Algunos estaban allí haciendo teatro, otros escribiendo, algunos estudiando y otros muchos trabajando. En las primeras horas de aquel terrible atentado la televisión sirvió también para llevar la tranquilidad a alguna familia. El día del primer aniversario de las Torres Gemelas recibí en mi despacho un gran ramo de rosas rojas. Eran de la madre de una joven catalana que supo que su hija estaba bien porque escuchó su voz en una conversación que tuvo conmigo en directo, la tarde de los atentados.

Después de aquellos días de programas especiales vendrían la guerra de Afganistán, para la que ya estábamos más armados de reportajes, de planos, de enviados especiales a la zona, y los grandes ataques terroristas, el del 11 de marzo en Madrid y el de Beslan, donde un grupo de chechenos junto a los que había varios árabes, tomaron al asalto una escuela en el primer día de colegio. Más de mil rehenes fueron secuestrados durante tres días en los que el comando suicida exigió la independencia de Chechenia. El viernes 3 de septiembre, un grupo de niños y padres intentaron escapar y los terroristas dispararon sobre ellos. En ese momento las fuerzas especiales del Omon tomaron el edificio al asalto. Las explosiones provocadas por los chechenos y el tiroteo causaron la muerte a más de trescientas personas. En estos casos me parece fundamental que se ofrezca una mirada lo más rica posible sobre este tipo de sucesos, sobre todo si tenemos en cuenta que habrá muchos niños que verán imágenes de violencia en una situación que ellos conocen, que les es muy cercana: un colegio en el primer día de las clases.

En esos casos o se tiene preparada una rápida reacción y se cuenta con una buena agenda para recurrir a expertos que puedan analizar las causas de lo que está ocurriendo y las razones que pueden explicar una barbarie de ese tipo o no se puede aguantar una emisión larga. En esas ocasiones los espectadores demandan información, y cuando una cadena termina se puede comprobar que una buena parte de sus espectadores escapa hacia las que están ofreciendo más noticias, más comentarios, más análisis. En un mundo globalizado es muy difícil saciar la curiosidad y la avidez de noticias de la opinión pública. Hoy sabemos que los sucesos que hemos narrado pueden ocurrir en cualquier lugar del mundo a cualquier hora del día.

Aquella tarde del 11 de septiembre recuerdo que uno de los primeros en llegar al estudio del telediario fue el director comercial de la cadena. Para él y para sus cuentas la emisión continuada sin publicidad eran un descalabro porque la caja dejaría de ingresar unos cuantos millones. Eduardo Olano lo comprendió y dijo que hiciéramos lo posible por atenuar el efecto de los atentados sobre su departamento. La emisión terminó a las diez y media, y sólo se interrumpió para emitir el primer capítulo de una nueva serie, *Mi teniente*. A las once menos cuarto subimos a la redacción; los teléfonos no dejaban de sonar y de dar entrada a llamadas que nos preguntaban por qué habíamos terminado con el programa especial. Después de *Mi teniente* volvimos a las Torres. Durante días, los estudios de audiencia, y las curvas con la evolución de los espectadores nos decían que cada vez que terminaba un programa sobre los atentados, cientos de miles de personas tomaban el mando y buscaban quién podía continuar con aquel río de información. A la hora de evaluar el comportamiento de los espectadores hay que tener en cuenta que aquella noche había partido de la Liga de Campeones. Jugaba el Real Madrid. Tuvimos que pasar el partido a la segunda cadena para no interrumpir la información sobre los atentados. Al día siguiente comprobamos con sorpresa que aquel encuentro había sido el programa más visto del día.

El despliegue del 11 de septiembre duró varias semanas. Las delegaciones de Washington y de Nueva York se poblaron de enviados especiales. El primero en llegar a la ciudad herida por los aviones terroristas fue Vicente Romero. No era nada fácil cruzar el Atlántico. El tráfico aéreo estuvo suspendido varios días. Romero llegó a Nueva York en el primer avión que salió de París. Miles de personas sufrieron aquellos días el bloqueo aéreo. Los aeropuertos estaban atestados de turistas que intentaban regresar a casa. Romero, viejo lobo del periodismo, consiguió llegar a Nueva York. No sé el pretexto que utilizó, pero consiguió que sacaran de un avión, minutos antes de despegar, a dos ciudadanos canadienses, para hacer sitio para él y para su reportero gráfico. Durante aquellos días varios equipos de TVE recorrieron la ciudad, hablaron con los neoyorquinos, echados a la calle, en torno a la Zona Cero, para expresar su dolor, su estupor, su solidaridad. Los reportajes de Vicente Romero, de Almudena Ariza, de José Antonio Pérez Piñar, nos permitieron sentirnos cerca de los neoyorquinos, de las familias de las víctimas, y de las viudas de los más de trescientos bomberos y policías que murieron en aquella matanza. La población hispana nos narró el sentimiento de la ciudad y la experiencia de tantos inmigrantes, sin necesidad de traducción, con la frescura de un español modulado y pulido por caribeños y centroamericanos. Se emitieron cientos de horas de información. La única voz disonante se escuchó en el Consejo de Administración de RTVE. Algún consejero socialista echó de menos que habláramos de las causas que habían desembocado en aquellos atentados. En el fondo una parte de la izquierda siempre ha pensado que detrás de un suicida o de un pistolero existe una razón, y por tanto una causa justa. Algo que jamás se hubiera atrevido a decir después de una de las exhaustivas coberturas de los crímenes terroristas en España.

Recuerdo también la polémica por unas imágenes servidas por la agencia Reuters tan sólo un par de horas después de los atentados. Grupos de palestinos se habían echado a las calles de

Gaza para celebrar con disparos al aire los atentados de Nueva York y de Washington. Estaban exultantes. Daban saltos y gritaban en medio de una gran algarabía. Aquella imagen dañó la causa palestina, asociada de forma inmediata con quienes habían cometido aquella barbaridad. Aquella celebración de la venganza provocó un efecto de rechazo profundo. Arafat tuvo que salir al día siguiente para intentar contrarrestar los pésimos efectos sobre la opinión pública. Los palestinos se alarmaron hasta el punto que comenzaron a difundir por la red la idea de que aquellas imágenes habían sido manipuladas por las televisiones en una maniobra para volver el golpe terrorista contra Yasir Arafat. Los mensajes que circularon en internet, algunos con origen en Brasil, decían que habíamos tomado unos planos de los tiempos de la primera guerra del Golfo y los habíamos ofrecido como imágenes de la tarde del 11 de septiembre. Nos pusimos en contacto con nuestra corresponsal en la zona, que nos aseguró que aquellas imágenes se habían tomado ese mismo día. La agencia Reuters negó cualquier acusación de manipulación. Finalmente descubrimos en las imágenes un detalle que nos permitía descartar que fueran tan antiguas como aseguraba aquel correo brasileño difundido para descargar la culpa palestina. Los que gritan y saltan en aquellas imágenes se encuentran frente a una tienda de refrescos. Sobre una de las paredes se ve el logotipo de Pepsi, pero el moderno, no el antiguo. Aquellos planos no podían haberse tomado durante la primera guerra del Golfo porque aquel dibujo de la Pepsi-Cola todavía no existía. Izquierda Unida pidió explicaciones en el Parlamento, y Javier González Ferrari tuvo que detallar la historia gráfica de la marca, para convencerles de que nadie había caído en una trampa mediática contra los palestinos.

4

Nadie es perfecto.
«Un imbécil me dice que tiene una cinta del Concorde en llamas»

La televisión es un organismo vivo. Su vida está llena de aciertos y de errores, de éxitos y de fracasos. La tele está tan viva que en los últimos años han triunfado los programas que se alimentan de la propia televisión, reciclajes de deshechos, o autorreferencia irónica de lo que ocurre en otros productos de la televisión. La vida de los Informativos es más secreta. Los triunfos se airean; los desastres se esconden. Un sociólogo escribió una vez que nuestra diferencia con respecto a la medicina es que «los periodistas publicamos nuestros fallos y los médicos los entierran». Discrepo. La profesión periodística aspira en buena parte al estatus de la medicina, pero con menos corporativismo. Como el periodismo en España está dividido en grupos, sobre todo en grupos de presión que atienden a intereses de terceros, los fallos del contrario se arrojan como una quijada contra su cabeza mientras se esconde la basura propia bajo las alfombras. Esa práctica ha sido constante contra la televisión pública, contra el único medio en España que no puede utilizar la autodefensa dentro de sus propias emisiones. No digo que no haya que ejercer la crítica. Lo que manifiesto es que se debe respetar el derecho de réplica (uno de los derechos que en la práctica no existe en España) y admitir el examen ajeno sobre el trabajo propio. La prensa en España no lo hace. Yo he trabajado en un periódico y tengo amigos en las redacciones de los grandes rotativos españoles. Una de las secciones más manipuladas de la prensa es la de las cartas al director. El menú diario de los mensajes de los lectores responde a la línea editorial de cada periódico. El resto no saldrá publicado. Las críticas al trabajo de los periodistas irán a la papelera o serán filtradas a través del «Defensor del lector». En los últimos años algunos medios se han convertido en el ariete contra una sola televisión pública, mientras sus portadas se cargaban de titulares que eran la expresión de sus obsesiones, y el escudo de defensa para sus guerras empresariales.

Las páginas de este libro están salpicadas del análisis de algunos éxitos y también de muchos fracasos, porque la vida profesional de todos está compuesta por una proporción mayor de los segundos que de los primeros. Me quiero detener ahora en algunos fallos de la historia cotidiana de la televisión. Algunos tienen repercusiones importantes; otros se pueden solventar con tiempo y paciencia. Son errores humanos, inducidos muchas veces por la velocidad vertiginosa a la que trabaja la televisión, por la presión de la competencia, y por la carrera frenética de añadir unas décimas a la cuota de pantalla.

La audiencia nunca llama dos veces

Antes o después de un telediario, los espectadores suelen llamar. Lo normal es que lo hagan después. Cada noche, después de la emisión de la segunda edición, al subir a mi despacho en la quinta planta de Torrespaña, me encontraba a Pilar, mi secretaria, respondiendo a llamadas de la más diversa naturaleza. Unos llaman para protestar, otros para felicitar, unos para brindar una sugerencia, otros para pedir una grabación de esa noticia en la que ha salido su hijo. No es fácil tener la paciencia suficiente como para atender todas esas llamadas. Quien llama no lo hace para preguntar sino para que le escuchen, para que quede constancia de su indignación y de sus razones. Casi todos lo transmiten con mucha educación y sólo algunos pasan las fronteras de lo tolerable.

Una tarde me encontraba sentado en mi puesto de la edición cuando sonó el teléfono. Preguntaron por mí. La voz era la de una mujer, suave, diría que casi dulce. Se presentó: era la superiora de un convento de monjas. Me preguntó si ese día podrían ver el telediario tranquilas. Le pregunté que por qué no, y ella, con mucha amabilidad me lo explicó. El día anterior, antes de los deportes, habíamos puesto unas imágenes, anticipo de la última película de Stanley Kubrick. Era la escena que con mucho sentido comercial había distribuido la productora. En ese fragmento de la película se ve a Nicole Kidman frente a un espejo. Está desnuda, o quizá más bien está vestida con tan sólo unas gafas de montura de pasta. El que entonces era su marido en la vida real y también en la ficción de esa cinta de Kubrick, Tom Cruise, se acerca por detrás. Él está desnudo. Y ella se desnuda en ese momento, es decir, se quita las gafas. La superiora no expresó la más mínima protesta. Sólo quería saber si en el telediario de esa noche había algo, alguna noticia, algún contenido, que pudiera sobresaltar a su comunidad.

Hay quien llama también para romper su soledad. En los años que trabajé de madrugada en la redacción de Radio Nacional de España, todas las noches recibíamos la llamada de una señora que vivía en Benalmádena y que contaba su vida, sus sueños y sus pesadillas al incauto que se atrevía a descolgar aquel teléfono. Una noche llamó la directora general, Pilar Miró, a las tres de la madrugada. Tuvo que llamar tres veces, porque el redactor que contestaba la mandaba a paseo: «No vuelvas a llamar. Ya sabemos que eres Sonia, déjanos trabajar». Pilar Miró tuvo que recurrir a los servicios del Gabinete para que una voz masculina autentificara su identidad.

Conviene atender siempre a los espectadores o a los oyentes. A veces en esas llamadas a horas intempestivas, o en medio del tráfago de la redacción, se encuentra la flor preciosa de una exclusiva. El día que se estrelló el Concorde en París, el 25 de julio de 2000, fue una jornada intensa. Después de uno de los muchos avances informativos que hicimos aquella tarde, subí a la redacción. En el momento de entrar, el editor del *Telediario 2* de aquella época estaba hablando con alguien por el teléfono de mesa. En el momento que colgó dijo en voz alta: «Un imbécil dice que tiene un vídeo del Concorde en llamas». «¿Y qué le has dicho?», le pregunté. «Que no estamos para perder el tiempo.» Al día siguiente, a las tres en punto de la tarde, vimos estupefactos, cómo Antena 3 comenzaba su informativo con la imagen de ese avión con los motores incendiados, poco antes de estrellarse sin que quedara un solo superviviente. Murieron las 109 personas que viajaban a bordo de aquel pájaro supersónico que aquel día hizo su vuelo más corto. Un camionero español, acompañado en la cabina por su mujer, pasaba a esa hora por una de las autopistas que bordean el aeropuerto Roissy/Charles de Gaulle. Al ver el Concorde en llamas cogieron su cámara de vídeo y se pusieron a rodar sin parar el camión. Poco después de ver cómo se perdía en el horizonte para reventar contra el suelo pararon, buscaron un teléfono y llamaron a TVE. Allí se encontraron con un editor incrédulo. Los que no estaban para perder el tiempo eran ellos. Llamaron a Antena 3 y llegaron a un acuerdo. Aquella exclusiva le costó a la emisora varios millones de pesetas. Pero la imagen los valía. La lección para nuestro despectivo editor fue inolvidable. Durante días y días vio aquella imagen reiterada y hoy todavía, si está leyendo estas líneas, se acordará de aquel grave error.

MÁS VALE TARDE QUE EQUIVOCARSE DE MINISTRO

A veces vale más esperar. O al menos esperar con sangre fría cuando las cosas no están del todo claras. Las reglas dicen que una información debe ser confirmada por tres fuentes antes de ofrecerla con la forma y la categoría de noticia. El 29 de abril de 1999 ocurrió algo que nos puede dar un poco de luz sobre esta norma. Aquella tarde, Elena Pisonero fue ministra de Agricultura por unas horas y recibió rosas y felicitaciones, entre otras de

Teófila Martínez, alcaldesa de Cádiz, ciudad que como dice mi amigo Antonio Burgos, no tiene más agricultura que la de las macetas de las ventanas.

El Partido Popular había nombrado a Loyola de Palacio candidata y cabeza de lista para las elecciones europeas, y por tanto tenía que abandonar el Ejecutivo. Durante aquella jornada Aznar iba a recomponer el Gabinete en la que sería la primera «crisis», el primer cambio de nombres, para una sola cartera. Por la tarde supimos que no podíamos fiarnos de las filtraciones y de los rumores, y que con Aznar no sería como en la etapa de González: lo único que valía era el anuncio oficial. Aquel día el presidente había citado a comer en el palacio de la Moncloa a un grupo de siete mujeres, todas periodistas. Aznar estaba acompañado en el almuerzo por Pedro Antonio Martín Marín, el mejor secretario de Estado de Comunicación que han tenido los ejecutivos del PP. Déjenme que les diga unas palabras sobre Martín Marín y la función del secretario de Comunicación. Pedro Antonio fue un hombre siempre disponible. Nunca pretendió una imposición. Ejercía su función con discreción. Si le llamabas estaba. Si le pedías información te la daba si estaba en sus manos. Cuando no podía ofrecerla, al menos evitaba que te equivocaras. Aquella tarde, después de almorzar con el presidente, las periodistas se fueron de Moncloa sin haber conseguido la mínima filtración. Antes de dejar el palacio le preguntaron a Martín Marín, y éste les dijo que sospechaba que no se trataba de una mujer. «¿Por qué?», le preguntaron. «Es muy sencillo —contestó el secretario— si hubiera sido una mujer, el presidente habría hecho alguna alusión, ante un grupo de mujeres, como vosotras. Estoy seguro de que no habría podido resistir la tentación.»

Cuando terminó el almuerzo todos se enteraron de que Tele 5 había abierto su informativo de las dos y media con la noticia del seguro nombramiento de Elena Pisonero como nueva ministra del Gabinete. El error de Àngels Barceló lo tendría que corregir por la noche Juan Ramón Lucas, al que le tocó pedir disculpas a la audiencia por el patinazo. La tarde fue tensa. En las redacciones había nervios. La «primicia» de Tele 5 era verosímil. El equipo del vicepresidente Rodrigo Rato sostenía que Elena y sólo Elena era la apuesta de Aznar para ocupar el lugar de De Palacio. El rumor fue tan intenso que comenzaron a llegar las primeras felicitaciones al despacho de la Secretaría de Estado de Comercio. Funcionarios de la Secretaría de Comunicación tuvieron preparada la nota de «El gobierno informa» con el nombramiento y el currículo de la nueva ministra. A las siete de la tarde Efe difundió un despacho que ratificaba la noticia de Tele 5: «Elena Pisonero, nueva ministra de Agricultura». En TVE teníamos preparada su biografía. Habíamos aguantado toda la tarde. Corríamos el riesgo de ser los últimos. Pedí que me pusieran con Pedro Antonio Martín Marín. «Acabo de ver el despacho de Efe —le dije—, dime si es verdad.» «No sé nada —me contestó—. ¿De dónde se han sacado la noticia?» «No lo sé.» «Si no es Pisonero ¿quién va a ser? Necesito saberlo. Tenemos todo preparado, el estudio, la biografía, imágenes, todo. Dime al menos si lo puedo dar, porque no se habla de ningún otro candidato.» «Yo que tú no lo daría». Con esa escueta frase terminó el diálogo. El «no lo haría» lo decía todo. No iba a ser Elena Pisonero. El único que aquella tarde estaba en el secreto de que el nuevo ministro sería Jesús Posada era Martín Marín. El secretario de Estado había organizado la entrada de Posada en el palacio de la Moncloa de tal forma que no se cruzara ni un segundo con el grupo de mujeres periodistas. Le envió un coche y le introdujo en el palacio por la puerta de atrás. Los dos vicepresidentes del Gobierno se enteraron de la designación minutos antes de que Aznar lo anunciara. Hacia las ocho de la tarde, después de haber despachado con el rey don Juan Carlos, el presidente compareció ante los medios y dio fin a la tarde de rumores más intensa de aquella legislatura. Sólo tres medios supieron soportar la presión de los rumores: RNE, Antena 3 y TVE.

TRAGEDIA EN SORIA

Las prisas en la tele casi nunca son buenas y pocas veces dan buenos resultados. Es verdad que trabajamos apremiados por el aquí y el ahora. Es cierto que todos queremos ser los primeros en contarlo y que nos miramos unos a otros de reojo para ver quién ha sido el más rápido en disparar. En esas maniobras uno corre el riesgo de darse un tiro en el pie. El 6 de julio de 2000 cambió la vida de muchas personas. A las 15 horas y 44 minutos, un camión de transporte de ganado, cargado con cerdos, se estrelló contra un autobús en el que viajaban 37 jóvenes estudiantes que se trasladaban desde Cataluña a un campamento en la provincia de Soria. El accidente se produjo en el kilómetro 159 de la Nacional 122, en el término de Golmayo (Soria). Murieron 28 personas, en su mayor parte chicos y chicas, alumnos de dos colegios de Barcelona. Los conductores de los dos vehículos estaban también entre las víctimas del siniestro. Las primeras impresiones indicaban que la causa más probable había sido un exceso de velocidad, quizá del camión, quizá del autobús. Sobre el asfalto las marcas de las ruedas en la frenada demostraban que el camión había dejado su carril por causas por aquel entonces desconocidas y había invadido la trayectoria del autobús. Meses más tarde los informativos de TVE dieron la primicia de la causa del accidente. La investigación había demostrado que el conductor del transporte había recibido una llamada en su móvil a las 15 horas, 43 minutos y 53 segundos, la hora del accidente.

El primer despacho de agencia llegó a las redacciones cuando ya se había cerrado la primera edición del telediario, en torno a las cuatro y media de la tarde. Era como siempre en estos casos, muy confuso en todos los detalles. El flash recogía el hecho del accidente, hablaba de varias víctimas mortales, y añadía que se trataba de un autobús en el que viajaban niños. Abrimos el pequeño estudio que teníamos en la redacción de Informativos para dar la noticia urgente, con un mapa de localización de

Golmayo y las cuatro líneas del teletipo. No había más, y no podíamos aportar más porque nuestro corresponsal en Soria había salido corriendo para el lugar de los hechos con una cámara y un teléfono móvil. Recuerdo aquel avance porque el tiempo que duró tuve un nudo en la garganta. Tenía la intuición de que aquello era mucho peor de lo que apuntaba el mensaje escueto de la agencia, y de que podíamos estar ante una enorme tragedia. Tardaríamos todavía unos quince largos minutos en volver a interrumpir la programación con novedades. Hacia las cinco ya sabíamos que se trataba de jóvenes, y que las víctimas eran al menos doce. Mientras preguntaba en directo a Luis Naveda por la situación en la curva donde se había producido el accidente nos llegaron las primeras imágenes. Decidimos emitirlas en directo tal y como llegaban, sin la mínima precaución de editar aquel material. La televisión es una reconstrucción de la realidad a través de las imágenes. Los planos se suceden y con ellos se construye un discurso. La labor de los periodistas es el intento de ajustar esa reconstrucción a la complejidad de cada situación. Por tanto no se trata de ofrecer todo lo que tienes, de una forma caótica y desordenada, sino de ofrecer una información jerarquizada, centrada en lo importante o en lo interesante, pero de la que se han eliminado aquellos elementos que no son pertinentes, que distorsionan, o que ofenden. Las primeras imágenes que ofrecimos aquella tarde revelaban la magnitud de la tragedia. Sobre el asfalto se alineaban los cadáveres de unos diez o doce chicos jóvenes, cubiertos con mantas. Agentes de la Guardia Civil y servicios de socorro intentaban sacar otros cuerpos del amasijo de hierros en que se había convertido el autobús volcado sobre unas zarzas y matorrales. Los cuerpos sin vida de aquellos muchachos se iban colocando en el arcén de la carretera nacional, mientras los cerdos que transportaba el camión corrían por todas partes sin control.

Aquel avance fue breve. Creo que todos los que estábamos trabajando a aquella hora tuvimos la amarga sensación de que habíamos cometido un error, que hubiera sido mucho más correcto haber esperado a ver las imágenes y a montar los planos con un poco más de sensibilidad humana. La inmediatez tiene grandes riesgos. A veces es mejor ser el último si lo consigues hacer bien, pero ésa es una lección difícil de asumir en la carrera diaria por la audiencia. Al día siguiente transmitimos los funerales en directo por La Primera. Cinco mil personas asistieron a la ceremonia en el estadio del Numancia, que el día anterior se había convertido en una capilla ardiente improvisada para acoger un funeral de aquellas dimensiones. Sobre el césped había 28 féretros. El dolor de las familias era inconmensurable. De aquella jornada tenemos el recuerdo de la reina Sofía, consolando uno por uno a los padres que habían perdido lo mejor de sus vidas. Sería la primera de las tragedias en las que la reina ha demostrado su enorme capacidad para compartir el dolor de los que sufren y de llevar el consuelo de una caricia o de una palabra a las víctimas de la desolación.

HISTORIAS DEL DIRECTO

El 22 de febrero de 2001 amaneció en San Sebastián con una mañana fría, húmeda y brumosa. Temprano, los teletipos urgentes de las agencias avisaron con esa nota aguda que sobresalta a las redacciones que un coche bomba había estallado poco antes de las ocho de la mañana junto a la estación de Martutene. La carga explosiva y su metralla estaban dirigidas contra el concejal socialista de Ordizia Iñaki Dubreuil. Pero la bomba no le alcanzó. En su lugar segó la vida de dos trabajadores de una compañía eléctrica: José Ángel Santos y Josu Leonet Azkona. La banda volvía a asesinar a los que decía defender. Hacía un año, ese mismo día, los terroristas habían asesinado en Vitoria a Fernando Buesa y a su escolta Jorge Díez con una furgoneta cargada con más de veinte kilos de explosivo.

Desde que tuvo noticia de la bomba, Miguel Ángel Idígoras, hoy corresponsal de TVE en Rabat, se fue al lugar de los hechos acompañado por un reportero gráfico de la delegación de Guipúzcoa. El coche bomba estaba aparcado a unos cien metros de la estación. El concejal y las dos víctimas habían llegado en tren hasta ese barrio, habían bajado en la estación y se dirigían cada uno a su lugar de trabajo. Caminaron separados por tan sólo un par de metros, primero Dubreuil y luego los dos técnicos de la compañía Electra. Miguel Ángel es un hombre tranquilo, sereno, que soporta sin despeinarse la tensión de los directos y la urgencia de tener que dar noticias en los atentados, cuando la prisa por contar es mucha y la información es muy poca. En el primer avance de la mañana vimos con mucha claridad, gracias a su forma de contar tan ordenada, cómo habían sido los últimos minutos de Santos y de Leonet. A mediodía le llamé por teléfono: «Intenta reconstruir el camino de las dos víctimas. Tienes que explicárselo al reportero, y si él lo ve saldrá perfecto porque su complicidad en esto es fundamental». Poco antes de las tres nos sentamos a ver el telediario. Después de la sintonía, la entrada y los titulares, Ana Blanco dio paso a Idígoras. Miguel Ángel estaba en la estación. Explicó que antes de las ocho de la mañana habían llegado a Martutene, hizo con el cámara el recorrido desde la estación, subió a la acera, y caminó hasta el punto donde se había aparcado el Renault 18 cargado con seis kilos de explosivo. Al llegar a ese punto Miguel Ángel desapareció del plano, y la cámara miró al suelo donde todavía se podía ver la mancha de un trágico reguero de sangre. Cuando terminó le llamé para felicitarle a él y al cámara porque los dos se habían comportado como excelentes «periodistas de televisión». Habían conseguido que nos pusiéramos en el lugar de las víctimas. Su relato había sido distinto del que esa tarde habían hecho el resto de los medios audiovisuales. El ojo de la televisión había hecho lo mismo que habríamos hecho todos si hubiéramos podido estar aquella mañana en el lugar donde habían sido asesinados José Ángel Santos y Josu Leonet.

Los directos están llenos de trampas. Ahora cada vez hay más profesionales que son conscientes de las posibilidades del medio y de lo que supone «entrar en directo» en un telediario desde el lugar donde se ha producido la noticia. Permite en primer lugar explicar las cosas con más tiempo, y contarlas mejor. Si uno encuentra una ubicación correcta, la cámara podrá enfocar hacia el lugar donde se ha producido un choque de trenes, y el periodista nos podrá detallar las circunstancias del hecho, y nos haremos una idea más precisa de qué es lo que ha ocurrido. Podremos estar en el punto donde se ha producido la noticia. Cuando llegué a televisión los periodistas todavía salían en los directos armados con enormes cuadernos que sostenían cerca ante el temor de que perdieran el hilo de la frase. Creo que sobran las ortopedias, pero también los excesos de confianza. Un directo hay que prepararlo con tiempo y el periodista tiene que saber cómo empezar, y cómo terminar, qué frase utilizar para captar la atención de los espectadores, y en qué momento debe salir de plano para permitir que el cámara enseñe lo que hay detrás y veamos lo que está ocurriendo. Un directo debe ser breve y contar la última hora de una noticia que está en plena evolución, y no repetir lo que vendrá después en un reportaje.

Buena parte de los riesgos del directo se derivan de una insuficiente preparación técnica. El 24 de marzo de 1999 un Comité de la Cámara de los Lores británica debía decidir si aceptaba la extradición del general Pinochet, detenido en Londres por orden internacional del juez Baltasar Garzón. Ese día la Unión Europea celebraba una reunión en Berlín. El telediario de las tres de la tarde había establecido un triángulo informativo entre Londres, Santiago de Chile y Berlín. La lectura del veredicto en la cámara comenzó tarde, y un titubeante Alejandro Martínez no acertaba a dar con las palabras suficientes como para soportar la espera. En Chile, Alejandro Moruno había encontrado un punto de directo en la oficina de un rascacielos. En el primer intento de tomar el relevo de Londres Alejandro no recibía el sonido de Madrid y vacilaba sin romper a hablar mientras miraba espantado a la cámara. Saltamos a Berlín para intentar encontrar una balsa en aquel naufragio. Ana Blanco leyó la entradilla y dio paso a Jesús Fonseca. Jesús miró a la cámara, se ajustó el auricular como si no hubiera escuchado muy bien y de su boca salió solamente una frase, una frase escueta, que parecía haber sido dictada por el diablo que había convertido aquel telediario en un infierno de conexiones deficientes. Jesús Fonseca dijo: «Cuanto peor, mejor», y se calló. El control estaba al borde del precipicio, dividido entre el espanto y la carcajada. Tardamos en recomponer la figura mientras González Ferrari, desde su despacho de la Dirección de Informativos llamaba a la edición del telediario para arrojarles un monólogo que no puedo reproducir. Sólo al final de un telediario con horario ampliado, cuando estaban a punto de dar las cuatro de la tarde conseguimos que Martínez desde Londres nos aclarara que Pinochet podía ser extraditado, pero sólo por delitos de tortura y conspiración para la tortura, y únicamente por los cometidos después del 8 de diciembre de 1988. De Fonseca no volvimos a saber nada. Cuando las cosas se calmaron en Torrespaña le llamé y me dijo que pensaba que estaba probando el sonido.

5

La huelga del 20 de junio. Los sindicatos entran en el juego

El 20 de junio de 2002 fue una jornada intensa, compleja y difícil en TVE, una noche en blanco plagada de incidentes y tensión con los sindicatos. Desde un par de horas antes de las doce de la noche los delegados sindicales se habían concentrado en la puerta de entrada de la calle Sainz de Baranda. Los coches que intentaban entrar eran detenidos y se les «informaba» de que a partir de las doce se había convocado una huelga general. Unos pocos policías se encargaban de que no hubiera coacciones y de que los transportes que traían a los trabajadores del turno de noche pudieran entrar en las instalaciones. La hora clave era la medianoche; el punto crítico, el control central.

La huelga general del 20 de junio estaba a punto de comenzar. En la historia reciente de España existe una marca que sirve para comparar la fuerza y la intensidad de todas las huelgas. Es como esas marcas en la pared que indican que «hasta aquí llegó la riada». El 14 de diciembre de 1988, a las doce en punto, cuando la locutora del tercer telediario estaba a punto de leer un texto que anunciaba la normalidad más absoluta en el país, un técnico de sonido bajó la regleta. Las televisiones se quedaron mudas, y poco después, la imagen desaparecía de las pantallas, que se convirtieron aquella noche en un pozo negro. Era el signo de que la huelga había sido un éxito y fue también el aviso de que el país se paralizaba. Los que a esa hora todavía dudaban sobre qué hacer al día siguiente se fueron a la cama conscientes de que los sindicatos habían ganado la batalla.

Nuestra responsabilidad aquella noche era garantizar los servicios mínimos. De acuerdo con el decreto los telediarios se debían emitir íntegros, sin reducir su duración, y los programas debían estar grabados. Un grupo de periodistas y de técnicos habían recibido en sus casas los telegramas con la convocatoria para trabajar ese día. Se trataba por tanto de garantizar la entrada de los afectados por el «servicio mínimo» y de evitar que un golpe de mano sindical forzara el apagón de las emisiones. Poco antes de la medianoche el Comité de Empresa y militantes de Comisiones y de UGT, unos cincuenta, se colocaron en la puerta de entrada. Al otro lado, en el interior, había un grupo de policías uniformados y de empleados de seguridad. La directora de personal les advirtió que sólo estaba permitida la entrada de los miembros del comité. Sin embargo a las doce en punto los huelguistas intentaron romper el cordón policial por la fuerza. Los agentes resistieron la embestida y hubo algún cruce de golpes de porra contra los que intentaban entrar. Desde la primera planta, un grupo de redactores contemplaba la escena sin moverse de sus posiciones. Una vez abortado el intento de irrumpir en los controles, varios delegados sindicales pidieron paso, lo que se les permitió porque pertenecían al Comité de Empresa, y comenzaron a lanzar insultos contra la Dirección. La mayor parte de los miembros del Comité de Dirección estaban en la sala de entrada, junto a los ascensores. Los sindicalistas nos acusaban de haber llamado a la policía y nos gritaban «fascistas, vendidos por un plato de lentejas». Después subieron a las plantas donde se estaba trabajando para invitar a los redactores a sumarse a la huelga. Media hora después estaban de nuevo en la planta baja sin haber conseguido movilizar ni a media docena de empleados.

El resto de la noche transcurrió tranquila, salvo un incidente en Prado del Rey que podría haber sido muy grave. Alguien abrió las espitas de las alarmas contra incendios. El gas halón contenido en los depósitos se extendió por los estudios. No es un gas tóxico, pero una alta concentración de ese producto impide que entre oxígeno en los pulmones. Si aquella noche alguien hubiera estado en los sofás de la zona donde se detectó el escape hubiera podido morir asfixiado. En Torrespaña no ocurrió nada parecido. Hacia la una y media de la madrugada se emitió el tercer telediario. La tercera edición salía en el horario previsto con las primeras noticias sobre la repercusión de la huelga general. Desde el Gobierno, algún ministro había llamado a Javier González Ferrari para pedirle que adelantara la salida de las noticias. Se le contestó que íbamos a seguir el esquema y los horarios habituales, para que nadie pudiera interpretar un cambio como una provocación, y porque no había motivos para variar el esquema de todos los días. Vimos la emisión sentados en el control de Informativos, junto a la persona que había provocado el apagón de 1988, un veterano apellidado Larroca, que durante las noticias nos contó lo que había ocurrido aquel 14 de diciembre: «Bajamos la regleta porque aquello fue una chulería. Pretendían iniciar el telediario a medianoche y habían preparado un texto para decir que había normalidad, que la huelga fracasaba. Me pareció el colmo, y lo corté».

A las nueve de la mañana, el piquete levantó el campamento de la puerta de Sainz de Baranda y se marcharon. Aquella mañana tuve la certeza de que los sindicatos, y en especial Comisiones Obreras, los más activos en RTVE, nos habían abierto una cuenta con una factura que tarde o temprano intentarían cobrar. Así se lo dije a Milagros Hernández, la directora de Personal. Muchas veces hemos recordado aquel momento y lo que ocurrió aquella jornada, en la que se puede encontrar la explicación de tantas de las cosas que sucedieron después. Sólo el 25 por ciento de los trabajadores de TVE hizo huelga. Los dirigentes sindicales se fueron a casa derrotados y desmadejados, sin poder ofrecer a sus federaciones el triunfo de haber paralizado las emisiones de la televisión pública.

Los avances de noticias se sucedieron durante toda la mañana. Saber qué está pasando en una huelga no es un trabajo fácil. El Gobierno dijo a primera hora que el paro no había conseguido paralizar la vida nacional. «No hay huelga», declaró temprano el ministro Cabanillas camino del Congreso de los Diputados. La Oposición le lanzó desde primeras horas toda la artillería política. «El paro es un éxito de los trabajadores y el Gobierno tendrá que dar marcha atrás.» Ésa fue la primera intervención de madrugada de los secretarios generales de los sindicatos. La única forma de saber algo era salir a la calle, sacar las cámaras, buscar informes en los centros territoriales, visitar los polígonos industriales. El resultado no permitía hablar de éxito. Si la referencia era el paro del 14 de diciembre, la respuesta del 20 de junio parecía muy alejada de la reacción del ochenta y ocho. La Oposición reforzaba la tesis sindical, y Pepe Blanco compareció a media mañana para dar la lista de las grandes empresas que estaban paralizadas.

Pero en algunos polígonos de la periferia de Madrid, talleres y empresas trabajaban a ritmo normal con las puertas cerradas para evitar a los piquetes. Los servicios mínimos en el transporte funcionaban con puntualidad. En algunos puntos hubo episodios de violencia e incidentes con la policía. La emisión de esas imágenes molestó a los sindicatos. Es verdad que fueron anécdotas si contemplamos la jornada en su conjunto, pero a veces los medios y en especial la televisión son capaces de convertir las anécdotas en categorías. Meses más tarde la Seguridad Social publicó el único dato objetivo que permite medir el alcance de la huelga: los descuentos en las nóminas a aquellos que habían hecho huelga. Sólo el 12 por ciento de los trabajadores había asumido el paro hasta el punto de que tuviera un reflejo en su sueldo mensual. Sólo el 12 por ciento había tenido descuentos en sus cuotas y en sus ingresos. Pero el dato pasó desapercibido. El resto son impresiones subjetivas y propaganda. Cada cual puede comparar la realidad con los titulares que ofreció en ese día o en el siguiente. Creo que no es exagerado decir que los periódicos que al día siguiente titularon que la huelga había paralizado España deformaron los hechos. Algunas industrias en las grandes ciudades y muchos servicios estuvieron todo el día afectados por los paros, pero la situación y el paisaje de las capitales no era el de un escenario paralizado.

Un mes después Javier González Ferrari dejaba la Dirección General de RTVE, no sin antes «amnistiar» a los afectados por los expedientes laborales por algunos excesos cometidos en los días previos a la huelga. Pero el sindicato no perdonaba los sucesos de aquella noche, y su incapacidad para parar las emisiones. La respuesta sindical tardaría unos cuantos meses. El encargado de prepararla sería un ex redactor de los Servicios Informativos. Pedro Soler, un periodista conflictivo y de carrera irregular que había sido «liberado» por Comisiones Obreras. Su historia en la casa es breve, y su papel en este juego comienza el día en que dijo que no hacía un reportaje. Una mañana de la primavera del año 2002 el director de *Informe semanal*, Baltasar Magro, entró en mi despacho para contarme que uno de sus redactores, Soler, se había negado a elaborar un reportaje sobre telefonía y nuevas tecnologías. Llamé a Pedro Soler a mi despacho y le comuniqué que a partir del día siguiente pasaría a formar parte de la redacción de Deportes de los telediarios, una unidad en la que el trabajo es más intenso que en *Informe semanal*, programa que tiene un ritmo de producción más lento. Soler nunca se sentó en la redacción. Al día siguiente el subdirector de Informativos, Andrés Martín Velasco recibió un documento de baja, firmado por un médico, en el que certificaba que don Pedro Soler sufría un proceso catarral. Cuando la baja terminó, varias semanas más tarde, Soler fue liberado por Comisiones para sus tareas sindicales. Con el tiempo formaría junto a otros militantes de CC.OO. una sociedad llamada Aideka que bajo la apariencia de un gabinete de estudios independiente se encargaría de elaborar informes a la carta sobre el trabajo de los Servicios Informativos. Soler figura como el presidente de esa asociación.

El primero de sus trabajos se centraría en la huelga general. Para hacerlo se limitaron a la segunda edición del telediario, es decir, la que yo presentaba. Acotaron ese telediario y se dedicaron a analizarlo de forma aislada de todo el conjunto de la programación informativa. Luego han hecho algún informe más. Para que puedan calibrar la validez de sus trabajos les diré que los estudios previos a las elecciones están centrados en la segunda edición del telediario. Sin embargo los trabajos posteriores a la victoria socialista analizan el conjunto de la programación informativa. En aquel primer trabajo se nos acusaba entre otras cosas de haber dado un testimonio de Rodríguez Zapatero en el que anunciaba que se iba a sumar a la manifestación del 20 de junio por la tarde. Pero el locutor, decía el informe, no ha dicho ni dónde ni a qué hora se celebra la manifestación. En otra de sus conclusiones se apuntaba que en los telediarios de la jornada de huelga habíamos emitido imágenes de incidentes violentos con enfrentamientos entre piquetes y unidades antidisturbios. En ningún momento se negaba que hubiera habido violencia. Nosotros habíamos sido testigos en Torrespaña de que la presión sindical para hacer triunfar el paro había llegado incluso al cuerpo a cuerpo. Un informe pericial encargado por TVE a un catedrático de Comunicación, rebatía todos y cada uno de sus argumentos. El perito afirmaba que el trabajo que aportaba Comisiones Obreras para apoyar su demanda tenía unas características muy vulnerables entre las que citaba las siguientes:

> La demanda se basa en el artículo 20 de la Constitución pero no considera el criterio de profesionalidad que introduce precisamente ese artículo en el ejercicio de la libertad de información, cuando legisla sobre la cláusula de conciencia y el secreto profesional. La profesionalidad periodística está basada en la manipulación en favor de la recepción veraz de información por parte de los ciudadanos. De todo lo que ocurre, sólo llega a las redacciones una mínima parte, y de eso que llega sólo se puede emitir entre un 1 y un 2 por ciento. La edición consiste precisamente en decidir *qué* y *cómo* emitir y la audiencia es la que decide con su veredicto implacable.

El trabajo no tiene ningún criterio científico de las ciencias de la información, se basa en estructuras más orientadas por la sicología que por el periodismo.

Ni el objeto ni el método están claros, no existe ningún análisis de contenido riguroso.

El análisis demoscópico carece del más mínimo fundamento científico en la selección de la muestra, en la elaboración de los cuestionarios y en la selección de las imágenes. Ninguna empresa seria podría admitir una investigación de este estilo realizada por los mismos que muestran un determinado interés en llegar a una conclusión.

El detalle de los datos de incidencia de huelga carece del más mínimo interés periodístico, y sólo interesa a los protagonistas.

Las fuentes informativas nunca están contentas con la información periodística que se da de ellas. No tiene sentido que los convocantes de la huelga presenten una querella por el tratamiento informativo. Cualquier otra instancia social representativa lo podría haber hecho, pero no los interesados.

No tiene sentido acusar a unos profesionales de manipulación sin aportar tratamientos alternativos no manipulados. No se ofrece un solo dato del tratamiento en otras cadenas, ni de la consideración de la huelga en otros medios para poder comparar.

Se quejan de que aparezca Zapatero diciendo que va a ir a la manifestación pero que no se diga a qué hora es y dónde. Según eso cualquier protagonista informativo podría hacer un *spot* publicitario de lo que quiera vender.

Que no salgan determinadas organizaciones como ecologistas o artistas a favor de la huelga no significa nada. La relevancia pública no se mide por el grado de adhesión a la causa que interese defender.

Se podían haber hecho muchos informes. Lo que no era científico ni riguroso era tomar como ejemplo un solo telediario, y discutir las opciones de sus editores, tan válidas y tan rigurosas como las de cualquier otro medio de comunicación, y sin duda mucho más periodísticas que las que habría hecho un grupo de «liberados» sindicales de RTVE. ¿Por qué no se analizaron todas las emisiones?, ¿por qué no se tuvo en cuenta toda la programación que dependía de los Servicios Informativos? Son cuestiones que los jueces no quisieron valorar. El tribunal no entró en ningún momento a discutir la validez científica de aquel trabajo. Aquello era como presentar un estudio del diario *El Mundo* a partir del análisis de sus tres primeras páginas. Aideka fabricó un informe a la carta. Sus autores eran los que determinaban qué noticias se tenían que dar y cómo había que ofrecerlas. Y la Asesoría Jurídica de TVE no valoró lo suficiente la trascendencia de aquella causa. Se presentaron al juicio sin haber preparado lo suficiente la argumentación contra el informe. El fallo del tribunal fue un golpe en la línea de flotación y abrió un frente que la Oposición aprovechó hasta el último día.

«Esto de la televisión es un coñazo»

El día del juicio había cámaras en la puerta de la Audiencia Nacional. Buscaban mi foto, la imagen de mi entrada en la sala. No hubiera tenido ningún inconveniente en acudir, pero no estaba citado, ni como acusado (la demanda era contra RTVE) ni como testigo. La sesión fue al menos curiosa y con algunos momentos pintorescos en los que se bordeó el tono del sainete. En un momento de la vista el juez reclamó mi presencia y levantó la voz para que pasara, sin acertar a decir mi apellido a pesar de que lo tenía escrito sobre la mesa. Luego se permitió una queja sobre el asunto que le ocupaba ese día: «Esto de la tele es un verdadero coñazo». Ejemplar. Los abogados de TVE salieron de la vista satisfechos y optimistas.

A finales del mes de julio de 2003, tres jueces de la Sala de lo Social de la Audiencia Nacional, Pablo Burgos de Andrés, José Ramón Fernández Otero y Daniel Basterra Montserrat, firmaron una sentencia condenatoria contra RTVE. La condena se basaba en que no se había emitido en su totalidad una encuesta realizada por el Centro de Investigaciones Sociológicas. El texto argumentaba también que el Consejo de Administración debería haber establecido, antes de la huelga, un reparto de tiempos similar al que se distribuye entre partidos antes de unas elecciones. Es decir, que el Consejo había propiciado la violación de derechos fundamentales por no fijar el tiempo destinado a los partidarios y a los contrarios a la huelga. Como consecuencia de todo eso el tribunal establecía que habíamos incurrido en violación de los derechos fundamentales de huelga y libertad sindical. La sentencia condenaba a leer en todos los telediarios una información completa sobre el contenido de la sentencia. El texto termina con la advertencia de que cabe recurso de casación ante la Sala Cuarta del Tribunal Supremo. La sentencia, con la que no estábamos de acuerdo ni en su fundamento ni en sus conclusiones, iba a ser recurrida por lo que no era firme. El fallo, a juicio de la Dirección de Asesoría Jurídica de RTVE quedaba en suspenso. Pero Comisiones pidió la ejecución provisional.

Por aquellas fechas, a primeros de octubre de 2003, iniciamos una nueva temporada de *El Debate de La 2*. La primera entrega fue una discusión sobre el estado y la salud de nuestra economía. Entre los invitados estaban Juan Iranzo, Miguel Sebastián (asesor de Zapatero) y José María Fidalgo. Afiliados a Comisiones Obreras me esperaban a la puerta del centro de TVE en Sant Cugat. El largo camino que debían hacer los invitados, desde la puerta de entrada hasta el estudio, estaba marcado con hojas pegadas al suelo que llevaban mi retrato. Los invitados, por tanto, tenían que pisar mi cara colocada en el centro de los pasquines, bajo un gran lema: «Se busca». En ese clima de presión los sindicalistas pidieron a Fidalgo que en el debate hiciera referencia a la sentencia. El secretario general les dijo que había venido invitado para hablar de economía y que no pensaba utilizar el momento y la oportunidad para otras cuestiones. Al terminar el programa, José María Fidalgo se acercó hasta mi silla. Me pidió disculpas por el acoso y por la brutalidad de la escena que habían preparado los suyos. «Tenéis que llegar a un acuerdo —me dijo— porque si no éstos, que son muy burros, te van a matar.» Cuento todo esto porque es importante tener en cuenta el clima que se vivía en la casa para entender lo que vendría después.

Antes de la vista del recurso de CC.OO. para la ejecución provisional, los magistrados enviaron a las partes el mensaje de que podían fallar en su contra, para empujarles a alcanzar un pacto que resolviera las diferencias. Javier Lamana mantenía la idea de que ante la justicia siempre es mejor un mal acuerdo que una sentencia. El director general era contrario a ese pacto, porque entendía que era mejor dejar que el tribunal tomara una decisión. «Si vamos a ejecutar esa sentencia, ¿qué sentido tiene que pongamos un recurso?», repetía Sánchez, cargado de razón. Finalmente se llegó a un acuerdo. Los abogados de RTVE y los de Comisiones se sentaron una mañana, redactaron un texto y acordaron que esas líneas se leerían en las dos ediciones principales de los telediarios y en las noticias de La 2.

El pacto estaba firmado, y ahora se trataba de cumplirlo. En el acuerdo que se me comunicó no había ninguna indicación del momento del telediario en el que se debía emitir aquel texto, ni sobre quién lo debía leer, ni sobre el entorno de imágenes o elementos gráficos que debían figurar en la pantalla. Tan sólo se decía que en la tercera línea se debían emitir imágenes de los tribunales y de la huelga general, de las manifestaciones de los sindicatos, pero nunca de los casos de violencia que se habían producido aquel 20 de junio. Por tanto había una cierta discrecionalidad en todo aquello que no figuraba en el acuerdo. Lo primero que se trataba de establecer era el quién, ¿quién debía leer aquel texto? La primera que se pronunció fue Ana Blanco, presentadora de las noticias de las tres de la tarde, que se acercó una mañana a mí con cara de espanto para preguntarme cómo se iba a resolver el asunto. Le aterraba tener que asumir su cuota de responsabilidad en aquella situación. Su rostro era una súplica. Yo tenía tomada una decisión pero no se la comuniqué.

Tres días antes de la fecha indicada, al final del telediario, pedí a los realizadores que se quedaran para grabar un vídeo, y que pusieran en negro las pantallas de vídeo del fondo del escenario, de modo que no hubiera ningún elemento de identidad de la cadena. En ese marco grabé el mensaje, con una lectura que reproducía con exactitud los términos de un texto que yo no había redactado y que me habían pasado para que leyera. Fue un gesto de rebeldía, y por tanto un error. Era una respuesta al acoso al que estuve sometido aquellos meses, pero se interpretó como una ofensa. Nada más lejos de mi intención. Asumí mi responsabilidad al cumplir yo mismo la lectura de aquel comunicado, pero quise hacerlo a mi manera. Aquello empeoró las cosas. Comisiones volvió a recurrir ante los jueces. Decían que el pacto no se había cumplido, que la noticia se había leído al final del telediario y que la lectura había sido una burla. Los jueces esta vez les contestaron que no, que el pacto se había cumplido en su integridad, y que, es más, el propio director de los Servicios Informativos había leído el texto sin que su presencia formara parte del acuerdo.

La reacción por parte de alguna prensa fue furiosa. Aquellos días yo me encontraba en Roma, para presentar la programación especial con motivo del 25° aniversario del papado de Karol Wojtyla, pero también para cerrar acuerdos y contratos y dejar preparada la infraestructura necesaria para la cobertura del próximo cónclave. Desde hace algunos años, todas las grandes cadenas de televisión del mundo tienen previstos los lugares desde los que se presentarán los programas especiales sobre la muerte del Papa, las entrevistas a los cardenales que votarán en el cónclave para elegir al sucesor, o los reportajes sobre la actitud de la opinión pública católica en torno a ese momento crítico de la Iglesia, después de un papado tan intenso y tan personal como el de Wojtyla. Una columnista de un periódico llegó a decir que yo estaba en Roma para proclamar mi fe a través de TVE, como si me conociera de toda la vida, o como si hubiera visto en mi trabajo una intención misionera que jamás he tenido. Estaba en Roma porque pasé tres años como corresponsal de Radio Nacional de España, entre 1993 y 1996, porque me he ocupado muchas veces de la información sobre el Vaticano, y porque el 25° aniversario de Juan Pablo II fue un acontecimiento en torno al que se hicieron muchos balances de su papado y sobre el que se proyectaron muchas preguntas sobre el futuro de la Iglesia o sobre la conveniencia de una renuncia de un pontífice enfermo y cansado, a la vista de todos. Ya sabemos, y aquella columna cargada de odio era un ejemplo, que hay muchos que quieren desterrar de la plaza pública cualquier asomo de interés por el hecho religioso, y marginar a la Iglesia a la intimidad personal y a la convivencia en igualdad de condiciones con otras creencias que no forman parte de nuestra tradición. El sectarismo del diario *El País* con todo lo que tenga que ver con la religión y la Iglesia católicas es tan exacerbado que les ha llevado a cometer algunos errores clamorosos y manipulaciones desvergonzadas, por lo que supone de descrédito injustificado para personas que lo dan todo por ayudar a quienes no tienen nada. Un ejemplo. El 29 de octubre de 2003 ondeaba en su primera página este titular «El Vaticano reconoce que cientos de monjas han sido violadas por misioneros». La presentación de esa noticia fue luego repetida por sus satélites y por sus imitadores. El cuerpo de la información, en páginas interiores no menciona ni un solo caso, y se remite a un artículo aparecido en la revista *National Catholic Reporter*. Si leen el texto original verán que en ningún caso se menciona a misioneros, nunca se habla de centenares de violaciones, y se cita algún caso de abusos cometido por miembros del clero local. La Unión de los Institutos Misioneros protestó. *El País* nunca llegó a publicar una rectificación.

El último capítulo de esta historia lo escribiría Carmen Caffarel, directora general de RTVE. Su primera decisión, al día siguiente de tomar posesión de su cargo, fue la orden de retirar los dos recursos contra la sentencia. Ese día RTVE renunció a defenderse de un dictamen que hizo mucho daño a la credibilidad de sus informativos. La sentencia se convertía en firme y definitiva. No la hizo definitiva un juez, como ocurre en tantos casos, sino la directora general de la empresa afectada y condenada por aquel dictamen judicial. Ninguna empresa en el mundo ha visto un atropello como éste cometido por su propia dirección. TVE pasó a ser, gracias al favor que Caffarel hizo a Comisiones, la única persona jurídica que en España no tiene derecho a una segunda instancia judicial.

6

S.O.S. *Prestige*.
El año que Aznar no fue a Galicia

El 13 de noviembre de 2002 una imagen abre la segunda edición de las noticias, a las nueve de la noche. Un petrolero batido por las olas amenaza con romperse en aguas gallegas. Es la primera vez que escuchamos oír un nombre que se hará popular, un nombre que significa marea negra, contaminación, catástrofe económica, riesgo ecológico y crisis política. El texto de la entrada del telediario de aquella noche era el siguiente: *(voz* en off *que habla en segundo plano)* «Este petrolero de las Bahamas amenaza con partirse en dos frente a las costas gallegas por el temporal, y ha comenzado a verter al mar las 77.000 toneladas de crudo que transporta en sus tanques. Mientras es remolcado, permanecen a bordo el capitán, el primer oficial y el jefe de máquinas. Veinticuatro tripulantes han tenido que ser rescatados por helicópteros de Salvamento Marítimo».

Aquella tarde el temporal había ocasionado varios muertos en Santurce y en Coruña, entre ellos dos ancianas y una mujer embarazada de gemelos. Los vientos habían provocado la caída de varias grúas. Aquella tarde TVE fue la única televisión que abrió sus informativos con la imagen del *Prestige*, con el agua a punto de rebasar la línea de flotación del buque. En el reportaje que se emitió a continuación Carlos Riscos, un comandante de helicópteros de rescate, decía que el barco estaba escorado a estribor, unos cuarenta o cuarenta y cinco grados, y que estaba perdiendo combustible. «No sé decir —continúa— si se va a hundir o no, pero ese barco no está en condiciones de navegar.» Salvamento Marítimo acudió a la zona con helicópteros. El barco fue remolcado mar adentro para evitar que la fuga del combustible que transportaba dañara las costas gallegas. Hasta ahí las noticias del primer día del año del *Prestige*.

Aquel 13 de noviembre hubo otras noticias. Los tres detenidos por la colocación de dos bolsas bomba en Vigo pasaron a disposición judicial. También aquel día Josu Ternera había sido declarado prófugo de la justicia porque no se había presentado ante los jueces. «Hoy hay un terrorista menos en el Parlamento vasco», apuntaba José María Michavila, ministro de Justicia. Y el Tribunal de Defensa de la Competencia había impuesto diez condiciones a Sogecable para aprobar la fusión con Vía Digital. Aquel día el telediario duró veinte minutos: había partido de fútbol.

Al día siguiente volvimos a la normalidad del horario. Y la noticia siguió en primera plana. El telediario segunda edición abre a las nueve de la noche con este texto: «Un buque de Salvamento Marítimo, el *Ría de Vigo*, ha conseguido alejar el *Prestige* de la costa de Galicia. Después de muchas maniobras, el *Ría de Vigo* y el *Sertosa 92* han remolcado la nave y la han enviado mar adentro. El buque es remolcado a una velocidad de 4 nudos. El *Prestige* ha conseguido arrancar sus motores. Se trata de un barco viejo, sin doble casco, y conocido en los puertos de Nueva York y de Rotterdam por sus averías. Son horas de máximo riesgo en Galicia. Si este barco se hunde, todo el combustible que lleva dentro se podría derramar y afectar a las rías. La mancha de fuel que de momento ha dejado en el mar tiene una extensión de 200 metros de ancho y 37 kilómetros de largo».

La información aportaba también un mapa con el recorrido del buque, y la distancia a la que flotaban las manchas de fuel. Malena Orgales entró en directo desde el puerto de Coruña y contó que el *Prestige* navegaba escoltado por cinco buques de Salvamento Marítimo y dos de la Armada. Malena apuntó también que se habían comenzado a desplegar ocho mil barreras para controlar la marea negra.

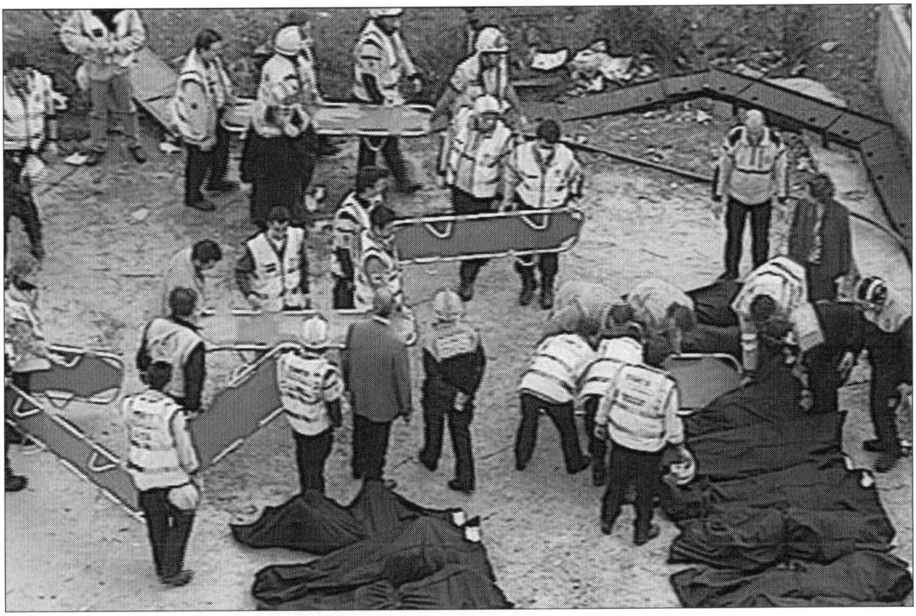

Uno de los primeros problemas que hubo que resolver el 11-M fue el de la emisión de *Los desayunos de TVE*, en que estaba previsto entrevistar a Zapatero.

Los planos aéreos que el helicóptero de TVE sirvió a las demás televisiones ofrecían un paisaje urbano sobresaltado, en el que era imposible ver un metro cuadrado de asfalto. Cientos de miles de personas se habían echado a la calle en muchísimas ciudades españolas.

A pesar de las manifestaciones ante las sedes del PP la noche del 13 de marzo, en términos de comunicación creo que la comparecencia del candidato fue uno de los más graves errores políticos de esos días, pues Rajoy cayó en la trampa de la provocación y entró en el juego.

El destino le regaló a Zapatero lo que había pedido durante la campaña: «...que el 14 de marzo Urdaci anuncie la victoria del Partido Socialista». El tono dejaba entrever una persecución que no tardaría en desencadenarse porque llevaba meses gestándose. Fue como si dar la noticia hubiera sido para mí un trago de aceite de ricino o un castigo infligido por la mayoría social del país. Pero no significó nada de eso. (*Entrevista entre Zapatero y el autor, 3 de julio de 2003.*)

El 11 de septiembre de 2001 fue uno de esos días que ponen a prueba la fortaleza y la capacidad de reacción de un medio de comunicación audiovisual. Por unas décimas de segundo pensé que se podía tratar de una ficción, como la adaptación para la radio que hizo Orson Welles de *La guerra de los mundos*, que en su día provocó el pánico de muchos oyentes.

El 20 de junio de 2002 fue una jornada intensa, completa y difícil en TVE, una noche en blanco plagada de incidentes y tensión con los sindicatos.

Las críticas al trabajo de los Servicios Informativos de TVE sobre el *Prestige*, algunas desde dentro de la casa, decían que habíamos prohibido las palabras *marea negra* y que no habíamos dado importancia al riesgo de contaminación en las costas y el daño a mariscadores y percebeiros. Es falso.

El miércoles 9 de abril de 2003, al igual que el 11-S, el telediario de las tres se rehízo en función de la caída de Bagdad, con imágenes de la entrada de los blindados de la coalición y el análisis de lo que eso suponía. Fuimos los primeros en ofrecer la presencia de carros de combate estadounidenses en la capital iraquí.

Premios Príncipe de Asturias 2002: curiosa foto del príncipe con quienes trabajaban en el telediario. En esa foto, Letizia está en el extremo derecho, con la mirada perdida. Alguien, extrañado por su actitud y su posición marginal, le pregunta: «¿Qué pasa? ¿No quieres salir en la foto con el Príncipe?». Ella no respondió.

No hubo ningún plan ni diseño: Letizia Ortiz se sentó en la silla del telediario exclusivamente porque tenía las cualidades y los méritos suficientes para hacerlo, porque se lo ganó por su trabajo y porque se lo merecía. (Presentación del equipo de la temporada 2003-2004 y emisión de los premios Príncipe de Asturias, octubre de 2003.)

Para muchos, el escrúpulo moral hacia ETA no se rompió hasta el asesinato de Miguel Ángel Blanco. Ese día se acabó cualquier neutralidad: las víctimas salieron del anonimato y de la clandestinidad. Las televisiones, en especial TVE, se abrieron para que hablaran en libertad. Su testimonio y su palabra han sido durante estos últimos años el arma más eficaz contra los pistoleros y contra su demagogia paranoica.

Del entierro de los escolares fallecidos en un accidente de autocar en Soria en julio de 2000, conservamos la imagen de la reina Sofía consolando uno por uno a los padres que habían perdido lo mejor de sus vidas.

Otro caso digno de estudio fue el asesinato de siete agentes del CNI en Iraq en noviembre de 2003: la primera emisión de las imágenes en bruto, con el material tal como había llegado, provocó protestas. Para las siguientes emisiones, se seleccionaron las imágenes y se eliminaron las partes más crueles.

El espectador tiende a confundir el mensaje con el mensajero y piensa que si el telediario ha dado una determinada imagen es porque sus redactores están de acuerdo con el contenido.

La imagen del Rey llorando desconsolado por la muerte de su padre es una buena muestra de que hay que tener nervios de acero, mucha experiencia y gran sensibilidad para saber responder en décimas de segundo a los imprevistos de una transmisión en directo.

Cada vez que se abre una campaña política, alguien en TVE pide un cronómetro. Es fundamental un medidor exacto del tiempo pues cada segundo resulta trascendental.

He pagado el precio de una persecución cainita y un linchamiento moral sin precedentes organizado y jaleado desde la sede de un partido político, dirigido por un hombre que se convertiría en presidente del Gobierno y con la complicidad de buena parte de la profesión.

Alfredo Urdaci entrevistando a distintos políticos (José María Aznar, Mariano Rajoy y Rosa Díez) a lo largo de su carrera.

Alfredo Urdaci con algunos compañeros de TVE (María Escario, Ana Blanco y Javier González Ferrari y Juan Pablo Colmenarejo).

La primera sorpresa del nuevo telediario es ver a Lorenzo Milá sin corbata. No podía ser de otra manera: haberse puesto el lazo habría sido como enviar a la audiencia el mensaje de que se había terminado la etapa asilvestrada de *La 2 noticias* y comenzaba una más domesticada, desde un criterio estético.

Disculpen que sea tan prolijo. Detallo todo esto porque las críticas lanzadas contra el trabajo de los Servicios Informativos de TVE, algunas desde dentro de la casa, decían que habíamos prohibido las palabras *marea negra*, y que no habíamos dado importancia al riesgo de contaminación para las costas, y el daño a los mariscadores y a los percebeiros. Es falso. También dijeron que habíamos llegado tarde con los despliegues informativos, pero los mismos que hablaban de nuestra tardanza decían que habíamos enviado desde Madrid a un grupo de periodistas que habían «invadido» el centro territorial de Galicia. Para los críticos, el hecho de que Almudena Ariza, María Oña, Letizia Ortiz, Ángel Orte, Manuel Román (hoy editor del telediario segunda edición), Joan Marcet o el gallego Xaquín López, y el subdirector de Informativos Ángel Nodal se hubieran desplazado hasta la costa, era un signo de manipulación, una señal de que Madrid quería tener controlada la información. Cualquiera que conozca la situación de nuestro centro territorial sabe que por el volumen de información y la complejidad de cubrir una costa de difícil acceso, era imposible que hubieran llegado. No tenían capacidad, ni técnica ni periodística. La llegada de profesionales de los Servicios Centrales de Madrid tenía un gran inconveniente para ellos, una consecuencia que nunca se atreverían a confesar: los trabajadores del centro harían turnos normales, y las horas extra serían para otros. Por otra parte todos los medios enviaron a lo mejor de sus redacciones a Galicia, supongo que con el único propósito de controlar la información desde Madrid. En ninguna de las hojas sindicales y comunicados de los trabajadores del centro territorial se cita un solo error en la cobertura. Se usan grandes palabras para anotar vaguedades. Ninguno de los que fueron a Galicia recibió en ningún momento ninguna consigna. Trabajaron con absoluta libertad. Hoy yo ya no soy su jefe. Y podrían hablar sin reservas de lo que fueron aquellos días de trabajo intenso. Nunca se tocó una sola crónica ni un solo reportaje. Cuando Joan Marcet terminó sus largos días en Galicia, como enviado especial en la

Costa de la Muerte, se despidió de mí con estas palabras: «Quiero decirte que he trabajado con libertad, y que he podido contar todo lo que he visto». «¿Y no te esperabas esto?», le dije. No, no se lo esperaba porque venía del centro territorial de Cataluña, y allí había escuchado todo tipo de «leyendas sobre la manipulación».

Miren con detalle lo que se contó aquel 14 de noviembre en el desarrollo del telediario. Los comienzos de la catástrofe del *Prestige* nos ocuparon más de siete minutos, y aquello no había hecho más que comenzar. El primero de los reportajes dio cuenta de la situación del buque y de la información aportada por el delegado del Gobierno, que reconoció que estábamos ante un problema muy grave y que el propósito de la autoridad era que el buque no entrara en ningún puerto gallego. El segundo de los reportajes repasaba el riesgo para los pescadores de la zona; en él se escuchaba la voz de los mariscadores y percebeiros y se planteaba la necesidad de regular el tráfico de buques de riesgo por la zona. En el tercer reportaje se recordaban las otras mareas negras que ha sufrido Galicia: la del *Mar Egeo* y la del *Urquiola*, que dejó sin pesca de bajura a la zona afectada durante tres meses. La información de Begoña Pérez terminó con estas palabras: «Esta tragedia se produce cuando miles de aves migratorias hacen el viaje hacia el sur por estas costas, y en la temporada económicamente más importante para los pescadores y mariscadores».

Aquel día, dos soldados de la armada habían muerto en el astillero de San Fernando por el accidente de una grúa arrastrada por los fuertes vientos que azotaban la zona. Los jueces habían firmado una orden de prisión y captura internacional contra Josu Ternera.

La tónica del tratamiento del *Prestige* continuó hasta el 19 de noviembre, cuando el petrolero se hundió. María Oña y Almudena Ariza viajaron a Galicia para reforzar a la redacción del centro territorial. Es probable que en los días previos a la llegada de la primera marea negra diéramos demasiado crédito a las informaciones del Gobierno que hablaban de que las manchas se estaban alejando de las costas. También es cierto que las corrientes y los vientos hacían variar la situación y la amenaza era cambiante. Pero estoy convencido de que todos, los enviados especiales, los redactores del centro de Galicia, los editores de los telediarios, trabajaron con honestidad y contaron en todo momento lo que vieron, sin mediatizaciones ni tergiversaciones. Es verdad también que la indignación de buena parte de la sociedad gallega hizo que sólo se admitieran los mensajes tremendistas, muchas veces exagerados, y las coberturas sensacionalistas. Volvíamos a vivir uno de esos climas tan frecuentes en los últimos años en España, en los que ofrecer una información ecuánime y equilibrada era imposible. Se buscaban chivos expiatorios a los que culpar de todo aquel desastre. Se hablaba con un enorme atrevimiento de las décadas que costaría limpiar aquello y corregir sus efectos. No era fácil acompañar a los pescadores que fueron a Arcachon (Francia) a contar a sus colegas franceses que aquélla era una contaminación contra la que sólo se podía luchar con medios artesanales. Escuchar aquello en la voz de pescadores gallegos desmentía parte de la impresión, aceptada por casi todos, de que aquél era un tipo de marea frente a la que no servían los grandes medios de contención. No había nada que hacer. Algunos conatos de violencia, como la agresión de algunos pescadores de Aguiano contra el presidente de la Diputación indicaban que el grado de división, alarma y nerviosismo había llegado a extremos peligrosos. Muchas de las cosas que se dijeron aquellos días deberían ser puestas en cuestión y comparadas con la realidad que vive hoy el sector de la pesca y el turismo en Galicia.

Protestas en Muxía

El 6 de diciembre, aniversario de la Constitución, decidimos trasladar la presentación de la segunda edición del telediario a Galicia. Nos fuimos a Muxía. Situamos el punto de directo en la lonja de Muxía, donde se alojaban grupos de voluntarios llegados a Galicia desde toda España. Hasta entonces sólo habíamos tenido algún pequeño problema. El primer día de la gran marea un trabajador del centro territorial de TVE en Galicia quiso agredir a María Oña en Muxía cuando estaba a punto de entrar en directo. No le gustaba ver por allí a la «gente de Madrid». En O Grove el patrón de la cofradía de pescadores había colocado un cartel en la puerta de su oficina: «No se admite el paso a periodistas de TVE y de Antena 3». Manos anónimas habían repartido panfletos por la costa de la zona en los que llamaban a la población de Galicia a boicotear a Televisión Española, a la Televisión Gallega y también a los informativos de Antena 3.

Aquel 6 de diciembre, poco antes del comienzo del telediario, un grupo de jóvenes ecologistas procedentes de Aragón, coordinados previamente a través de teléfonos móviles, con las cabezas cubiertas por pañuelos con leyendas contrarias al Plan Hidrológico Nacional, intentaron reventar la conexión. Jenaro Castro me dio paso desde los estudios de Torrespaña. En el momento en el que los que me rodeaban vieron que aparecía en el monitor comenzaron a gritar «Televisión, manipulación» y «Fraga, Aznar, venid a limpiar». Desde Muxía, con aquel ambiente, di paso a todas las conexiones, creo que cuatro, y devolví la conexión a Madrid. Se cumplió lo que estaba previsto. Podíamos haber devuelto la señal a Torrespaña después del primer momento, pero decidí que no, que no podíamos cambiar los planes, que los que estaban detrás tenían derecho a protestar, y que no iban a conseguir variar el esquema del telediario. No eran gallegos, su protesta no estaba motivada por la cobertura de las playas embarradas de fuel y de las lonjas vacías de pescado. Eran ecologistas activos que aprovecharon la televisión para colocar su mensaje. Se habían coordinado con teléfonos móviles. Cuando se apagaron los focos del directo, la concentración se disolvió sin más problemas. Al día siguiente el telediario se emitió desde las islas Cíes, como estaba previsto. El punto de conexión estaba a veinte metros de donde cientos de voluntarios limpiaban el fuel de las rocas del parque natural. Nadie nos molestó, nadie protestó, y pudimos trabajar con toda normalidad.

Pudimos explicar las diferentes situaciones que se podían ver en el mismo litoral. A un lado de la cámara había rocas limpias que se habían salvado gracias a la protección de las barreras anticontaminación. Al otro lado, las piedras brillaban negras. Cientos de voluntarios y personal de la Xunta trabajaban para recoger el fuel. Al fondo se veía la ría, libre del fuel. Las islas habían sido como un muro que había frenado las mareas negras, y habían impedido la entrada del hidrocarburo en sus aguas y habían salvado así, la enorme riqueza de aquella entrada de mar. Aún tendríamos tiempo el domingo de subirnos a un buque anfibio de la Armada, recién fondeado en Vigo, para mostrar el despliegue de una flota que había llegado desde Rota para trabajar en la limpieza sobre todo del parque natural de las Cíes. Llevaban meses sin pisar sus casas y habían sido movilizados para trabajar en Galicia. Sabían que se podían quedar sin Navidades y de hecho así sucedió. Con alguna excepción, el foco de las televisiones estuvo concentrado en los voluntarios. El ejército estuvo siempre en un segundo plano de atención. El almirante Treviño, que comandaba aquella flota, había asistido en la ría de Vigo al desastre del *Policomander*, un buque noruego que a principios de los años setenta encalló en las Cíes, reventó y derramó toda su carga de petróleo. Desde su experiencia nos dijo que en aquella ocasión nadie fue a limpiar y se dejó que el mar hiciera el trabajo de reciclaje. En aquel tiempo la sensibilidad hacia el medio ambiente no existía, y la economía del mar era mucho más pobre. En seis meses, nos contó, las olas y los temporales no dejaron ni rastro de la contaminación de aquel buque.

Tres días después, el lunes 9 de diciembre, el presidente Aznar compareció en Televisión Española en una entrevista emitida después del telediario. Aznar era aquella noche un hombre herido. Acusaba el golpe de la politización de aquella catástrofe. Antes de presentarse ante las cámaras nos dijo que se sentía profundamente decepcionado por una Oposición que estaba utilizando aquella calamidad para obtener un beneficio político. Lo cierto es que el Partido Popular se lo puso fácil. El presidente tardó en viajar a Galicia, y en los primeros días se pecó de optimismo. Se cometieron errores de comunicación que eran de manual. El primero no viajar de forma inmediata a la zona afectada. Los aciertos posteriores y la eficacia y rapidez de las ayudas, de una celeridad desconocida hasta entonces en otras catástrofes, no fueron suficientes para cambiar la primera impresión. Aquella noche del 9 de diciembre Aznar me preguntó qué tal estaba el ambiente en Galicia. Conocía el incidente del viernes. Le dije que había tensión, pero también que era bueno dejar que la gente descargara su indignación porque lo que había ocurrido era muy grave. En la entrevista, el presidente reconoció que habían cometido errores en los primeros días de gestión de la crisis, prometió viajar a Galicia, y dijo que se habían tomado las decisiones más adecuadas, en referencia al alejamiento del buque de las costas gallegas, una maniobra defendida por dirigentes del Partido Socialista como Francisco Vázquez, y cuestionada por algunos marinos mercantes. Lo cierto es que ningún alcalde de ninguna localidad gallega habría permitido que ese barco fuera fondeado en sus costas.

Éste es un resumen de aquella entrevista. No es un compendio elaborado por el autor. Para evitar suspicacias he recurrido a una mano «inocente». El corazón de la conversación de aquel 9 de diciembre que van a leer fue publicado al día siguiente en *La Voz de Galicia.*

—¿Estuvo su gobierno a la altura de las circunstancias?

—Estamos ante la mayor catástrofe ecológica de España, y desde el principio hemos hecho todos los esfuerzos posibles para luchar contra ella.

—¿Fueron correctas todas las decisiones adoptadas?

—La gran ventaja de no asumir responsabilidades es que uno no se puede equivocar. Es posible que llegáramos tarde o que hayamos tomado alguna medida equivocada, pero ningún país está preparado para una catástrofe de este tipo.

—¿Fue un error no llevar el barco a puerto?

—No había solución buena. ¿De verdad hay alguien que hubiese estado dispuesto a llevar el petrolero a puerto, a punto de romperse? Se tomó la decisión que aconsejaban los técnicos.

—¿Por qué no dispone España de medios para evitar este tipo de situaciones?

—Repito que no hay ningún país preparado para una catástrofe como ésta. Estados Unidos sufrió la del *Exxon Valdez*, y Francia la del *Erika*, y tampoco estaban preparados.

—¿Por qué no se movilizó al ejército desde el primer momento?

—Las Fuerzas Armadas han estado ahí desde el principio, y se ha reforzado lo que ya había para suplir a los voluntarios.

—¿Por qué no ha visitado aún Galicia?

—Procuro hacer cosas útiles. Veinticinco días después de que empezara la crisis, los afectados ya han empezado a cobrar las ayudas y la UE ha aprobado la legislación que le faltaba para evitar casos de piratería ecológica. Entre dedicarme a eso e irme a hacerme fotos de oportunidad, prefiero lo primero.

—Pero ¿tiene una fecha para viajar a Galicia?

—Será cuanto antes, pero no hay una fecha predeterminada.

—¿Qué le ha parecido la reacción de la sociedad española y de la Oposición política?

—La reacción de la sociedad española ha sido admirable, como demuestra el trabajo de esos miles de voluntarios y mariscadores, aunque lamento no poder decir lo mismo de la Oposición. Yo viví como jefe de la Oposición el accidente del *Mar Egeo*, y en ningún momento se me ocurrió pedir responsabilidades políticas porque el Gobierno no era responsable de aquello. Destruir esfuerzos y tratar de obtener ventajas políticas de una desgracia como ésta es un error.

—¿Cuánto durarán las ayudas a las familias afectadas por el vertido?

—La solidaridad del Gobierno durará el tiempo que dure la catástrofe.

Desde la distancia que marca el tiempo creo que aquella entrevista nos perjudicó. No por su contenido, porque se hicieron las preguntas que había que hacer en aquella situación. Creo que nos perjudicó porque muchos pensaban que Aznar debería haber ido a Galicia antes de comparecer en televisión. El resultado hubiera sido bastante más eficaz si hubiera aceptado la invitación para la entrevista después de haber visitado la Costa de la Muerte.

Creo honestamente que hicimos un buen trabajo en Galicia. Si se repasan los telediarios de aquellos días, de aquellos meses, el resultado general es muy bueno. El esfuerzo fue enorme y la cobertura completa. Entiendo que algunos buscaran un chivo expiatorio. Algunos creen que cuando se dispara contra la televisión pública se perfora el peroné del Gobierno. Ocurre con cualquier ejecutivo. El análisis de las consecuencias sobre todo económicas y del daño al ecosistema fue exhaustivo. Las coberturas de las manifestaciones, la de Santiago y la Madrid, el seguimiento de los trabajos de limpieza y la batalla política que se desató a partir de aquel día 13 de noviembre, tuvieron un reflejo puntual.

En los días previos a la escritura de estas líneas he vuelto a repasar los telediarios de aquella temporada. He visto grandes aciertos: reportajes cercanos, relatos construidos desde el punto de vista de los afectados, presencia en todos los lugares a los que llegaron las mareas negras, reportajes en las lonjas, en las casas de los marineros, en los barcos, entre el chapapote. Es verdad que no hicimos tremendismo, ni catastrofismo, porque no es nuestro estilo, no nos gusta cazar espectadores con el oportunismo de las desgracias. No lo hicimos ni en los primeros días ni en el desarrollo de la situación. Primero porque la realidad debe ser contada con frialdad, sin pasión, sin demagogia. Y después, pasada la Navidad, porque los efectos de la limpieza de rocas y playas por parte de voluntarios y equipos del ejército fueron cambiando el paisaje. Recuerdo que pasados algunos meses de las mareas negras, era imposible decir nada positivo. No se podía decir que tal o cual playa estaba limpia, no se podía contar que la situación mejoraba, ni que las ayudas llegaban con puntualidad. Si lo contabas, los grupos más politizados te decían que estabas manipulando. No había matices, no había lugar porque no lo dejaban, para hacer una lectura sosegada de la realidad. En febrero y marzo, y también mucho después, algunas cadenas pintaban el paisaje de la costa gallega con los mismos tonos que a primeros de diciembre. No estoy hablando de los primeros días de las mareas, me estoy refiriendo a todo el tiempo que duraron los efectos de aquel desastre. Pronto habría elecciones municipales y la Oposición en Galicia trabajó duro para obtener una renta política. Pero los resultados para esos grupos fueron exiguos, y en localidades como Muxía el PP volvería a gobernar con mayoría absoluta. Durante varios meses algunos grupos de presión exigían un paisaje negativo sin matices, del color de un negro chapapote unánime. Los fraudes disfrazados de solidaridad se disculpaban aunque fueran tan escandalosos como el cometido por Tele 5 la noche de fin de año. Nos vendieron las campanadas desde Muxía, presentadas por Mercedes Milá, sacerdotisa de los grandes sentimientos y las pasiones nacionales, capaz de convertir el *Gran Hermano* en un ejercicio de moderno periodismo. Nos quisieron hacer creer que los doce golpes que decían adiós a un *annus horribilis* para Galicia coincidían con la iluminación progresiva de doce pesqueros fondeados frente al pueblo, que se debían iluminar al ritmo de las campanadas. Pero aquella noche les falló la luz. Y nos pusieron la grabación del ensayo que habían hecho el día anterior. El apagón no les podía arruinar el marketing. Las campanadas no coincidieron con las señales de los relojes. Tele 5 despidió el año antes que los demás. Y nadie avisó a sus espectadores de que aquello era una despedida grabada un día antes.

Trabajar en aquellas condiciones de presión ambiental no era fácil. Durante meses no se podía contar nada positivo de Galicia, ningún detalle de la recuperación. Todo debía ser negativo. Algunos medios siguieron durante mucho tiempo contando hasta la última mancha de chapapote y abriendo sus boletines horarios con las oleadas de galletas que llegaban a la costa, cuando el alcance de los residuos de contaminación era ya puntual e irrelevante. En ese ambiente muchos sucumben a la tentación de decir lo que cuentan otros medios, de dar por buena la versión de la competencia, porque es más negativa, más oscura, más alarmante. A la profesión periodística, sobre todo a los redactores de la televisión que trabajan con mucha prisa, saltan de un tema a otro y se enfrentan a todos con una escasa preparación técnica en esas materias, les convendría hacer un ejercicio retrospectivo. Sería muy útil repasar las cosas que se dijeron en aquellos días de tanto ruido y compararlas con la realidad de hoy. Podríamos escuchar de nuevo las exageraciones que se vertieron en algunos informativos sobre los efectos a largo plazo de las mareas negras, mercancía que aquellos días se vendía con una extrema facilidad, que no resistía la comparación con la realidad. A la audiencia gallega le convenía que los primeros relatos fueran pavorosos. Pasadas las primeras semanas nos pedían en los puertos que fuéramos más moderados, que no pintáramos las cosas tan negras porque les podíamos perjudicar en la recuperación de los mercados de pescado y en el turismo. Creo que durante meses conseguimos en TVE describir la situación tal cual era, sin adjetivos, sin sensacionalismo. Ése era nuestro estilo.

Un año después volvimos a Galicia. En el primer aniversario del *Prestige* emitimos una programación especial con el recuerdo de lo que había sido aquel año, y el relato de los tiempos, desde la angustia de noviembre de 2002 hasta la esperanza del mismo mes de un año después. En *El Debate* de *La 2* volvimos a tocar las consecuencias de aquella marea negra. Era la tercera vez que el chapapote comparecía como asunto de debate en Televisión Española, la única televisión que dedicó ese formato a analizar la realidad, y a dar voz a quienes de verdad eran los protagonistas de aquel desastre y de aquella tarea de titanes.

7

La guerra de Iraq

Siempre tuve la sensación de que, durante la guerra de Iraq, para el Gobierno éramos al-Yazira, mientras que la oposición de la izquierda nos asociaba con la Fox. En medio se situaba TVE, que ofreció información y que transmitió todos y cada uno de los debates que se realizaron en el Congreso de los Diputados, y todas y cada una de las sesiones del Consejo de Seguridad de Naciones Unidas que fueron de acceso libre y sin restricciones para los medios de comunicación. Algunas de esas sesiones y debates se emitieron por la primera cadena. Otros fueron programados en La 2.

Me van a permitir que traiga hasta estas líneas alguna opinión independiente, de personas que están más allá de las peleas apasionadas entre medios de comunicación, periodistas o grupos de presión. La primera la leí mucho tiempo después de que fuera publicada. Lleva la firma de un historiador que me merece el máximo respeto. No por lo que dice en su artículo sino porque pasé el verano de 2003 en una casa de los montes de Palencia, leyendo su *Imperio*, una obra imprescindible, no sólo para entender la construcción del imperio español, sino también para entender el presente. Henry Kamen escribe en *El Mundo*: «Los críticos de los informativos en RTVE de Alfredo Urdaci (un profesional que merece plenamente continuar su carrera en la televisión pública) han evitado oportunamente mencionar que los informativos ofrecidos en los canales privados eran bastante menos profesionales y bastante más parciales, especialmente en Tele 5 y en CNN+. Todos los canales de televisión occidentales tenían el mismo problema. Media Tenor, la organización independiente de Bonn que se dedica a estudiar los medios de información, ha examinado los informativos de la guerra de Iraq de algunos de los principales canales de televisión del mundo, incluyendo las redes de Estados Unidos y la BBC. De todos ellos, casi el peor en obstaculizar el acceso a las opiniones antiguerra fue la cadena ABC, en Estados Unidos, que sólo permitió un 7 por ciento del tiempo dedicado al tema. El peor de todos fue la famosa BBC en Inglaterra, que dio solamente el 2 por ciento de su tiempo a las opiniones contrarias, opiniones que (como en España) representaban a la mayoría de la gente». («La amenaza a la libertad de información», Henry Kamen, 25 de mayo de 2004).

Luego repasaré las opiniones contrarias, pero me van a permitir colocar primero a aquellos que elogiaron el trabajo de los Informativos de TVE. La segunda opinión la recogí lejos de España, de un hombre que es importante para la Iglesia americana, y que puede llegar a ser muy importante en el futuro de la Iglesia católica. El cardenal Maradiaga tiene fama de ser un hombre progresista, muy crítico con Estados Unidos, con su comportamiento como potencia mundial, con su actitud en el problema de la deuda externa. El 14 de julio de 2003 me encontraba en Honduras, invitado por la embajada española y por su consejero Miguel Ángel Fernández Palacios, para unas jornadas sobre periodismo. Me acompañaba Fernando Jáuregui. Una noche nos invitaron a la fiesta con la que la embajada francesa iba a celebrar el 14 de Julio, su fiesta nacional. Llegamos al hotel donde se celebraba el encuentro, y uno de los primeros a los que saludamos fue el cardenal Óscar Andrés Rodríguez Maradiaga. Nos reconoció enseguida. Recordaba a Fernando de las emisiones de *Los desayunos de TVE*. Hablamos de las televisiones, de los canales internacionales, y en un momento me dijo: «Yo he seguido la guerra por el Canal Internacional. Tengo a mi disposición todas las cadenas internacionales, la BBC, la CNN, la Fox, la televisión francesa, la RAI italiana. No tengo problemas para seguir las emisiones porque conozco muy bien todos esos idiomas. He seguido la guerra por Televisión Española, porque creo que ha hecho la cobertura más independiente y neutral». Yo venía de España, de otro ambiente, de un clima exasperado, agresivo, casi violento, y por eso me costó creer lo que escuchaba.

Yo venía de una España en la que los columnistas del diario *El País* ladraban. Habían rescatado del armario del desván a Juan Cueto, para escribir artículos con la pluma mojada en la tinta de la bilis que destilaba el grupo. Así, por ejemplo, un día me llamó «el más fanático de los sicarios». Venía de un país en el que se asaltaban las sedes del Partido Popular, y en el que se agredía a sus militantes o a sus candidatos, con la aprobación y la connivencia de dirigentes socialistas, que emitían declaraciones muy comprensivas con aquella oleada de violencia («Es peor tirar bombas en Iraq que piedras contra el PP», decía Caldera, botarate enfermo de amnesia, de aquellos tiempos en los que González prestaba los Hércules al amigo americano para que llevara material bélico a las bases del Pérsico). La izquierda había tomado la calle, y algunas redacciones. En la de TVE el denominado «Comité Antimanipulación» sometía los telediarios a un examen de acuerdo a la plantilla ideológica del radicalismo antibelicista y antiamericano. Se daba la circunstancia de que varios de los miembros de aquel exiguo comité en cuyas sesiones no participaban más de diez personas (en una Torrespaña con mil trabajadores), eran redactores de la sección de Internacional, y por tanto elaboraban a diario reportajes e informaciones para aquellos telediarios «tan manipulados». Aquel pequeño grupo no tenía ninguna legitimidad para determinar la línea editorial de la cadena, ni para plantear un funcionamiento asambleario de las tareas informativas. Cada dictamen de aquel sanedrín definidor de las esencias era facilitado con celeridad a los altavoces de la cadena Ser para su reiteración. La guerra ocupó en los telediarios buena parte de la agenda informativa antes de que comenzara, durante su desarrollo y después de su final. Y se ofrecieron todos los puntos de vista, desde Washington hasta Bagdad, con un despliegue de corresponsales y enviados especiales sin precedentes. La información fue rigurosa y exhaustiva, y no se ahorraron imágenes de víctimas civiles, a pesar de que su difusión reiterada molestaba a un Gobierno que sabía que tenía un problema por la oposición mayoritaria de la opinión pública. Así nos lo hicieron saber, y la respuesta fue que íbamos a contar todo lo que ocurriera en aquella ofensiva militar.

Una parte del mundo de la cultura tuvo un papel destacado en la agitación antibélica contra Estados Unidos y contra el Gobierno Aznar. La gala de los premios de la Academia del Cine. Días antes de aquel sábado algunas páginas de internet dejaban adivinar lo que se estaba preparando. Los actores iban a aprovechar aquellas horas en la televisión pública para convertir la gala en un acto político. Quien diga que no había tenido oportunidad de hacerlo antes que se repase por favor los telediarios y vea las manifestaciones ante el Congreso en las que Bardem y otros gritaban el «No a la guerra». El martes de aquella semana invité a almorzar a Alfredo Timmermans, secretario de Estado de Comunicación. Le pregunté si eran conscientes de lo que se estaba organizando en torno a los Goya y le vi sorprendido. En aquel almuerzo nos acompañó Andrés Martín Velasco. Al día siguiente me llamó el director general. Había recibido una llamada de la ministra de Educación y Cultura, Pilar del Castillo. La Academia le había pedido que la gala se emitiera antes que otros años. El director me preguntaba si yo tenía inconveniente en suspender la emisión de *Informe semanal*. Todos los años, el día de los Goya, *Informe* recortaba su duración para llegar hasta las once de la noche y dar paso a la fiesta del cine. Ese año 2003 los actores presionaron al Ministerio. El pretexto es que si la gala se emitía a partir de las diez de la noche, los periódicos tendrían tiempo de incluir en sus ediciones regionales el resultado y los galardones. Cualquiera que haya trabajado unos días en un periódico sabe que las ediciones «de provincias» se cierran antes, y que a partir de las diez de la noche no da tiempo a incluir novedades, salvo en la edición de Madrid. Lo que estaban buscando los responsables de la Academia del Cine era una mayor audiencia que la de otras ediciones. Mi opinión era que no había motivo suficiente como para suprimir *Informe semanal*. Si no se había hecho nunca, no había ninguna razón para iniciar una tradición que nos obligaría a «levantar» el programa todos los años. También transmití a Sánchez los indicios de que aquello iba a ser algo más que una gala. La Academia tenía el derecho a hacer su fiesta y convertirla en lo que quisiera. El compromiso con el mundo del cine supone que TVE transmite la fiesta de entrega de los premios Goya, y pone dinero, 420.000 euros, para la organización de todo aquello. La Academia es responsable del contenido y de los guiones. Pero esta vez los del cine estaban jugando con cartas ocultas bajo el tapete. En efecto, José Antonio Sánchez reclamó a Jordi Bosch, secretario general de TVE e interlocutor de la casa con el mundo del cine, que le informara de cómo iban los preparativos. Jordi conocía el contenido y había visto los ensayos, pero le enseñó a Sánchez un guión donde no aparecía más que alguna alusión al *Prestige* o a la guerra de Iraq. Lo demás ya lo conocen. La gala tuvo la peor audiencia de su historia. Al día siguiente, como todos los años, un productor de TVE hizo un resumen de los premios y se lo pasó a las televisiones. Ese trámite cumplía todos los años de oficio. Las privadas reclamaron más, y una hora después se dio la orden de que se distribuyese todo lo que habían sido las protestas y las arengas. Algunos de los que recibieron las imágenes gratis para sus informativos hablaron de censura y de «intento por parte de TVE de controlar la información». Nada de eso existió. TVE cumplió sus compromisos. La gala se emitió con el contenido que la Academia quiso, y los espectadores huyeron en busca de otras ofertas. En términos políticos se vio como un «gol» que la Oposición había colado al Gobierno, por toda la escuadra, pero ese juicio corresponde a otros, no es mío. Recuerdo que todo aquel alboroto provocó la indignación de algunas víctimas del terrorismo, que nunca habían visto un compromiso semejante de los actores con las familias de los asesinados (más cercanos sin duda) por la banda terrorista ETA. La indiferencia hacia el terrorismo se ha mantenido intacta, quizá porque en el fondo piensan, como Julio Medem, que las pistolas no son un buen método, pero en el fondo responden a una causa «justa». El último episodio del silencio ha sido el testimonio ausente ante la matanza de Beslan. Los actores, siempre en el escaparate de las televisiones, eligen sus causas con un fino olfato.

La tarde en que cayó Bagdad, el miércoles 9 de abril de 2003, ocurrió algo muy parecido a lo que ya habíamos experimentado durante el 11 de septiembre. Desde hacía varios días habíamos abierto un programa a las dos y media ante las noticias que nos llegaban de que el avance de las tropas de la coalición internacional era rápido, mucho más veloz de lo que se esperaba y mucho más rápido de lo que se estaba diciendo. Durante varios días los medios más críticos con la posición de Estados Unidos se encargaban de repetir que la ofensiva era un fracaso, y que había tropezado con la resistencia iraquí. Añadían que la situación interna del mando norteamericano era muy mala porque se habían dado cuenta de que habían fallado sus previsiones y que la organización del despliegue había sido incorrecta porque no había tenido en cuenta algunas variables fundamentales. Nada más lejos de la realidad. El día de la caída de Bagdad nos cogió trabajando, es decir, en la emisión de un programa sobre la guerra, de tal forma que Ángela Rodicio pudo entrar a las tres menos cuarto de la tarde a gritos de «¡Están aquí, están aquí, han llegado, son tanques americanos, están en la puerta del hotel!». Nos dio la primicia.

Aquel telediario de las tres se prolongó hasta las cuatro y media de la tarde. Pudimos dar en directo el derribo de la estatua de Sadam Husein en la plaza Fardus, que sería uno de los iconos de aquella fase de la guerra. El resto de las cadenas estaban a otra cosa. A las tres menos cinco de la tarde me levanté de la silla en el estudio después de haber dado la noticia. Ángela seguía en directo con una voz que temblaba, vibrante de entusiasmo, no por la llegada de los americanos sino porque estaba viviendo un momento que se suponía trascendente. Subí al control y me encontré a los dos editores que habían cubierto con los titulares del día el impacto del segundo avión contra las Torres Gemelas. Les dije a Juan Seoane y a Matías Montero que, igual que en septiembre de 2001, esta vez no había otras noticias, y que había que reconstruir el telediario en función de la caída de Bagdad, con imágenes de la entrada de los blindados de la coalición y el análisis de lo que todo aquello suponía.

Subí al despacho de Andrés Martín Velasco, en la primera planta y nada más entrar vi que mientras el resto de las cadenas se centraba en Bagdad nosotros habíamos puesto los titulares del día, noticias que habían perdido su condición de tales hacía veinte minutos. Bajé al control y le pedí al editor jefe que saliera de la sala. Martín Velasco se hizo cargo de la situación y mantuvo la imagen en Iraq y la conexión con Ángela Rodicio y con los otros puntos del despliegue de la guerra. Aquel telediario fue líder del día, y alcanzó una cuota de pantalla del 38 por ciento. Al día siguiente los editores vinieron a presentarme su dimisión, que yo acepté sin dudarlo. Luego sé que han ofrecido una versión en la que justifican su renuncia por las «presiones políticas» de la dirección. Recibieron tantas indicaciones políticas que en la tarde del 9 de abril, Matías Montero se volvió en un momento a Andrés Martín Velasco, a eso de las tres y media de la tarde, y le preguntó alarmado: «¿Cuándo vamos a dar la crónica de Aznar?». No sé qué había hecho el presidente aquel día, pero no tenía sentido darle ni medio minuto. Martín Velasco le contestó que la crónica de Aznar se había caído y no la volverían a recuperar en ningún momento.

Quiero analizar ahora un informe ampliamente difundido por la izquierda y por los medios del grupo Prisa en febrero de 2004, es decir, casi un año después del final de la guerra. Y sin embargo la elaboración de sus conclusiones apenas lleva una semana de trabajo, menos quizá si se tiene en cuenta que está elaborado por un colectivo. El *informe Aideka* sobre la cobertura y el tratamiento de la guerra en TVE se presentó durante la campaña electoral para las elecciones generales. ¿Casualidad? Era una fecha pensada para influir en el voto. El diario *El País* dedicó a aquel informe un titular en primera, una página entera en el interior, y un editorial titulado «Urdaci es un caso». No hubo ninguna oportunidad para que los Servicios Informativos, acusados de parcialidad por aquel estudio, pudieran criticar su más que cuestionable «validez científica», su parcialidad, los errores de medición y la carga subjetiva con la que estaban compuestas sus conclusiones. Era una vez más un ejercicio de periodismo independiente, equilibrado y crítico con sus contenidos. TVE elaboró otro estudio que cubría el mismo período de tiempo y que ampliaba el objeto de análisis a todos los informativos de la cadena, no sólo a la segunda edición. Este estudio no despertó el más mínimo interés del diario de Prisa.

Los dos, TVE y Aideka íbamos a cubrir el mismo tiempo, diecinueve días, desde el 20 de marzo hasta el 9 de abril, el día en que cayó Bagdad. El trabajo de TVE fue elaborado por cinco profesionales de la casa, con una experiencia y un currículo profesional mucho más extenso y solvente que el de Pedro Soler, redactor de Informativos, liberado por el sindicato Comisiones Obreras. Los autores del trabajo son Rafael Martínez Durbán, periodista, jefe de Coordinación y Relaciones Externas de los Servicios Informativos, ex director de *Informe semanal* y ex director de Programas Culturales y Sociales de TVE; Francisco Montes Fernández, jefe de Documentación Audiovisual y doctor en periodismo; Juan Carlos Azcue, periodista, analista político, ex corresponsal de guerra y ex corresponsal en París; Esther Ros, jefa del Servicio de Seguimiento de Programas de los Servicios Informativos, experta en Análisis de Contenidos y Técnica en Computarización de Datos, y Juan Campos Roselló, licenciado en periodismo e investigador y experto en análisis de datos e imagen.

El *informe Aideka* fue presentado el 25 de febrero de 2004 en la Universidad Carlos III de Madrid, unos días antes por tanto de que comenzara la campaña electoral para las generales de marzo. El estudio de investigación de nuestros analistas no ofrecía dudas: existían en el *informe Aideka* objetivos claros y manifiestos de manipulación documental, como quedaría demostrado.

El informe cuestionaba mi doble función como director de Informativos de la cadena pública y director-presentador de la segunda edición del telediario, como si fuera un argumento para sostener sus acusaciones. El trabajo de Aideka demostraba una vez más una animadversión subjetiva contra mi persona que habría llevado a cualquier observador a anular sus conclusiones. Para la prensa de Polanco aquello era un modelo de estudio riguroso, tanto como para fundamentar toda la carga «racional» de un editorial.

Aideka toma como muestra la segunda edición del telediario para extrapolar sus conclusiones a toda la cadena. Pero el estudio es más parcial, porque en un período de diecinueve días, la muestra sólo analiza 9 horas y 27 minutos, cuando en realidad los Servicios Informativos de TVE emitieron sobre el conflicto iraquí, en ese tiempo, un total de 134 horas, 57 minutos y 33 segundos. Aideka se fija solamente en un 7 por ciento de la emisión sobre la guerra de Iraq. Su análisis cuantitativo es irrelevante porque, como reconocen en sus páginas, sólo realizaron un «visionado exploratorio de cinco telediarios de los diecinueve emitidos en el período que duró el conflicto».

Analizadas todas las segundas ediciones del telediario durante el citado período, aparecen 51 minutos y 9 segundos de manifestaciones contrarias a la guerra y posiciones críticas contra el Gobierno español y contra los que apoyaron al Gobierno de Estados Unidos. El porcentaje, si es que estas cuestiones se deben medir en tantos por ciento, es más del triple del que aseguran los expertos de Aideka, que hablan de 15 minutos de posiciones contrarias a la guerra. El informe se llega a quejar de que hubiéramos llamado a Sadam Husein dictador.

Desde el inicio de la guerra de Iraq —el 20 de marzo de 2003— hasta la caída de Bagdad —el 9 de abril del mismo año— los Servicios Informativos de TVE ofrecieron, sólo en sus telediarios, un total de 43 horas, 19 minutos y 2 segundos sobre el conflicto. Además, en otros «Especiales Informativos» se emitieron 86 horas, 20 minutos y 32 segundos sobre la guerra. Si a estos tiempos sumamos las 5 horas, 17 minutos y 59 segundos que dedicaron al conflicto otros programas, el tiempo global de emisión fue de 134 horas, 57 minutos y 33 segundos de información en sólo diecinueve días.

Los telediarios de TVE fueron los primeros en informar en directo del inicio de los bombardeos sobre Iraq y fueron también los primeros en ofrecer en directo la presencia de los carros de combate norteamericanos en el centro de Bagdad y, con ellos, la caída de la capital iraquí y del régimen de Sadam. Todo esto fue posible gracias al más completo despliegue de medios humanos y técnicos desarrollado por una televisión durante el conflicto y que, objetivamente, ha situado una vez más a TVE a la cabeza de las cadenas de mayor prestigio internacional. La segunda edición del telediario de las nueve, por ejemplo, rondó el 40 por ciento de cuota de pantalla con una audiencia media de 6.266.000 espectadores.

De estos datos y cifras, facilitadas por los servicios técnicos de la Dirección de Marketing, se deduce el reconocimiento de los ciudadanos españoles a un trabajo bien hecho y perfectamente coordinado y riguroso en sus planteamientos y contenidos. Todos los partidos políticos tuvieron tiempos adecuados proporcionales a su representación para exponer sus argumentos. Todos los debates del Congreso se emitieron en directo. Al margen de los tiempos dedicados al Gobierno, el líder que intervino más tiempo fue el secretario general del PSOE, don J. L. Rodríguez Zapatero, con 19 minutos y 40 segundos, seguido del secretario general del PP, don Javier Arenas, con 15 minutos y 59 segundos.

Los Servicios Informativos de TVE fueron los primeros en

transmitir a la sociedad española el comienzo de la guerra en Iraq. El hecho se produjo el día 20 de marzo de 2003 a las dos de la madrugada. En ese preciso momento se inició en TVE un programa especial que duró 29 horas y 30 minutos sin cortes publicitarios. La información se fue alternando en la primera cadena y en La 2, a través del Canal 24 Horas e Internacional de TVE. Antena 3 emitió ese mismo día otro programa especial de 24 horas, que se inició a las 03.45 de la madrugada; es decir, 1 hora y 45 minutos después de abrir su emisión TVE. Tele 5 también se sumó a la actualidad con un especial de 16 horas y 20 minutos que, igualmente, comenzó 1 hora y 54 minutos más tarde que TVE. Estos datos —indican nuestros analistas— demuestran la capacidad de reacción humana y técnica de TVE, frente a otras cadenas de la competencia, para hacer frente desde sus Servicios Informativos a cualquier acontecimiento imprevisto a escala mundial. No es de extrañar, por tanto, que esa jornada situara a los telediarios de TVE como líderes de audiencia en sus respectivas franjas horarias y, en concreto, a su segunda edición de las 21.00 horas como el programa de noticias más visto del día 20 de marzo de 2003.

He detallado los puntos fundamentales de ambos estudios para llegar a una conclusión: alguna prensa es capaz de dar carta de naturaleza a estudios parciales, sesgados, acientíficos, mientras sirvan a sus propósitos políticos. Que lo hagan algunos periódicos que han demostrado durante mucho tiempo su sectarismo, su servicio entregado a la causa y a los intereses empresariales de su patrón ya no nos sorprende. Que lo haga una universidad albergando un trabajo bendecido por su rector, sin debate ni discusión, nos revela la pobreza de nuestra vida académica. La guerra siguió y Televisión Española continuó informando de todo lo que pasaba en Iraq. Vicente Romero, Óscar Mijallo, José Ignacio Iríbar y Almudena Ariza tomaron el relevo y mantuvieron abierta aquella posición. Durante los meses que siguieron a la toma de Bagdad fuimos los únicos que seguimos en Iraq. El esfuerzo de todos ellos nos permitió contar de primera mano sucesos como los asesinatos de ocho agentes del Centro Nacional de Inteligencia, o los atentados contra la sede de Naciones Unidas.

PERIODISTAS EN GUERRA

Arturo Pérez Reverte acostumbraba grabar sus entradillas en primera línea de fuego, entre el fragor de las balas y el sonido cercano de los morteros. A veces aparecía bajo un casco con la nariz pegada al suelo, detrás de un tronco o entre los escombros de una vivienda, refugiado tras lo que había sido un día una ventana. Sus crónicas desde la antigua Yugoslavia tenían tensión y la guerra se colaba en las casas de los españoles con su furia de truenos y sus muertos y huérfanos a tan sólo unas horas de avión. Sus enemigos en la casa, que los tenía, despreciaban su estilo e hicieron correr el bulo de que pagaba dólares a los soldados y a los francotiradores para que le dieran al gatillo en cuanto José Luis Márquez encendía la cámara para grabar.

Para hacer aquel trabajo, Pérez Reverte necesitaba de la complicidad profesional y humana de Márquez, hoy reportero gráfico en Jerusalén, y junto a Evaristo Canete, uno de los mejores periodistas de nuestro país. Márquez es capaz de pasar horas apostado junto a un muro, con la seguridad de que los croatas derribarían tarde o temprano el puente de Mostar y él sería el único que estaría allí para tomar una imagen que sería uno de los iconos de la guerra y que daría la vuelta al mundo como metáfora de los puentes que se habían roto, de la incomunicación y de la violencia con la que cortaban los enlaces entre las comunidades. Márquez también es capaz de entrar en el fragor de una refriega entre soldados de Israel y activistas palestinos para tomar unos planos cortos de unos policías acosados en el interior de una comisaría de la que no pueden salir. Su sangre fría en las situaciones más graves le ha provocado en ocasiones algunos problemas con redactores menos dispuestos que él a meterse en líos.

En las redacciones siempre hay quien tiene más arrojo y se traga su miedo, y quien se vuelve a casa ante el primer barrunto de las bombas. He conocido los dos casos. Almudena Ariza y Manuel Ovalle estuvieron a punto de sufrir heridas en el ataque contra un convoy en el que viajaban junto a un grupo de periodistas por las carreteras del Kurdistán iraquí. Vieron la muerte muy de cerca, y la sangre de alguna de las víctimas de aquel bombardeo salpicó sobre el objetivo de la cámara de Ovalle. Después del susto siguieron trabajando, eso sí, con mucho más cuidado. Sin embargo, uno de los redactores que acompañaban a las tropas de Estados Unidos en su avance desde el sur pidió el relevo en cuanto la unidad que le había acogido comenzó a acelerar en dirección a Bagdad. El cámara que lo acompañaba, Miguel Ángel de la Fuente, se quedó solo e hizo durante dos semanas las tareas de reportero y de redactor.

El miedo no es libre, pero las personas sí lo son, y cada uno toma sus decisiones en su momento y hay que respetarlas, porque la vida en esos casos es lo único importante. Ningún responsable de una redacción puede exigir a sus redactores más de lo que están dispuestos a hacer, pero sí puede y debe exigirles que tomen las medidas necesarias y que tengan la preparación suficiente para afrontar situaciones de riesgo y de violencia sin aumentar los peligros para su integridad. Dos semanas antes de que comenzaran los bombardeos en Bagdad el Ministerio de Defensa nos alertó de que los periodistas desplazados a la capital iraquí corrían serios riesgos, y nos pidieron que les trajéramos de vuelta a España para evitar daños durante la ofensiva. Era posible también, pensé, que el mando militar de la coalición internacional quisiera difundir la alarma para reducir el número de periodistas en Iraq y tener mejor controlada la información que llegaba desde la capital. Llamé por teléfono a Ángela Rodicio para informarle de la inquietud de Defensa. Le di la oportunidad de volver, pero también le anticipé que tanto yo como el director general respetaríamos y respaldaríamos la decisión que tanto ella como el resto del equipo tomara. Ángela consultó con el reportero gráfico y con su ayudante, y los tres decidieron que se debían quedar. Hizo lo que habría hecho cualquier periodista. Pero se tomaron algunas medidas para reforzar su seguridad. Ante la posibilidad de un bombardeo masivo hablamos con la embajada de Italia en España. Su encargado de prensa, Paolo Crudele, nos facilitó los trámites necesarios para solicitar de la Farnesina (Ministerio de Asuntos Exteriores italiano) los permisos necesarios para que los nuestros en Iraq se pudieran refugiar en la legación italiana en Bagdad. El edificio de los italianos en la capital es uno de los pocos que dispone de un refugio con la estructura y la capacidad necesarias para poder aguantar sin salir durante dos o tres semanas.

Las misiones en el exterior se han multiplicado en los últimos años. Las guerras de los Balcanes, las guerras del Golfo, la de Afganistán, la violencia permanente en Oriente Próximo han puesto a prueba la preparación de muchos periodistas, y su capacidad física y moral para soportar largas ausencias y jornadas de trabajo agotadoras. Las cadenas quieren cada vez más coberturas en tiempo real, programas especiales, avances e informativos en los que el enviado especial tiene que contar las últimas noticias, analizar la situación y buscar reportajes con puntos de vista originales y con mejor información que los demás. En esa frontera la profesión ha cambiado. Lo contaba Rosa María Calaf cuando después de una larga estancia en Pakistán para cubrir la guerra contra el régimen de los talibán en Afganistán me confesó en mi despacho que se sentía frustrada y con ganas de dejar el periodismo: «Me he sentido mal, porque a mi lado había muchos periodistas jóvenes que contaban cosas muy diferentes de las que yo decía. Me daba la impresión de estar asistiendo a otro conflicto, a otra realidad». Muchas veces esos enviados cuentan en sus servicios las cosas que les piden sus jefes en la redacción y en el tono apasionado que reclaman sus editores. Calaf sentía que el relato variaba en función del medio y que cada uno tenía una plantilla para contar la realidad, sin importar cual fuera la situación.

Un aspecto que por fortuna cada vez se cuida más es la preparación técnica para cubrir zonas de conflicto bélico en las que los periodistas necesitarán muchas veces la colaboración de los militares para entrar en determinadas regiones, o para salir de ellas. El ejército español ha tomado algunas iniciativas en los últimos años, para formar a los periodistas en los criterios de cómo se deben mover en ese terreno, y es de esperar que continúen. Las direcciones de los medios de comunicación tienen la responsabilidad de exigir a los suyos que se preparen, que sepan lo que tienen que hacer y que cumplan las mínimas medidas de seguridad. No se nos puede olvidar, por ejemplo, que la muerte de Ricardo Ortega se podría haber evitado si aquella tarde en que murió abatido por un disparo en el pecho se hubiera puesto el chaleco antibalas. Aquella noche, nada más tener conocimiento de su muerte llamé a Joan Marcet, corresponsal en México, desplazado aquellos días a Puerto Príncipe. Joan y Ricardo eran los dos únicos enviados especiales de televisiones españolas a la rebelión haitiana contra Aristide. Joan estaba desolado, hundido. Me contó que había salido con Ricardo pero en un momento de caos, en medio de una manifestación multitudinaria, lo había perdido. «No llevaba chaleco —me dijo Joan—, se lo había dejado en el hotel porque la verdad es que hacía mucho calor y el chaleco es un incordio.» Sobre la muerte de Ricardo han aparecido nuevos datos. Un magnífico reportaje de investigación de Antena 3, emitido en octubre de 2004, apunta a que el disparo que segó la vida del reportero pudo partir de las armas de los soldados norteamericanos que iban a rescatar al grupo de periodistas en el que estaba Ortega.

En los últimos años han muerto demasiados periodistas en el mundo, y demasiados periodistas españoles. Las muertes más recientes han sido las de Julio Fuentes, la de Julio Anguita Parrado, la de José Couso y la de Ricardo Ortega. Julio Fuentes, con el que compartí algunas coberturas en nuestra época de Italia, fue asesinado por una banda de pistoleros en una carretera de Afganistán. Era un hombre solitario, soledad acentuada por una sordera provocada por el estallido de las bombas en Bosnia. Julio tenía una larga experiencia en conflictos armados y sabía muy bien lo que hacía. Un día, mientras esperábamos en la base aérea de Ancona un avión que nos llevaría a Sarajevo para cubrir una visita del Papa que nunca se llegó a producir, Julio se acercó a un colega italiano que desconocía dónde iba. El italiano llevaba una camiseta con palabras escritas en árabe. «Yo que tú me cambiaría de camiseta —le dijo Julio— porque vamos a un lugar donde hay mucha, mucha gente muy, muy susceptible». Las muertes de Julio Anguita y de José Couso se produjeron a ambos lados de la guerra de Iraq: Anguita acompañaba a las tropas de Estados Unidos como empotrado cuando un misil alcanzó la unidad con la que avanzaba hacia la capital. José Couso cayó abatido por un obús lanzado por un blindado norteamericano que sabía que en aquel hotel se alojaban periodistas. Las circunstancias de la muerte de uno y otro fueron diferentes. Y también fue diferente la reacción de los periodistas y de la opinión pública en España. La muerte de Anguita provocó el duelo profundo de toda la profesión y la desolación de los que en las redacciones habían compartido tareas de corresponsalía en Nueva York.

En el caso de Couso la profesión arrojó la responsabilidad de aquella muerte sobre el Gobierno y en especial sobre Aznar. Los reporteros gráficos y los periodistas que cubrían la información política o hacían el seguimiento de la actividad de los ministros y vicepresidentes del Gobierno llegaron a hacer varios plantes, en una actitud insólita en la que se negaron a cubrir intervenciones de miembros del Ejecutivo. Nunca estuve de acuerdo con ese comportamiento, y nunca lo justificaré sea cual sea el Gobierno que esté al frente del país. Una tarde una de las redactoras de TVE en el Congreso de los Diputados llegó a hablar en primera persona durante una conexión en directo: «Los periodistas que estamos en el Congreso —dijo a media tarde— hemos hecho un plante al presidente». Le llamé para decirle que esa primera persona me parecía inaceptable desde un punto de vista profesional y para invitarle a una reflexión fría y objetiva. En el clima emocional que se vivía aquellos días en las redacciones no se podía aspirar más que a eso. El plante significaba que los periodistas y los reporteros se hacían dueños absolutos de la información y decidían qué se debía cubrir y ante qué acontecimientos debían bajar la cámara. La muerte de Couso cayó sobre el Ejecutivo al que una parte de la profesión periodística señaló como culpable de aquella pérdida, responsable de no haber exigido a Estados Unidos una aclaración más firme, y un proceso judicial contra quienes dieron la orden de atacar un hotel donde residían periodistas y desde el que filmaban la entrada en Bagdad de las tropas norteamericanas. Los asesinos de Julio Fuentes han sido detenidos. El francotirador que disparó contra Ortega en Puerto Príncipe también. Julio Anguita sufrió el mismo destino que tantos soldados. La muerte de Couso debe acarrear un proceso contra quienes dispararon. Pero hacer responsable a Aznar y al Ejecutivo de aquel obús fue un exceso injusto y una manipulación, animada por algunos círculos de la profesión que quisieron aprovechar aquella muerte para echar más leña al fuego de la Oposición contra el papel de España en aquel conflicto. Es muy posible que Couso hubiera estado allí aunque la actitud del Gobierno español frente a Estados Unidos hubiera sido otra, aunque no hubiera existido la foto de las Azores ni los pies sobre la mesa de Aznar y de Bush. Nadie hasta ahora ha cuestionado en público aquella reacción desmesurada, corporativa y políticamente sesgada, pero los diferentes criterios que se manejaron en aquellas muertes merecen una reflexión desapasionada. Los directivos de Tele 5 echaron toneladas de arena sobre la situación laboral del reportero, mientras con discreción llamaban al Gobierno (en especial a Mariano Rajoy) para que les echara una mano en algunas gestiones.

Dicen que los enviados especiales y los periodistas «de guerras» forman algo parecido a una tribu, con sus jefes, sus danzas, sus rituales y sus brujos. Es muy probable que sea así. Lo que yo conozco se acerca más a un club exclusivo, en el que no se admite fácilmente a los nuevos. El sumo sacerdote de la tribu, el único al que todos reconocen como el gran maestro es Manuel Leguineche, quizá el mejor de los periodistas españoles, hoy apartado por la edad y los achaques de las misiones en el exterior. Los enviados especiales que yo he conocido son solitarios, individualistas, celosos de su información y de sus batallas, desconfiados, inquietos. Siempre están incómodos en las redacciones, donde se mueven como los pelícanos en la cubierta de un barco, buscando siempre un lugar de conflicto al que poder viajar. Algunos son autores de grandes relatos que a veces brillan en dos minutos de un telediario. Otros pasan las tardes en el hotel viendo la CNN o la BBC, y antes de hacer su crónica llaman a la redacción para que les den la última hora.

Aborrecen la competencia. Lo peor que puede hacer un director es enviar a dos equipos al mismo lugar, aunque hagan falta. Terminarán peleados, después de pasar días sin hablarse. Alguna vez me ha tocado mediar en peleas de niños a cinco mil kilómetros de distancia. Conozco incluso el caso de una enviada especial que sobornaba a un alto funcionario del Ministerio de Asuntos Exteriores del país donde se encontraba para evitar que otros colegas de la redacción consiguieran visados y entraran a trabajar en su terreno. Y lo consiguió. Durante meses fuimos incapaces de desbloquear aquella situación, y ella reinó sola, como única voz para contar aquella guerra.

8

Letizia Ortiz.
Una princesa en Torrespaña

No todos los días se sienta uno junto a una princesa. A las mujeres, a todas, hay que tratarlas como tales, aunque lo sean. Yo puedo decir que he estado sentado a la mesa del telediario con una princesa, al menos una tarde, a las nueve de la noche: la tarde del viernes 31 de octubre, tan sólo unas horas después de escuchar con sus palabras que el compromiso estaba cerrado desde hacía meses, y que la relación con don Felipe terminaría en la boda del heredero de la Corona con la mujer que yo tenía frente a mí, al otro lado de la mesa de mi despacho, en la quinta planta de Torrespaña. No era un sueño, ni una fantasía loca de una mujer apasionada por la literatura. Letizia sabe distinguir muy bien la ficción de los laberintos de la realidad. En la casa sólo una persona sabía con detalle cuál era la situación sentimental de la presentadora de la segunda edición de las noticias, y esa persona le guardo el secreto hasta el último día. Estaba a punto de salir a la escena para presentar su último telediario. Un barrunto le decía que no habría más. Yo sabía que la próxima vez que viera unos focos, Letizia Ortiz sería otra, su vida habría cambiado, y sobre todo, que la percepción que tendríamos de ella sería radicalmente diferente. Desde esa tarde, la frase que más ha repetido ante sus antiguos compañeros de televisión es «No os olvidéis de mí».

Letizia Ortiz llegó a TVE en el verano de 2000. Un realizador de telediarios, José Luis Hernández, amigo de Jesús Ortiz, el padre de Letizia, me trajo un día un currículo de una chica joven que entonces trabajaba en Canal + en un horario muy poco atractivo. Quería cambiar y buscaba nuevos horizontes para su vida profesional. No se presentó ella, como hacen muchas otras aspirantes a un puesto en La Primera, sino que prefirió la vía más discreta de un amigo de su padre para hacernos llegar el resumen de su experiencia profesional. A simple vista ese currículo era el reflejo de una persona inquieta que había trabajado en casi todos los medios, con experiencias en radio, en televisión y en el trabajo de las agencias, y con un salto a México que a simple vista resultaba sorprendente.

La suerte se cruzó en su vida, porque su petición llegó en la época en la que se contrata a los sustitutos de verano. Para ampliar con imágenes aquellos dos folios que me trajo José Luis Hernández, le reclamé una cinta de vídeo, para tener una idea algo más aproximada de quién se trataba. Como profesional y ante las cámaras Letizia estaba formada: su presencia en la cámara tenía tensión a la vez que frescura, convicción y credibilidad, nervio al tiempo que elegancia, y una imagen de una belleza firme e inquieta, que con sus cualidades profesionales conseguía no distraer de las noticias que estaba contando.

Algunas semanas después de recibir la grabación con su trabajo en Canal + Pedro Roncal, director adjunto de Informativos y del Canal 24 Horas, convocó una serie de pruebas para elegir presentadores ante la inminencia de las bajas por vacaciones de verano. Una de las convocadas fue Letizia Ortiz. Roncal, un hombre de una larga experiencia en la docencia, muy exigente en su trabajo y en la selección de los profesionales, fue el encargado de hacer esa prueba. Letizia se situó frente a las cámaras del telediario, para un «ensayo general con todo». Esas pruebas consisten en la repetición de un telediario, el del día anterior si la prueba se realiza por la mañana, y en la improvisación ante una noticia de última hora. Letizia leyó las entradillas y tuvo que improvisar unos minutos ante un supuesto de explosión de una bomba, cuyo origen y consecuencias se desconocían. Lo hizo bien. Lo hizo mucho mejor de lo que suele ser habitual en ese tipo de pruebas, a las que muchos se presentan con la única dotación que les dio la naturaleza.

Sus cualidades nos permitieron cubrir la vacante de agosto en *Informe semanal*. Después siguió su etapa en el matinal y algunas coberturas especiales como las elecciones en Estados Unidos en noviembre de 2000, las que ganó Bush gracias a unas disputadas papeletas electorales en Florida, el estado gobernado por su hermano Jeb. Letizia sabía estar ante la cámara y mantener el interés del directo. Quizá sólo tenía el defecto de un movimiento excesivo de las manos, demasiado nervioso, demasiado enfático, que le daba a su presencia un tono eléctrico que te podía poner nervioso. Quería demostrar que vivía la noticia y que la información pasaba por sus venas, pero era excesivamente apasionada, y hubo que corregir ese exceso a base de golpear muchas veces sobre el mismo clavo. Nunca perdió esa electricidad y la mantuvo hasta que llegó a la Casa Real, donde por fin ha aprendido a tener las manos quietas. Pasó también por el matinal, y fue la mujer del euro, la encargada de hacer pedagogía en aquellos capítulos en los que se nos daban las claves sobre una moneda que no existía y que vendría a enterrar a la peseta. Daba una imagen de modernidad, activa, despierta y ágil, que al euro le vino muy bien y ayudó a hacer familiar un concepto frío al que por entonces, otoño de 2001, no teníamos ningún apego.

Volvió a Estados Unidos en septiembre de 2002 para el aniversario de los atentados de las Torres Gemelas. Todavía recuerdo aquella noche, durante el programa especial, mientras un temporal de viento azotaba Manhattan. Parecía que de un momento a otro nos íbamos a quedar sin presentadora en aquella torre de uno de los rascacielos de Nueva York. En un momento de la emisión, poco después de las diez de la noche, hora española, Letizia entrevistaba a uno de los familiares de las víctimas de los atentados, William Rodríguez, que horas antes habían asistido a las ceremonias en la Zona Cero. El viento se hizo tan fuerte que arrastró el peso ligero de Letizia… tanto que el entrevistado tuvo que sujetarla de la cintura para evitar que volara entre los edificios.

Meses después pasaría por Galicia, por los acantilados de la Costa de la Muerte cubierta por el fuel del *Prestige*. Allí aprendió que un reportaje no son cuatro planos y tres voces pegadas en un montaje que dura dos minutos. Esa lección le costó algún disgusto. Sus directos eran sin embargo espléndidos, aunque Letizia, con su afán perfeccionista, nunca estuviera segura. A veces después de cada intervención en los telediarios, llamaba a Andrés Martín Velasco para preguntarle si lo había hecho bien y en qué había fallado. Era disciplinada, en el sentido de que aceptaba sin protestar los trabajos que se le encargaban aunque no estuviera muy de acuerdo, y sobre todo tenía algo fundamental en una redacción: disposición al trabajo, siempre estaba allí para lo que hiciera falta. Y en las redacciones, sobre todo en la televisión, donde se vive de imprevistos, esa cualidad era fundamental para progresar. En febrero de 2003 le tocó viajar a Canarias para los Carnavales. Todos los años TVE en Canarias hacía una oferta de cobertura al ayuntamiento de Las Palmas, para cubrir de una forma especial esa fiesta. El Carnaval es una fiesta muy especial para los canarios, y la vida de pueblos y ciudades gira todo el año en torno a esa convocatoria. Conseguir la exclusiva de la transmisión de las fiestas no era fácil por la competencia de Antena 3, que tenía una fuerte implantación en el archipiélago. En la temporada de 2002 y en la siguiente nos habíamos comprometido a emitir algunos programas desde Las Palmas, y a enviar a la capital alguno de los presentadores más conocidos de los telediarios. Pero en 2003 la guerra de Iraq ensombrecía toda fiesta y sembró un clima de inquietud y de tensión, por la oposición mayoritaria de la sociedad a la implicación española en el conflicto. España no estaba para fiestas, y nosotros no podíamos hacer los telediarios desde Las Palmas sin incurrir en una contradicción impresentable. Así se lo expliqué a Letizia antes de pedirle que ella, como rostro conocido de la cadena, viajara a Canarias para salvar la situación. Lo hizo sin protestar, y se afanó porque los reportajes, que se emitían al final del telediario, tuvieran el máximo interés y reflejaran la intensidad festiva de la calle. Pero a la vuelta confesó que se había sentido incómoda, que le costaba verse en Canarias mientras otros colegas viajaban a Iraq o a los países de la zona para encargarse de la marcha de la guerra. Dos meses después, en abril, viajaría a Um Qasar, junto a Raquel González, para cubrir la misión humanitaria de los soldados españoles en aquel puerto iraquí. Durante el tiempo que estuvieron en Um Qasar compartieron camarote en el buque *Galicia* con la cabo Dorita, una simpática militar que recuerda que todas las noches tenía que mandar callar a las chicas de la tele porque no callaban.

En torno a los «Príncipes»

Si había un acontecimiento en el calendario anual de cada temporada que Letizia no se quería perder ése era la ceremonia de entrega de los premios Príncipe de Asturias. No había en su aproximación a esa cita anual, una de las más importantes para TVE, ningún interés ajeno a la propia ceremonia, con todo su ritual de gaitas, himnos, cultura y civilización en su nivel de máxima excelencia. Los premios han sido para los Informativos de RTVE una de las grandes ocasiones en las que la mayor parte de los redactores de la casa quiere participar. Los premios tienen un atractivo especial. Primero por asistir a un acontecimiento único que se ha convertido en una referencia universal de la cultura y de reconocimiento de las grandes aportaciones que los hombres de la ciencia, de la literatura, de las artes o de la teología, han hecho a nuestro conocimiento de la realidad y a su transformación. Los premios, como se ha dicho, han convertido al príncipe de Asturias en una referencia ética mundial. Estar cerca de Emma Bonino, de Jürgen Habermas, de Arthur Miller, escuchar los discursos de Lula da Silva o del cardenal Martini, es un milagro que ha sido posible gracias al entusiasmo irreducible de la Fundación y a la fe incombustible de personas como Graciano García y Felipe Escudero, que han puesto todo su empeño y todo su esfuerzo en superarse cada año y en convertir a Oviedo, un día de octubre, en la capital mundial de la cultura. A ese trabajo, realizado desde la discreción y con una generosidad y una cordialidad admirables, le han dado además un contenido tan humano que quien va a Oviedo una vez siempre quiere regresar. Ellos se han convertido entre los periodistas en los mejores embajadores de Asturias.

La primera vez que Letizia fue como periodista de TVE a los premios fue en octubre de 2002. Ya para entonces conocía al príncipe. En efecto, un mes antes, en septiembre de ese año, habían coincidido en casa de Pedro Erquicia, un ático de la calle Castelló, en el transcurso de una fiesta a la que el príncipe había sido invitado para celebrar el cumpleaños de Pedro. Letizia apareció en aquel ático por casualidad, como acompañante de Manolo Rubio, un realizador amigo de Pedro, que estaba invitado a la fiesta y que le había dicho a Letizia que no le apetecía presentarse solo y que si le quería acompañar. Ninguno de los dos sabía que Felipe de Borbón estaría en aquel ático. Durante la fiesta, entre el salón y la terraza, Felipe y Letizia hablaron de casas y de mudanzas. Los dos acababan de estrenar domicilio: el príncipe vivía ya en su nueva residencia en el complejo de la Zarzuela, y Letizia, divorciada desde hacía algo más de un año, estaba poniendo casa en un piso de Moratalaz.

Un mes más tarde Letizia viajó a Asturias para seguir el desarrollo de la ceremonia de entrega de los premios. Recuerdo que aquel primer año, durante el telediario, le tocó estar en el patio del hotel Reconquista, en una posición de directo para contarnos el ambiente de la fiesta que seguía a la ceremonia. Después del telediario, ya es tradición que el príncipe se acerque hasta el lugar donde se sitúan los equipos de TVE para saludar a todos. En torno a las diez menos cuarto todos los que participan en esa cobertura, los técnicos, los productores, los redactores, los montadores de vídeo y los reporteros gráficos, se reúnen en esa sala. Aquel año el príncipe volvió a saludar a todos, y posó para una foto en la que destaca por su altura entre un enorme grupo de trabajadores con su acreditación colgada del cuello. En la imagen tomada por los fotógrafos de la casa, Letizia está en el extremo derecho de la foto, vestida con un jersey de cuello vuelto de color gris, con la mirada perdida en algún punto indeterminado, ausente de la escena. Alguien, extrañado por su actitud y por su posición extrema, alejada de don Felipe le preguntó: «¿Qué pasa que no quieres salir en la foto con el príncipe?». Ella no respondió.

La siguiente imagen la recuerdan todos, y esta vez, en 2003 Letizia no tiene inconveniente en situarse entre las primeras, junto a la puerta por la que iba a entrar don Felipe. Era el año de Kapuscinski, de J. K. Rowling, de Lula da Silva, de Gustavo Gutiérrez, de Jane Goodall. Pero de todos, el que más interesaba a Letizia era el periodista polaco. El día de la entrega de premios tenía que situarse en la puerta del hotel Reconquista para entrevistar a alguno de los premiados antes de que subieran a los coches que les debían trasladar hasta el teatro Campoamor. Recuerdo aquella transmisión que comenzó una hora antes de la ceremonia, como un programa caótico, difícil, con fallos continuos en el sonido y en las conexiones. Letizia había quedado con el reportero en que antes de dejar el hotel le concediera una breve entrevista. Letizia lo tenía cogido por el brazo cuando le di paso, pero los enlaces fallaron y la imagen se quedó en negro mientras apenas escuchábamos las primeras palabras de la presentación. Kapuscinski no podía esperar y fue arrastrado hasta el automóvil por los servicios de seguridad. En ese momento salían del hotel el príncipe y la reina doña Sofía. Sólo algún avisado fue capaz de captar el triángulo de miradas de complicidad que se cruzaron en unas décimas de segundo entre los tres. Después de un telediario insólito en el que nos fallaron casi todas las entrevistas que teníamos previstas, nos fuimos a la sala de TVE a la espera de la visita de don Felipe. Hoy todos recuerdan la escena: el príncipe saluda a Letizia con un afecto que traspasa las normas del protocolo. Sus ojos emiten una energía mucho más intensa que la amistad o el afecto. Detrás, José Antonio Sánchez, no sé si cómplice de lo que sucede, observa el momento con un entusiasmo apenas disimulado. La imagen había sido tomada por un cámara de TVE como un documento más para el archivo. No fuimos conscientes de que habíamos rodado aquel momento hasta el domingo 2 de noviembre, cuando el reportero gráfico que había filmado la escena llamó para avisar que había una cinta en la que él recordaba haber enfocado a la pareja en el momento del saludo. Durante tres días la imagen dio la vuelta al mundo porque era la única disponible en la que el príncipe y Letizia estaban juntos. Aquella noche cenamos en un restaurante cercano al hotel. Compartíamos mesa Letizia Ortiz, Felipe Escudero y Natalio (de la Fundacion Príncipe de Asturias), Gonzalo González de Vega, mi esposa María y yo mismo. Cenamos un pescado blanco y sabroso que se pesca en las costas de Asturias, al que llaman virrey. Letizia dejó escrito en el libro de firmas del local su admiración por la singularidad de un plato tan sabroso. Al día siguiente, sábado, coincidimos en el aeropuerto de regreso a Madrid. Después de tramitar su tarjeta de embarque, Letizia se dirigió a una tienda de productos asturianos y compró varios quesos.

—Son para mi cuñada —advirtió.

—Ah, pero ¿tú tienes novio?

—Bueno, es una forma de hablar.

No hubo manera de obtener más información, todas las vías estaban cerradas. En el vuelo viajaba también Kapuscinski. Al llegar a Barajas, el reportero polaco tenía que entrar en la zona de tránsitos para coger un avión que le llevaría a Varsovia. En el momento de la despedida, Rizsjard apenas podía dar crédito al entusiasmo de Letizia por su persona. Cuando un mes después se enteró de que la bella mujer a la que había besado en las mejillas en un pasillo de Barajas iba a ser la próxima princesa de Asturias, le envió un mensaje para desearle un futuro venturoso, que habrá sido, para una mujer que siempre echará de menos el periodismo, la mejor, la más apreciada de las bendiciones.

CAMINO DE LA SEGUNDA EDICIÓN

Desde el mes de junio, quizá a finales de mes, sabía que podía presentar el telediario. Cuando escuchó la oferta no manifestó un gran entusiasmo. Yo sé que hubiera preferido presentar *La 2 noticias* (en aquellos días Lorenzo Milá y Sagrario Ruiz de Apodaca vacilaban todavía sobre si debían aceptar la corresponsalía de Washington de la que luego les costaría tanto volver). Pero después de pensarlo unos minutos dijo que sí, que aceptaba con una sola condición: que contara con ella para coberturas especiales. Yo le contesté que me parecía perfecto, y que si había decidido compartir la presentación del telediario era para poder tener más agilidad en los desplazamientos, para que uno de los dos, sin descuidar el estudio, pudiera estar en el lugar de la noticia, y para que el telediario saliera más a la calle y pudiéramos dar más relevancia a acontecimientos que merecen una atención especial y un tratamiento más profundo. En el poco tiempo que presentó las noticias de las nueve (apenas dos meses) no tuvimos muchas oportunidades de ejercer esa condición. La única vez que pudimos llevarla a cabo fue durante los días previos a la entrega de los premios Príncipe de Asturias, aquella semana en la que ella viajó a Oviedo y volvió fascinada por la personalidad de R. Kapuscinski. Cuando Letizia supo que su destino en la próxima temporada podía ser la segunda edición del telediario el compromiso con el príncipe era ya una realidad sólida conocida sólo por ellos dos. Quizá por eso ella me dio a entender que *La 2 noticias* podía ser también un lugar interesante para trabajar. Es muy probable que a esas alturas ella ya pensara en términos de interés para su futura función como esposa del príncipe, y prefiriera estar alejada de un escaparate más comprometido, más observado y más sujeto a polémicas y controversias. Lo cierto es que en aquellas fechas nadie en España salvo ellos dos, algún amigo y algún miembro de la familia real conocía los planes de la pareja. Por tanto aquellos que piensan que todo obedecía a un plan diseñado desde la Zarzuela se equivocan. A veces la verdad de los hechos es muy poco atractiva, tienen más fuerza las mixtificaciones construidas sobre la realidad y nos gusta creer aquello que es más rebuscado y más barroco. No hubo plan ni diseño y Letizia Ortiz se sentó en la silla del telediario sólo porque tenía las cualidades y los méritos suficientes para hacerlo, porque se lo ganó con su trabajo y porque se lo merecía; en ese sentido no le debe nada a nadie, porque a ella, durante el tiempo que estuvo en TVE se le exigió tanto como a los demás.

Tampoco es cierto, por tanto, que yo me opusiera a ese plan, toda vez que era el autor del mismo, y entre mis desajustes todavía no ha llegado la hora de la esquizofrenia. Yo quería compartir la presentación de las noticias y la prueba es que en cuanto Letizia se marchó pasé solo unas semanas, hasta que Helena Resano ocupó el lugar que la princesa había dejado vacío. Razones para dar ese paso me sobraban. Antes de ese verano había decidido que la siguiente, la del 2003-2004, iba a ser mi última temporada como presentador de informativos. Seis temporadas son demasiadas como para no desear un cambio. Si además son tan intensas como las que me había tocado vivir, me había ganado el relevo. Hay profesionales a los que les gusta mantenerse en un puesto toda la vida, de la misma forma, sin cambiar ni siquiera de peinado. Acaban por formar parte del paisaje. Yo no soy de esa clase. Desde que comencé a trabajar en esta profesión he cambiado de destino cada tres o cuatro años. Para mí la etapa al frente del telediario segunda edición estaba a punto de terminar. Lo sabía José Antonio Sánchez, con quien había hablado de este asunto varias veces. Lo sabía mi familia, que conocía muy de cerca la disciplina laboral absorbente a la que te somete la televisión. Y lo sabía Letizia. La temporada que comenzaría en septiembre iba a ser la de las elecciones generales, y por tanto me iba a exigir más trabajo como director de Informativos. Todavía entonces no sabíamos que además iba a ser la de la boda del príncipe heredero. Cuando lo supe pasé más tiempo preocupado por la transmisión del enlace y los programas especiales que por las elecciones generales. Lo dije, y algunos quisieron ver en ese comentario la seguridad de que estaba tranquilo con el resultado de las urnas. Nunca me ha preocupado lo que digan los electores. Nunca me ha sorprendido la composición de los parlamentos que salen de un domingo electoral, porque aquí en España, y algunos años en Italia, he visto sorpresas de todos los colores. He trabajado en RTVE con administraciones socialistas y con gobernantes populares. Estoy acostumbrado a leer ante la pantalla o ante los micrófonos la tarjeta del resultado electoral sin demostrar pasión ninguna. Estaba más inquieto con la boda porque yo nunca había tenido que enfrentarme a un acontecimiento de esas dimensiones, y sin embargo me había tocado hacer varias elecciones de todo tipo: generales, autonómicas, catalanas, vascas, municipales o europeas, y sabía lo que había que hacer y cómo teníamos que actuar. De hecho, la campaña, hasta el 11 de marzo, transcurrió tranquila, sin protestas, sin denuncias ante la Junta Electoral, y con tan sólo algún recurso menor que se ganó sin ninguna dificultad.

Letizia sabía que mi intención era preparar el relevo, y ella estaba destinada a ser la presentadora del telediario segunda edición a partir de septiembre de 2004, con permiso de Caffarel y Llorente. Letizia aceptó y sólo puso la condición de que se contara con ella para las grandes ocasiones. Y con ella contábamos, ya lo creo. Había llegado a nuestra casa en el verano de 2000, y había ingresado como contratada sin negociar lo que iba a ganar. Después de aceptar su presencia en el telediario, creyó con justicia que había llegado el momento de reclamar un aumento de salario de acuerdo con el salto de responsabilidad que suponía presentar las noticias de las nueve de la noche. Y ese aumento se le prometió, con efectos desde su primer día ante las cámaras. La cantidad que iba a cobrar por trabajar todo el día y presentar, además del telediario, todo aquello que se le pidiera, provocaría la risa incrédula de los que trabajan en similares condiciones en las televisiones privadas, pero la pública, chicos, es así. Y también lenta, porque Letizia tendría que ser una princesa prometida para llegar a ver esa promesa en euros. La burocracia de TVE es morosa y compleja y necesita que la animen todas las mañanas para que los papeles no se pierdan en las telarañas de algunos despachos. Cada día hay que mimarla, preguntar cómo van las cosas, suplicar para que cada documento tenga las firmas correspondientes. El caso de Letizia no fue una excepción. El día que se anunció su enlace con el príncipe de Asturias, los papeles con su nuevo contrato y su nuevo sueldo no estaban firmados. El lunes por la mañana, los encargados de la burocracia llegaron puntuales a sus despachos y alborotaron a las secretarias, que debían tramitar con toda urgencia un papel que llevaba el nombre de la que iba a ser la esposa del príncipe. A veces hay que ponerse muy serio y anunciar una boda para que las cosas funcionen.

Su presencia en la edición, el terreno donde se sitúan los aspirantes a presentar telediarios y avances, como titulares o como reservas, también despertó recelos y envidias. Sobre todo por parte de Jenaro Castro, editor del telediario de las nueve y eterno segundo en la *pool position* para hacer sustituciones. Jenaro no le puso las cosas fáciles y dejó ver desde el primer día que su actitud distante se debía a que ella estaba ocupando el lugar que él sentía como propio, ganado a pulso en años y años de trabajo. Jenaro es quizá uno de los mejores editores que uno puede encontrar en una redacción de televisión en España. Su reacción era humana y comprensible, pero también gratuita por inútil. Su error consistía en pensar que su trabajo no tenía repercusión si él no salía en pantalla, y durante años luchó con uñas y dientes para mantener su presencia en la caja. Sus virtudes son evidentes: un trabajo constante y concienzudo, una concepción del telediario como un relato ordenado y coherente, y una disposición de las noticias que valora la imagen como elemento principal de interés en la televisión y la estrategia como forma de captar la atención de los espectadores. Jenaro dinamiza la redacción, a veces a gritos y con malos modos, pero siempre con eficacia. Sabe leer las audiencias y tiene un sexto sentido muy fino para saber lo que es noticia y lo que puede hacer el medio para que las historias sean atractivas e interesantes. Llevado de su celo, a veces se excedía en los ingredientes morbosos del telediario, pero nadie le puede discutir una entrega insólita a la calidad del producto. Obviamente las críticas contra él arreciaban entre quienes consideran que un telediario tiene que ser una sucesión de informes ilustrados que eduquen a la audiencia no en los asuntos que interesan de verdad a los espectadores sino en los que ellos piensan que les deberían interesar. En definitiva, un editor que cualquiera querría tener a su lado porque es capaz de sacudir la modorra de una redacción y motivarse con los retos de una competencia cada vez más feroz. Jenaro no se lo puso fácil a la nueva presentadora, pero el día que se anunció su compromiso fue uno de los primeros en llamarle para desearle lo mejor. El lunes 3 de noviembre, el diario *El Mundo* publicaba una columna firmada por Castro en la que el editor intentaba reparar con elogios y caricias los malos ratos de madrastra con que había castigado a la princesa durante dos meses.

En el estudio del telediario Letizia era un manojo de nervios. Quizá es que yo llevaba demasiado tiempo solo, como un soltero que se acostumbra al desorden de la casa y le molestan los cambios de un nuevo inquilino. El caso es que ella llegaba siempre cinco minutos antes de comenzar la emisión y desplegaba sobre la mesa decenas de cosas: peines, cepillos para el pelo, borlas de maquillaje, bolígrafos, quizá alguna agenda, teletipos, los textos del telediario y muchos otros abalorios imposibles de clasificar. Desplegado su equipaje comenzaba a comprobar las últimas noticias de agencia y entonces la impresora que teníamos colocada bajo la mesa empezaba a vomitar decenas de papeles. Aquello era un caos. En pocos días el orden casi religioso, litúrgico, del telediario se había alterado y había que hacer sitio y ordenar aquel vendaval. El silencio es importante antes de comenzar la emisión. Muchas tardes intentábamos distender la tensión con algún chiste o alguna broma para establecer una comunicación más humana con los cámaras del estudio, algo así como una familia donde había de todo, bien y mal avenidos, amables y huraños, pero todos personas excelentes y magníficos profesionales capaces de salvar las situaciones más complicadas con una preparación y un conocimiento técnico excelentes. Cuando llegó Letizia la atención se centró en ella. De repente el momento de concentración previo a la sintonía había desaparecido. Un día descubrí la forma de calmar aquel terremoto y sujetar el manojo de nervios que sacudía a aquella mujer. Consistía en hablarle de literatura, preguntarle si había leído a algún autor poco conocido o sobre sus últimas lecturas. Letizia se serenaba como si hubiera entrado en un mundo de calma, en una balsa quieta. Pero en cuanto empezaba el telediario aquel lugar volvía a ser una fundición. Nunca me acostumbré a aquella actividad, pero el primer día que nos faltó, al final del telediario María Escario y yo nos miramos y estuvimos de acuerdo en que la íbamos a echar mucho de menos.

¿FELIPE? ¿QUÉ FELIPE?

El último viernes de octubre de 2003, la noticia corrió repetida por todas las esquinas en los medios. Esta vez *El confidencial* de la Ser, poco certero a la hora de avanzar noticias, adelantaba que el príncipe de Asturias tenía un compromiso con una conocida periodista. Es curioso que a renglón seguido dijeran que no daban el nombre para no perjudicarla. Horas después en la tertulia de sobremesa de Telemadrid se daban más detalles. A primeras horas de la tarde el nombre de Letizia Ortiz corría por todas las redacciones y los teléfonos de la profesión no paraban de repetir la primicia de que la presentadora de la segunda edición del telediario era la prometida del príncipe de Asturias. Aquel viernes, a la hora del almuerzo, me encontraba en un restaurante de la calle Serrano en compañía del director del programa *Genoma España* y de Ángel Nodal, subdirector de Informativos de TVE. Poco después de las tres de la tarde recibí una llamada de Letizia. No me anunció nada, sólo me dijo que necesitaba hablar conmigo y me pidió que fuera cuanto antes. Le dije que la esperaba a las cinco de la tarde en mi despacho y que si conseguía llegar antes le avisaría para acelerar el trámite. Poco antes de las cinco Letizia llegaba a la antesala del despacho de la Dirección. Entró con la inquietud en el rostro. Se sentó y me anunció que desde hacía meses tenía un compromiso serio con Felipe. «¿Felipe? ¿Qué Felipe?», le pregunté yo que no tenía ni idea de quién me estaba hablando y el porqué de la gravedad en su rostro mientras me comunicaba que se iba a casar. Me dijo que esa tarde se había difundido el rumor de esa relación por todo Madrid. La agenda de un director de Informativos no da para seguir los programas del corazón así que ese día estaba huérfano, ignorante de los apellidos de su novio. El propósito de la visita era decirme que ese rumor era cierto, y hacerme la pregunta que, luego me di cuenta, era lo que más la inquietaba desde hacía mucho tiempo: «¿Cuándo tendré que dejar el telediario?». Pensamos juntos en voz alta y le dije que entendía que en el momento que se hiciera público no podía seguir presentando las noticias, por muchas razones que no hacía falta ni siquiera comentar porque cada una de ellas tenía un peso aplastante. La relación todavía no era oficial y por tanto podía presentar las noticias esa noche, pero a partir de ese viernes ni siquiera ella sabía en ese momento de confusión lo que iba a suceder. «Aquella tarde supe de quién era el inmenso ramo de rosas rojas que llegó a la redacción, sin tarjeta, el 15 de septiembre, fecha de nacimiento de la princesa.» La vida de Letizia presentaba desde aquel día un horizonte nuevo, una perspectiva completamente diferente de la que estaba acostumbrada, un cambio radical al que, como veremos, le costaría acostumbrarse, y hacerse una idea clara de las implicaciones que suponía aquel paso que había dado hacía meses pero que estaba dormido, hibernando en el secreto compartido con don Felipe. Hasta donde conozco la evolución de la situación de la pareja en aquellos meses, Letizia quiso mantener el mayor tiempo posible el secreto de la promesa para que la discreción le permitiera ejercer su profesión al menos durante toda la temporada que acababa de comenzar. El príncipe, sin embargo, tenía el temor de que la situación se les escapara de las manos y, desde la seguridad del compromiso sólido que demostraron tres días después cuando se presentaron ante los españoles, era partidario de anunciar la relación, aunque mantenía un profundo respeto por las razones profesionales de Letizia. Para terminar me preguntó si podía contar con mi complicidad. Le dije que la tenía garantizada por encima de todo, sin fisuras.

Antes de abandonar el despacho recordamos una conversación de septiembre. Cuando me confesó esa tarde, hacía tan sólo unos minutos, que Felipe era Felipe de Borbón, mi sorpresa sólo lo fue a medias. Un día de septiembre nos fuimos a almorzar a Lucca en la calle Ortega y Gasset. Durante la charla le dije que ahora que iba a ser famosa tenía que tener en cuenta que entraba en un terreno en el que podía ser objeto de interés por parte de la prensa que se dedica a los amores y desamores de los personajes públicos. Quería saber qué pensaba de ese mundo. Mientras yo desgranaba mis reflexiones sobre el cuidado con el que hay que moverse en la vida privada cuando los demás te ven como un personaje público le cambió la cara. Dejó el tenedor y me preguntó: «¿Tú qué sabes sobre mí?». Le dije que no sabía nada y que no tenía ningún interés por ampliar mis conocimientos en esa materia. Mi tono era de broma, pero el suyo se había teñido de seriedad. Ella insistió en que le contara lo que sabía. Repasé mis datos y encontré uno para tranquilizarla. «Pues mira —le dije—, alguien, un amigo, me comentó como de pasada que había estado cenando en Calle 54 y que estaba el príncipe con un grupo de amigos y amigas bastante numeroso. Y me dijo, por cierto, que entre ellos estaba esa chica que presenta contigo el telediario.» «¿Y no sabes nada más?», continuó Letizia. «Pues no, ni sé nada más ni te voy a pedir que me lo cuentes, ni me interesa saberlo, porque no te he contado todo esto para conocer tu intimidad sino para que te cuides.» La conversación siguió por otros derroteros pero aquellas palabras y sobre todo en el tono en que fueron pronunciadas me dejaron el eco de una inquietud y la certeza de que había algún secreto importante que ella no quería que se supiese y que cualquier atisbo de que se estuviera difundiendo disparaba todas las alarmas.

Letizia bajó aquella tarde a la redacción y soportó la presión de todos los que le preguntaban qué había de cierto en lo que se decía. Bajó al estudio del telediario nerviosa, pero cuando tuvo que intervenir, en su rostro y en su voz no había nada diferente a lo que nos tenía acostumbrados, aguantó el tipo con una enorme profesionalidad. Aquella noche dio la noticia del recurso del Gobierno contra el Plan Ibarretxe por quebrar los valores esenciales de la Constitución. Luego leyó los titulares: enfrentamientos en Bagdad; incendios en el sur de California; la denuncia de los familiares del Yak-42 ante la Audiencia Nacional; Alfredo Galán identificado como el asesino de la baraja, y Beckman que iba a jugar contra el Athletic. Ese día comenzó la campaña electoral para las elecciones autonómicas catalanas y a Letizia le tocó dar paso a la crónica electoral de la jornada. Estaba seria, quizá más que otros días, pero su apariencia era tranquila. Aquella noche se despidió de la audiencia con un «que pasen un feliz fin de semana». Otra cosa fue cuando terminó el telediario. Al salir del estudio, mi escolta Lorenzo Valladares nos esperaba en la puerta. «La entrada de Sainz de Baranda está llena de cámaras y reporteros», nos dijo. Letizia no sabía qué hacer. Lorenzo, un hombre de una eficacia, de una discreción y de una diligencia extraordinarias, había pensado una posible solución. Le ofreció a Letizia ponerse él mismo al volante del coche de la que empezaba a ejercer como prometida del príncipe y sacarla por una puerta sin que nadie supiera quién salía. Los servicios de seguridad de Torrespaña abrieron la puerta de la calle O'Donnell, que habitualmente está cerrada desde las siete de la tarde, y que a esa hora de la noche estaba vacía. Todos los reporteros se concentraban en la única puerta abierta a las diez menos cuarto. Al llegar a la calle O'Donnell, Lorenzo detuvo el coche, se bajó, dejó que Letizia ocupara el asiento del conductor y el coche de la «princesa» se perdió en el tráfico de Madrid sin que ninguno de los que la esperaban en la puerta se diera cuenta de que había salido. El príncipe y Letizia viajaron ese fin de semana a un lugar de Europa, fuera de España, en un viaje que tenían previsto desde hacía tiempo. Letizia sólo volvería a Torrespaña semanas después, para despedirse de sus compañeros.

La mañana siguiente, Luis María Ansón firmaba en *La Razón* un elogio del perfil y las cualidades profesionales de Letizia Ortiz que venía a confirmar, sin citarlo, el rumor que desde el viernes corría por Madrid. Aquella tarde a las cinco y media, estaba a punto de entrar en el restaurante de mi amigo Joseba Quintana, en Aravaca, para dejar a mis hijos en la fiesta del cumpleaños del suyo. En la puerta de entrada sonó el móvil. Era Letizia. Me anunció que a las siete de la tarde la Casa Real difundiría un comunicado en el que se iba a anunciar el compromiso del príncipe con la periodista. Me volvió a expresar su inquietud por el paso que estaba a punto de dar, por el adiós a su vida profesional, por la incertidumbre ante una nueva vida y un mundo totalmente desconocido para ella. Sólo se me ocurrió decirle que todo lo que había aprendido en años de profesión, toda su inquietud como persona y periodista, su saber estar y su capacidad para decir lo que quería decir y decirlo bien había sido una escuela estupenda que le había enseñado cosas que sin duda le iban a servir de mucho en la vida y en la aventura que comenzaba. Luego se puso el príncipe, y con tono de broma, después de agradecer mi felicitación, me pidió disculpas por la OPA que me había lanzado. Le dije que se llevaba lo mejor de nuestra casa. «No te preocupes —añadió— en esa casa tenéis una buena cantera.» Camino de Torrespaña di las primeras órdenes para organizar una tarde que iba a ser intensa, y me topé con las primeras dificultades por la incredulidad de mis colegas. El responsable de la emisión, al que le pedí tiempo para abrir avances durante la tarde, me contestó con una carcajada cuando le dije que el príncipe se casaría con Letizia Ortiz. «¿Quién es esa chica?», me dijo antes de deshacerse de risa. «La que se sienta conmigo a las nueve de la noche.» Pepe Rodríguez no se lo podía creer. «¡Estás de broma, qué gracioso!» «Yo nunca te he engañado, Pepe, mira las noticias y luego me llamas.»

Aquel fin de semana en un lugar remoto y oculto estaba previsto desde hacía tiempo en sus agendas. Lo que no estaba en el guión de aquel sábado primero de noviembre era que se pasaran la tarde respondiendo a las llamadas de sus amigos y compañeros. En la casa quisimos esperar a la difusión del comunicado de la Casa Real para dar la noticia. Nos sentíamos en medio de una contradicción: sentíamos que no podíamos utilizar como profesionales lo que conocíamos como amigos de Letizia. Para nosotros hubiera sido un éxito profesional abrir un avance a las cinco y media de la tarde y anunciar en exclusiva la noticia de que esa tarde sus majestades los reyes anunciarían la alegre nueva del compromiso de su hijo con nuestra compañera. Pero todos sabíamos que no lo podíamos hacer, y que muchos al día siguiente utilizarían ese anticipo para volverlo contra nosotros o tirar contra Letizia o contra la Casa Real. A las siete y media de la tarde la Zarzuela anunciaba la relación entre don Felipe de Borbón y Letizia Ortiz Rocasolano. La escueta nota, redactada en un estilo neutro y contenido, rezumaba júbilo en una familia que anunciaba una de las noticias más esperadas por los españoles. Aquella noche, después de la incredulidad de muchos y la perplejidad de no pocos, algunos medios comenzaron a practicar la vieja tradición del derribo, armados con las herramientas de la mentira, la maledicencia o la sospecha sin fundamento. En un principio fueron sólo amagos. El entusiasmo popular por la elección resistiría cualquier ofensiva. La corriente general era a favor. Pero lo que Pepe

Oneto llamó la máquina de picar ya estaba en fase de calentamiento.

Las primeras publicaciones no defraudaron. El tránsito de Letizia Ortiz obedecía, según esos libelos, a un plan prediseñado que habría sido ejecutado contra mi voluntad y con el propósito de dar a conocer a la opinión pública y a los españoles a la que iba a ser la prometida del heredero de la Corona. Según las primeras entregas para quioscos, el telediario de las nueve de la noche habría sido utilizado como un escaparate, una pasarela para mostrar las virtudes de una mujer que desde abril, quizá desde mayo, estaba destinada a convertirse en la reina de España. A veces los hechos tienen menos fuerza que las maledicencias que se hacen creer a la gente, a veces la verdad es mucho más sencilla y quizá menos atractiva que las fantasías de las que viven algunos pseudoperiodistas, forzados por las productoras de sus programas a hablar mucho más allá de los límites de su conocimiento. Muy pocas cosas de las que se dijeron en aquellos primeros meses resistían el espejo de la realidad. Surgieron compañeros suyos de profesión que hablaban con total seguridad sobre sus creencias y sus opiniones sobre el catolicismo, la monarquía o el aborto. Gentes que se habían cruzado con Letizia en un pasillo, junto a la máquina del café, el tiempo justo para introducir los 45 céntimos de euro, lo sabían todo sobre la futura princesa y se presentaban en las televisiones privadas como auténticos expertos en su persona. Hubo uno, un antiguo becario durante un verano en la casa, que se pasó tres meses de una cadena a otra como antiguo amigo de Letizia. Decía que se sentía defraudado porque desde el anuncio ya no podía hablar con ella. Una madrugada se presentó en TVE y, como guardaba la identificación de la casa, se pudo colar hasta la redacción. Allí pidió a una antigua compañera que le facilitara cintas de vídeo con imágenes de Letizia Ortiz para ilustrar sus fantasías en las tertulias del corazón. Para entonces habíamos tomado la precaución de guardar a buen recaudo las imágenes de sus trabajos, aunque un buen lote había sido distribuido de forma gratuita al resto de las cadenas.

Algunos medios llegaron incluso a utilizar la noticia para golpear de nuevo contra RTVE. Unos decían que habíamos ocultado la circunstancia de que se trataba de una mujer divorciada. Nada más lejos de la realidad. El divorcio es una circunstancia tan asumida por los españoles que convertían ese detalle en un extremo importante pero no decisivo. El titular no era que «el príncipe se casará con una mujer divorciada», por mucho que algunos hubieran querido ese texto en todas las portadas. Y así lo entendimos desde el primer momento. No se ocultó su divorcio, pero tampoco hicimos del adjetivo «divorciada» el centro de la noticia. Desde la Cope, Federico Jiménez Losantos me acusó de hacer un flaco favor a la monarquía por un programa emitido el domingo siguiente al anuncio, en el que compañeros de Letizia Ortiz hablaban sobre su personalidad y su experiencia durante años de trabajo en común. Es verdad que el trabajo destilaba una gran alegría por la noticia. Y es que salvo excepciones, los compañeros de la casa estaban muy contentos. Basta repasar la lista de los invitados a la boda: redactores, presentadores, pocos directivos, algunas secretarias, montadores de vídeo y muchos compañeros de las secciones donde le había tocado trabajar. Ese programa se emitió la noche del domingo 2 de noviembre. Participaron muchas personas en aquel documento. La volvimos a ver en Washington, en Nueva York, en Salamanca, en Galicia, o en Portugal, en Iraq. El cámara Evaristo Canete recordaba sus días de Muxía. «Ayer —decía Evaristo— le llamé por teléfono. Pensaba que no me iba a contestar pero lo cogió y me respondió como siempre. Por eso pienso que va a ser una persona muy cercana.» María Oña decía que Letizia había llegado a la redacción y había empezado a hacer trabajos que hasta ese momento le asignaban a ella, pero a pesar de todo no había rivalidad y se habían convertido en grandes amigas. Almudena Ariza decía que estaba convencida de que sería una reina «diferente». El cámara Francisco Magallón, con el que trabajó en Iraq, contaba que le sorprendió la seguridad con la que se enfrentaba a las situaciones difíciles. María Escario recordaba una anécdota: «Estábamos en una reunión en Oviedo organizando el trabajo para el día de los premios y Alfredo estaba diciendo lo que teníamos que hacer. Le dijo que estuviera en directo en la puerta del hotel hasta que saliera el príncipe hacia el teatro Campoamor. Y yo le dije que no se cortara, que intentara entrevistar a don Felipe». La emisión fue el programa más visto del día: reunió en torno a La Primera a una media de 5.300.000 espectadores, con una cuota de pantalla del 29,5 por ciento. Esa noche estaba en casa cuando hacia las doce entró un mensaje en móvil, un mensaje de Letizia desde el extranjero: «Las dos familias nos han llamado y dicen que ha sido un programa precioso. Gracias».

Al día siguiente, 3 de noviembre, la pareja se presentó, enamorada, consciente «del sólido y profundo compromiso» que les había llevado hasta allí. A la comparecencia habían acudido numerosos fotógrafos y muchos directores de Informativos de las televisiones. Yo preferí quedarme en Torrespaña y enviar a supervisar el trabajo a Andrés Martín Velasco, consciente de que a ella le gustaría ver un rostro cercano, un punto de referencia del mundo que acababa de dejar. No me equivoqué. Cuando se dieron la vuelta para volver a entrar en la casa del príncipe, un ayudante llamó a Andrés para que pasara. El príncipe y doña Letizia querían hablar con él. Andrés pasó ante la mirada atónita de los directivos del resto de las cadenas. Aquella tarde, por indicación de la Casa Real, TVE asumía el compromiso de grabar la señal institucional y distribuirla a una hora determinada a todas las cadenas de televisión. Poco antes de las ocho de la tarde Andrés Martín Velasco y Patricio de la Nuez, productor encargado de la cobertura de la Casa Real, entraban por la puerta de Torrespaña con la cinta en las manos. Los operadores de vídeo montaron la secuencia y a las ocho y cinco de la tarde, después de haber avisado a todas las cadenas, la cinta se distribuyó para todas. Todas las cadenas podían haber hecho lo que hizo TVE: emitir un avance informativo simultáneo al multienvío. Pero Tele 5 no tuvo la precaución obvia de colocar a un técnico para grabar la señal. Ese error lo volvería a pagar en sus carnes la televisión pública. Tele 5 dijo que habíamos utilizado las imágenes en beneficio propio y que habían sido distribuidas con retraso al resto de las cadenas. Fue la única protesta. Nadie se sumó a la pataleta de Vasile. Una vez más la emisora de Fuencarral culpaba de sus fallos y sus carencias a la cadena pública. Amenazaron con presentar una denuncia y consiguieron que al día siguiente la prensa colocara grandes titulares con su reacción. La denuncia jamás se presentó. ¿Alguien lo ha visto en algún periódico? La estrategia estaba muy clara: se trataba de minar el crédito de TVE en la Casa Real, con el objetivo de rebajar la capacidad y el margen de maniobra de Torrespaña ante los acontecimientos que se anunciaban en el futuro inmediato.

El 4 de noviembre Letizia llamó para anunciarme que quería vernos, al director general y a mí, al día siguiente, miércoles. Quedamos en Prado del Rey, un lugar más discreto que la Torre, y a primeras horas de la tarde. Llegó conduciendo su coche y acompañada por dos escoltas, un hombre y una mujer. Su idea era clara y difícil de realizar. Quería seguir vinculada a TVE, desarrollar algún tipo de funcion, no romper su vínculo con el mundo del periodismo y de la información, ser útil y a la vez mantener una independencia como mujer que vive de su propio trabajo. Nos parecía muy complicado pero le dijimos que nos comprometíamos a estudiar las posibilidades. Nos pidió también que intentáramos rebajar la intensidad de la noticia y la explotación exhaustiva de todos los detalles relativos a su relación con el príncipe. Estaba desbordada por la repercusión y todavía no era consciente del enorme interés que despertaba todo lo relativo a su persona y a su vida. Había perdido de golpe su intimidad y el control sobre su entorno; se había quedado sin capacidad de movimientos, obligada a encargar a sus familiares que le compraran el regalo para el príncipe. Nos preguntó si no nos parecía exagerado todo el enorme interés que suscitaba y le dijimos que desde luego que no, y que tenía que ser consciente de que sólo era el comienzo. Letizia comenzó esos días, en su habitación de un ala de la Zarzuela, la escritura de un diario donde intentaba poner orden a todas las cosas que le estaban pasando.

El 26 de noviembre, por sorpresa, acudió a despedirse de los compañeros de TVE. Nos había pedido que nadie supiera que iba a pasar por Torrespaña. Y nadie se enteró hasta que entró en la redacción. Llegó al garaje, en el sótano de Torrespaña, a la una y media de la tarde, y la primera persona a la que vio fue a María Escario, que a esa hora aparcaba su coche para empezar su jornada laboral. La despedida empezó por las salas de peluquería y maquillaje, donde Letizia dejaba grandes amigas. Luego siguió en la redacción, uno por uno, mesa por mesa. En la sección de Sociedad, donde más tiempo había pasado, se formó un corro multitudinario. Sólo dos personas de la redacción, en la sección de Internacional, se negaron en un gesto tan absurdo como grosero, a levantarse cuando pasó junto a su mesa. Ella se acercó a los dos para darles la mano y desearles lo mejor en el futuro. A pesar de la discreción con la que llevamos aquella visita, a los diez minutos de llegar Letizia a Torrespaña las dos puertas de la calle O'Donnell y de Sainz de Baranda estaban repletas de fotógrafos y cámaras de televisión. Alguien, desde la casa, había avisado a las agencias del corazón. Había que organizar de nuevo la salida. Letizia subió en mi coche, que tenía los cristales traseros tintados, y salimos por la puerta de O'Donnell mientras el automóvil en el que había llegado lo hizo por Sainz de Baranda. No existe foto alguna ni imagen de aquella despedida.

«Hola, soy el postre»

Todavía quedarían algunas despedidas en cenas discretas, con alguna sorpresa incluida. O quizá se trataba de presentar a sus amigas a su novio, ese al que no había podido llevar a las cenas cuando quedaba con sus compañeras de la redacción. Cuando le preguntaban quién era ese novio al que no podía enseñar contestaba que era diplomático sin dar más explicaciones. El jueves 4 de diciembre Cristina Alcaine, ex jefa de sociedad de la redacción de los telediarios le invitó a cenar junto a otras compañeras en su casa, en un chalé cercano a Torrespaña. Estaban Amparo Zamorano, Sandra Sutherland, María Oña, Mercedes González Frías y Ángel Nodal. Desde primeras horas de la mañana el servicio de seguridad de la Casa Real había tomado posiciones en las inmediaciones de la casa sin que nadie advirtiera nada. La cena transcurrió amena y divertida. Tomaron pollo a la naranja y carne al estilo cantonés, con soja y pimientos. A medianoche llamaron a la puerta. Cristina no esperaba a nadie. La dueña de la casa bajó a la entrada. Cuando abrió la puerta se encontró con dos metros de príncipe que sostenía una enorme tarta Sacher. El príncipe se presentó con estas palabras: «Hola, soy el postre». No es difícil imaginar los nervios, el alboroto y el desconcierto. Hubo un momento en que la anfitriona y todos sus invitados se encontraron en la cocina sin saber qué hacer mientras el príncipe y Letizia charlaban en el salón. La fiesta terminó tarde y en un ambiente mucho más relajado.

A partir de aquel anuncio muchos han querido revisar la historia de los meses anteriores para encontrar claves de cómo se encajó ese compromiso en la familia real y construir la falsa leyenda de las tensiones que habría provocado el matrimonio anunciado con una mujer divorciada y sin herencia aristocrática. Se dijo por ejemplo que la ausencia del príncipe de Asturias en el desfile del 12 de octubre en el paseo de la Castellana de Madrid obedecía a un plante de don Felipe, que se habría marchado a Nueva York para demostrar que estaba dispuesto a todo menos a renunciar a su proyecto vital. El príncipe de Asturias asistió al concierto del coro de la Fundación Príncipe de Asturias en la catedral de San Patricio, y cenó en casa de Woody Allen. El último día de su estancia en la ciudad no hubo actos oficiales. Letizia salió aquel viernes de Torrespaña a las diez de la noche y el lunes entraba en la redacción a mediodía. Es fácil comprobarlo: basta mirar en el archivo de TVE el telediario de aquel viernes.

El paso de Letizia por TVE no fue un camino de rosas. Quien no ha trabajado en la redacción de una televisión no conoce el grado de vanidad que anida entre algunos profesionales y las guerras que la ambición despierta entre quienes pueden acceder a uno de los puestos de pantalla. Unos aspiran a salir y otros defienden su puesto con uñas y dientes. No todos valen, no todos tienen condiciones para ponerse delante de una cámara y «comunicar», es decir, establecer una relación con el espectador cargada de contenido. Algunos incluso pierden la noción de la realidad y se creen en condiciones de ser estrellas de la televisión a pesar de la opinión unánime en contra. La presencia en imagen y sus supuestas consecuencias desata las grandes pasiones de las redacciones de las televisiones. Es así en todas sin excepción. Y la llegada de nuevos profesionales hace temer por la seguridad de las sillas más sólidas y mejor asentadas. Así ocurrió también con Letizia Ortiz. Su primer verano en *Informe semanal* transcurrió tranquilo. Tomó el relevo de Baltasar Magro, que era consciente de que dejaba el programa en buenas manos. Baltasar pasó algunas horas con Letizia para darle las cuatro claves de la presentación de un programa de reportajes: el ritmo más pausado que en los telediarios, la entradilla más larga, la necesidad de situar el reportaje en su contexto. De la mano de Manolo Rubio, subdirector del programa, realizador veterano y de una generosidad admirable, el programa pasó el mes de agosto con resultados de audiencia excelentes. El trabajo de Letizia despertó comentarios positivos. De ahí pasó al matinal, horario duro, tiempo difícil, con dos horas y media de emisión todos los días... Después pasa a hacer los avances de la mañana y la sustituciones del telediario primera edición. Es ahí donde despertó las primeras suspicacias. Ana Blanco, titular de la primera edición del telediario, sintió que su sitio estaba amenazado por la nueva presencia. Letizia se comportó con discreción, sin provocar heridas, sin levantar ampollas. Pero la tensión cuando coincidían en maquillaje o en peluquería, en los sótanos de Torrespaña, se palpaba y era tan evidente que provocó la sorpresa entre las profesionales que trabajan en esos departamentos. El malestar de Blanco estalló en plena guerra de Iraq cuando a Letizia Ortiz se le encargó que presentara un programa monográfico todos los días, de lunes a viernes, a las dos y media de la tarde. Estaba cercana la caída de Bagdad en manos del ejército de la coalición y necesitábamos abrir un nuevo espacio para competir con otros canales que comenzaban sus emisiones informativas media hora antes. Se suprimieron los programas de corazón y se abrió un tiempo de información diferenciado del telediario. Cuando Ana Blanco se enteró de que Letizia sería la encargada de presentar esos programas, estalló. Los primeros en escuchar sus comentarios airados fueron los responsables de la edición. Minutos más tarde subía a mi despacho para intentar forzar una marcha atrás en una decisión que no tenía vuelta de hoja. «A esa chica le estáis pagando un máster», fueron sus palabras y su único argumento. «El mismo máster que se te pagó a ti cuando llegaste a esta casa desde *Los 40 principales*», fue la respuesta. Blanco, una mujer muy insegura en lo personal pero capaz de un férreo autocontrol cuando se asoma a la pantalla, se tranquilizó cuando le aseguré que el hecho de que Letizia presentara el programa no significaba nada más, ni encerraba segundas intenciones para el futuro. Desde hacía meses, en una casa en la que el rumor es el azúcar o el arsénico con el que se endulzan o envenenan todos los cafés, Ana venía escuchando voces que insistían en que Ortiz había llegado a Torrespaña para quitarle su puesto en el telediario.

Un incidente similar, aunque menos tenso, se repitió cuando Blanco supo que en la temporada 2003-2004 compartiría la mesa del telediario con Josep Puigbó y que Letizia Ortiz presentaría conmigo las noticias de las nueve de la noche. Intentó convencerme de que la fórmula no era la correcta, que ella nunca se encontraría cómoda con Puigbó y que lo mejor era hacer un intercambio de parejas: que ella pasara a las nueve conmigo y que

Puigbó presentara con Letizia a las tres de la tarde. A pesar de la evidente tensión que se respiraba cuando Letizia estaba cerca de Ana Blanco, la primera jamás dijo una palabra sobre los recelos de la titular, afanada siempre en intentar que la «novicia» se sintiera incómoda en un terreno que ella sentía como propio.

De Letizia Ortiz se ha dicho que es ambiciosa. Es cierto. Pero quien lo dice lo utiliza como un término peyorativo. Se trata de uno de esos adjetivos que tiene connotaciones diferentes en función del sustantivo. Si acompaña a un hombre es positivo; si se coloca al lado de una mujer es negativo. La ambición es buena y necesaria, hace progresar a las personas, motiva su capacidad de dar lo mejor de sí mismos y de crecer en el ámbito de las capacidades personales. Sin ambición seguiríamos en la caverna o habríamos caído en ese socialismo de la sopa de col que consiste en distribuir la misma mediocridad y evitar que nadie desarrolle sus capacidades al máximo. La igualdad de oportunidades no puede tener como consecuencia la igualdad de resultados. Letizia es ambiciosa pero no arribista. Nunca dejó un cadáver en el camino. Sabía y era consciente de que su progreso en la redacción podía levantar recelos, envidias, suspicacias, alarmas. Y de hecho ocurrió. Sólo en algunos casos se convirtieron en una declaración de guerra por parte de quienes sentían temblar su suelo cada vez que pasaba, porque el resto supo limar las aristas con simpatía y unas relaciones personales que ella se encargaba de cuidar. En la redacción era una de las pocas personas que tenía claro lo que quería hacer y lo que quería ser, y en ese empeño ponía todas sus energías. Llegaba pronto a trabajar y se marchaba tarde, y siempre estaba disponible para viajar, para presentar un avance o para hacer un reportaje o una información basada en imágenes de archivo, y sobre todo para aportar ideas. No tenía la gran ambición de la pantalla, no le interesaba pasar mucho tiempo en el estudio, sobre una silla, leyendo el texto sobre la cámara. Prefería estar fuera, cerca de la noticia y de quienes padecen los hechos que se cuentan en los telediarios. Le gustaba discutir los detalles y estar segura de los pasos que iba a dar. Repasaba sus intervenciones hasta el último detalle y siempre escuchaba una sugerencia o una observación hechas con intención constructiva. Ésa es mi experiencia de Letizia Ortiz. Creo que utilizar el término «ambición» para indicar otras intenciones y otros propósitos es, como diría Wittgenstein, un «error de categorías». Yo dije una vez que la naturaleza nos ofrece una profesional como ella cada diez años y algunos se enfadaron. Lo repito aquí para que quede constancia de que lo sigo pensando, desde el conocimiento sobre quién y cómo es la princesa, y también, por supuesto, desde mi subjetividad. Creo, sin embargo que me equivoqué en un detalle. Creo que habrá que esperar mucho tiempo más que una década.

Letizia invitó a la fiesta de su «despedida de soltera» a todos los que en la redacción habían trabajado alguna vez con ella, sin hacer distinciones. Tanto que a los responsables de la programación informativa se les planteó un problema muy serio: ¿quién iba a hacer aquella noche la información, los reportajes, las conexiones en directo, si todo el mundo estaba en palacio? Como saben la fiesta se suspendió por el clima de pesado luto que vivió Madrid durante meses como consecuencia de los atentados de Atocha, Santa Eugenia y El Pozo del Tío Raimundo. La capital no estaba para fiestas y el príncipe y su prometida entendieron que para buena parte de los madrileños habría sido un contrasentido muy poco pertinente el paso tan rápido desde el dolor de una herida que tardará años en cerrarse, a la fiesta de la alegria compartida por la boda del heredero. La anulación de esa fiesta puso a Letizia en un papel difícil. La lista final de los invitados a la ceremonia de la boda se tuvo que ampliar a última hora. Se encontraron huecos donde casi no los había, para hacer sitio a sus amigos, sobre todo a sus amigos de la tele, a secretarias, redactoras, técnicos de las salas de montaje de vídeo y algún corresponsal como Joan Marcet, un hombre de una sensibilidad muy fina, un gran periodista que desde los tiempos del *Prestige*, cuando compartieron trabajos en Galicia, tenía una sólida amistad con la princesa. Lo que más cautiva de Letizia es su buen corazón, su capacidad para hacer sentir a sus amigos que se preocupa por ellos y que tiene en cuenta lo que más le importa a cada uno. Es una de esas personas que conoce el nombre de tus hijos, que sabe tus inquietudes y capta con rapidez aquello que es fundamental para ti en cada momento, lo que te preocupa, o aquello en lo que tienes puestas tus grandes o pequeñas esperanzas. Uno de sus mejores amigos en la redacción pasó por un momento delicado cuando a su hermano le diagnosticaron una leucemia para la que necesitaba un tratamiento de quimioterapia largo y traumático. Durante el tiempo que duró la primera fase de su internamiento, todas las semanas, Letizia acompañaba a su hermano de visita al hospital. He repetido muchas veces, desde mi experiencia, desde mi conocimiento personal, que por su sensibilidad, por su capacidad de acercarse a quienes sufren, demostrada en los funerales por las víctimas del 11-M, desde sus inquietudes intelectuales, por su capacidad de escuchar argumentos y discutir ideas, por su simpatía, por su capacidad de trabajo y su ambición por mejorar, Letizia tiene todas las condiciones para ser una gran princesa de Asturias y para aportar a la Institución una visión muy cercana al sentimiento del pueblo y un oído muy fino para registrar desde la Zarzuela las variaciones emocionales de los españoles. Quien esté esperando deslices hacia la frivolidad puede perder toda esperanza. Cuando volvieron de su viaje de novios el príncipe dijo con media sonrisa irónica que le había sabido a poco. La princesa confesó que tenía ganas de regresar para ponerse a trabajar. Quizá algunos pensaron que era una forma de quedar bien. Los que la conocemos sabemos que ella es así.

9

El caso Rodicio.
La confusión entre lo público y lo personal

«Buenos días, le llamo de Televisión Española. Tenemos en nuestra cuenta un pago a su negocio a través de la Visa X, por valor de X libras esterlinas. ¿Le importaría comprobar si la numeración y el importe son correctos?»

Al otro lado, una voz femenina contestó en un inglés académico. «Espere un momento, por favor». El número de teléfono que figura en los listados de Visa internacional para aquella numeración era el de un abonado de Londres. Al cabo de unos minutos la voz volvió a llenar el auricular. «Sí es correcto. Se trata de una compra efectuada por la señorita Ángela Rodicio.» «¿Le importaría decirme qué compró y a qué se dedican ustedes?» «Cómo no, señor —fue la respuesta—. Aquí vendemos pashminas; sólo vendemos cachemir y todos nuestros artículos son muy, muy caros.» La encargada de la Administración de Corresponsalías en Torrespaña se despidió, anotó en las cuentas la cita literal de aquella breve conversación.

El 20 de diciembre, a las cuatro y media de la tarde, Ángela Rodicio estaba citada en Torrespaña. Ella no sabía para qué. El día anterior había intentado aplazar aquella entrevista. Me llamó desde Jerusalén y me pidió que lo dejáramos para otro día. «Hay un temporal muy fuerte en esta zona y me da miedo coger el avión», fue su último pretexto. Le contesté que me resultaba difícil creer que una mujer acostumbrada a viajar tuviera miedo de un temporal. El temporal era otro. La tormenta estaba a punto de estallar pero en otro lugar, más cercano del punto de aterrizaje que del despegue. En los últimos años, desde que ella se había hecho cargo de la corresponsalía de TVE en Jerusalén, los gastos de la oficina de Israel se habían disparado y se habían multiplicado por cuatro. Antes de ser nombrada, Ángela Rodicio era conocida en la Administración de la casa por sus gastos, sus abonos generosos a chóferes y traductores, y sus nulas relaciones con los periodistas españoles. Siempre prefería a los italianos o a los británicos.

A las cuatro y media de la tarde, entré en el despacho acompañado por Milagros Hernández, la directora de Personal de Televisión Española y por el gerente, Manuel Esteve. No había nadie más en el despacho, aunque Rodicio, traicionada por su subconsciente, diría días después a través de sus abogados que en aquella sala había un vigilante de seguridad. No estaba porque no era necesario. Con Milagros y con Manuel habíamos preparado la reunión durante el almuerzo.

La sesion fue tensa. Rodicio llegó a la antesala de mi despacho con su simpatía habitual, pero en cuanto entró en el despacho su rostro cambió y su sonrisa se quedó helada. Se le informó primero de las irregularidades detectadas en las cuentas de la corresponsalía. Lo negó: dijo que eran pagos que ella hacía en el exterior con la Visa de la oficina, y que luego reponía. Pero los hechos lo desmentían. Si se trataba de gastos personales cuyo importe luego reponía, ¿a qué venía presentar facturas falsas? ¿Por qué disfrazar la compra de una pashmina en Londres con la reparación de un coche que nunca había pasado por el taller?

Estábamos ante un caso claro de pagos privados disfrazados de gastos de oficina. En aquel momento, ante la presencia de dos testigos, reiteré a Ángela que había sólo dos formas de arreglar aquel asunto: una buena y una mala. La primera pasaba por reconocer los hechos o bien ofrecer una explicación clara y coherente, aclarar las cuentas, cubrir la diferencia si la había y cerrar el asunto. Ángela insistió en negarlo todo, dijo que se había dejado la piel por TVE y que ahora la casa le pagaba de esta forma tan ingrata. Le respondimos que nadie ponía en cuestión ni su trabajo ni su dedicación a las tareas de informar, sino la limpieza de las cuentas y la veracidad de las facturas presentadas para justificar los gastos. Pero en ningún momento pudo explicar la diferencia entre la realidad y la justificación de algunos de los pagos que había realizado. No supo decir por qué varias facturas en las que ponía que se había arreglado el ordenador correspondían, después de la comprobación a través de los números de Visa, a la compra de plumas Montblanc. Era lógico que Ángela tuviera que dejar la oficina de Jerusalén de forma inmediata. Había quebrado una confianza fundamental en cualquier nombramiento que implica la administración de una delegación que manejaba muchos millones de pesetas en aquellos años, y que tenía a su cargo a varios empleados de TVE, incluido el cámara José Luis Márquez.

Ángela tuvo que entregar al gerente la tarjeta Visa de la corresponsalía y firmar un documento por el que daba poderes para operar en la cuenta de la delegación a la abogada de TVE en Jerusalén. Días después, en una nota difundida por sus abogados, Rodicio declaraba que había entregado la tarjeta y había firmado aquellos documentos, escritos en inglés, bajo coacción y sin tiempo para leerlos. Tuvo todo el tiempo necesario para examinarlos y desde luego lo hizo, y entregó la Visa sin ningún tipo de presión, porque quien se la reclamaba era el director gerente, es decir, la persona con la autoridad suficiente como para exigirle que entregara a los responsables de la empresa algo que no era suyo sino por delegación. En la misma entrevista se le pidió que entregara las llaves de la oficina de Jerusalén, puesto que estaba destituida, al menos hasta que se cerrara la investigación sobre las cuentas. Dijo que no podía entregarlas porque no las llevaba. Así terminó la reunión, no sin antes reiterar que por parte de la Dirección no había ningún interés en hacer público un asunto que le podía perjudicar de una forma muy seria en su carrera profesional. Cuando Ángela dejó el despacho de la dirección de Informativos en Torrespaña, dejó tras ella, en nosotros tres, la convicción de que no podría justificar todas las irregularidades detectadas en las cuentas. Al poco de abandonar el despacho, el director gerente Manuel Esteve dio órdenes a sus colaboradores en Torrespaña para que enviaran de forma inmediata a Jerusalén una pequeña delegación de dos personas para que se hicieran cargo de la oficina y de las cuentas, así como para recoger la máxima documentación para iniciar una investigación a fondo.

Al día siguiente, 21 de diciembre, sábado, me dirigía a trabajar cuando sonó el teléfono. Era Ángela. Me pedía charlar unos minutos. Le dije que estaba camino de Torrespaña y que estaba dispuesto a hablar pero no a cambiar de criterio. Llegó de nuevo con el esfuerzo de su mejor simpatía y una bolsa cargada de bollos para desayunar que se quedó intacta entre sus manos. Me dijo que estaba dispuesta a arreglar las cosas y a devolver lo que hiciera falta reintegrar con la condición de poder seguir como corresponsal. Me pidió que no le hiciera la «faena» de regresar a Madrid, a la redacción, donde no se sentiría cómoda. Era tarde, le contesté, porque ella había negado los hechos y había que investigar para hacerlo con todas las garantías, no podía tener acceso a la oficina y no podía seguir siendo la administradora de la delegación mientras los servicios de la gerencia de TVE examinaban sus cuentas. Ésa fue mi penúltima conversación con Rodicio. Antes de dejar mi despacho insinuó que estaba dispuesta a acusarnos de presiones políticas para su destitución. Le contesté que estaba muy tranquilo y dispuesto a desafiar a cualquiera. «Tú sabes tan bien como yo —le dije— que sólo te he llamado para saber cómo estabas, si necesitabas algo o para resolver algún problema administrativo de la corresponsalía. Esto es sólo un asunto de cuentas y ya hace un año te advertí que tuvieras cuidado con el dinero cuando vimos que los gastos de la oficina se habían disparado.»

Se marchó y se fue a Jerusalén, en situación de vacaciones. Ese mismo día, dos responsables de gestión de las delegaciones en el extranjero salieron para Israel en el primer avión de la mañana para hacerse cargo de las cuentas y de los documentos de la oficina. Y en Madrid, la dirección de Personal abriría un expediente que se cerraría semanas más tarde con el despido de Rodicio. Al llegar a Jerusalén los enviados de la Gerencia constataron dos cosas: primero, que la caja fuerte de la oficina donde se guardaba dinero para las emergencias estaba vacía, cuando tenía que haber algo más de ocho mil dólares; segundo, que las facturas pasadas como gastos diversos de la delegación y que en realidad eran compras particulares aumentaban a la vista del primer examen de la documentación.

Los empleados de la oficina comienzan a hablar. Su testimonio, por escrito, lleva la fecha del 21 de diciembre de 2003. Se hizo ante notario y en presencia de la abogada israelí de la delegación Betty Nulman, que les recuerda la responsabilidad legal en la que incurren en caso de falso testimonio. El primero que lo hace es el conductor. Ésta es su declaración: «Yo actúo como conductor de las oficinas de TVE en Jerusalén desde hace tres años y medio. La corresponsal responsable desde que yo trabajo para TVE, Ángela Rodicio, me ha llamado esta mañana a las 8.26 (es decir al día siguiente de su cese) a mi teléfono celular y me ha dicho que diga a los representantes de TVE que se encuentran ahora en Jerusalén que ella me dio un adelanto de 5.000 dólares para financiar la construcción de mi casa. Es cierto que en el pasado pedí un adelanto, pero ella se negó diciendo que no tenía dinero disponible porque lo necesitaba para el viaje que hizo a Estambul. Declaro que mi nombre es Haled Abu Laban, la firma de abajo es la mía y el contenido de esta declaración es verdad». En su segundo testimonio el conductor nos dio detalles de la vida de la corresponsal. «Ángela Rodicio me pedía todos los días que sirviera de conductor también para sus asuntos personales. Por ejemplo, la recogía todos los días de la casa, la llevaba a la piscina del hotel Hilton, después a la peluquería del hotel King David y luego a la oficina. Luego la llevaba al almacén de libros de Steimatzky en la calle Jaffa, etc. Durante todo este tiempo le tenía que esperar en el auto hasta que terminara sus asuntos. Así, también la llevaba por las noches a restaurantes y a los lugares que me pedía, o iba a recoger a Tel Aviv a invitados suyos que llegaban a ese aeropuerto. Como parte de mis funciones soy responsable del mantenimiento y de la conducción del automóvil del tipo Land Rover número de placa M2 TWG. Desde que trabajo para TVE solamente yo conduzco ese automóvil, el cual no ha recibido ningún tratamiento en ningún taller de arreglo de automóviles. Una vez el automóvil no arrancaba, pero le cambié la batería en el aparcamiento de la oficina y la corresponsal responsable, Ángela Rodicio, no aceptó reintegrarme el costo del arreglo». Ángela había pasado facturas de arreglo del aire acondicionado, de cambio de batería, de revisiones mecánicas y de reparación de la caja de cambio del coche blindado. El expediente de la dirección de Personal califica los hechos de falta muy grave y le da cuatro días hábiles para presentar alegaciones.

A los pocos días, el diario *ABC* publicó la noticia de que Rodicio había sido destituida por irregularidades contables en la delegación de Israel. Después de la primicia, toda la prensa recogió la noticia. Algunos insinuaron cuestiones políticas en aquel cese. Nada más alejado de la realidad. A Ángela Rodicio, como a ningún otro corresponsal o enviado especial de Televisión Española, nunca se le dijo, mientras yo fui director de Informativos, lo que tenía que decir o lo que tenía que evitar. Ninguno recibió nunca una «consigna» o una orden relativa a los contenidos de sus informaciones. Nunca se cuestionó una información, ni se mutiló, ni se suprimió ninguna línea. Así en todos los casos, también en el de Rodicio. Lo demás son infundios que pretendían echar raíces en el clima de confusión propiciado por la batalla política. La extensión de aquellos rumores se propagó, alimentada por el interés de quienes pretendían utilizar el caso como una nueva piedra contra la dirección de la casa, sobre todo por parte de algunos amigos de Rodicio, que en tertulias de televisión generalmente mal informadas, se dedicaron a propagar la especie de que se trataba de un caso de represalia política. Pero quienes conocen la redacción y quienes conocen a Rodicio saben que todo aquello era una cortina de humo para camuflar la realidad y devolver el golpe contra la dirección de Informativos. Hubo también algún columnista de prensa que pidió un poco de respeto para Rodicio. Pero en aquella columna no se decía que el que la firmaba había sido condenado por apropiación indebida por su gestión en otro medio de comunicación. La escribió el mismo que cuando el Partido Popular llegó al poder exigió que le dejaran editar y presentar la tercera edición del telediario. Hasta ahí todo era legítimo. El problema es que por ese trabajo abrumador pedía la poco despreciable cantidad de cien millones de pesetas anuales. Demasiado para las cuentas de TVE. Creo que le dijeron que con ese dinero se podían contratar muchos periodistas, y poner en antena muchos telediarios, y se lo tomó a mal. Algunos colegas pusieron en práctica en esta ocasión el reflejo corporativo de la profesión, para exculpar o disculpar a la corresponsal. Pero fueron sólo la excepción. Nadie le faltó al respeto a Rodicio. Nadie de la dirección de RTVE filtró a *ABC* la noticia de su destitución. Nuestro interés era más bien mantener las cosas en el terreno de la discreción por el interés de la empresa y porque sabíamos que el asunto, en manos de algunos medios hostiles a TVE sería pervertido y deformado hasta convertirlo en lo que no era. Ése era un peligro, pero por ese riesgo no íbamos a dejar de hacer lo que teníamos que hacer. Los intentos de convertir este asunto en un caso de castigo contra la libertad de los periodistas prendieron sólo en las tertulias donde participaban algunos periodistas de filiación socialista amigos de Rodicio. Con el tiempo las pruebas fueron aflorando y también salieron a la luz las declaraciones de los empleados de la corresponsalía de Jerusalén; las pruebas eran de tal fuerza probatoria que de nuevo volvimos al silencio.

Nadie en Televisión Española testificó a favor de Rodicio; tan sólo un delegado sindical de Comisiones Obreras, al que algunos de sus compañeros de militancia sindical, redactores de la sección de Internacional, le habían advertido de que cometía un grave error, tuvo la osadía y el nulo respeto a la verdad de decirle a la juez que esas prácticas, compras personales que luego se reintegran a la caja pública, eran un sistema habitual en todas las corresponsalías de TVE. La declaración indignó a los corresponsales en activo, que saben que el dinero público es sagrado y que cada mes tienen que justificar hasta el último dólar de los gastos de la oficina. La juez declaró que el despido era improcedente y asumió el testimonio del sindicalista. En la sentencia se dice que las prácticas de tomar dinero de la caja, gastarlo en ropas y joyas y devolverlo después eran normales y habituales, y que TVE, que recibía todos los meses una relación detallada de los gastos, debía conocer en qué se empleaba el dinero. Lo que no dice la juez, o lo que quizá no ha entendido, es que la delegación de TVE en Jerusalén presentaba todos los meses gastos camuflados, facturas en hebreo y cargos avalados sólo por la palabra de nuestra corresponsal. Tampoco dice que costó varios meses de trabajo y muchas horas de teléfono averiguar a qué correspondían los cargos de Visa a través de la numeración de las órdenes de pago y los cargos en cuenta. Sólo el celo de un trabajador de TVE, Luis Miguel Domínguez, permitió desmontar aquel enredo de facturas falsas, gastos encubiertos y pagos camuflados. Esa investigación está ahora en manos del Tribunal de Cuentas, que dirá lo que tenga que decir.

10

Pío Moa y la Universidad de Navarra

Pío Moa y la histeria del historiador

Creo haber leído casi toda la obra de Javier Tusell. También han pasado por mis ojos todos los libros de Pío Moa. A principios de 2003 nos vimos envueltos en una polémica agria y gesticulante a cuenta de un programa en el que Moa explicó las tesis de su última obra, *Los mitos de la guerra civil*. Me gustaría que Tusell supiera que fui yo mismo quien le indicó a Carlos Dávila la oportunidad de traer a *El tercer grado* al historiador, a Moa, a quien Tusell ha negado siempre la categoría de investigador de nuestro pasado. Lo digo porque al día siguiente del programa, a finales de febrero de aquel año, le escuché en la Ser una cadena de improperios contra mí por haber anunciado el programa al final del telediario. *El tercer grado* se emitía a las once de la noche por La 2, y cada miércoles después de las noticias yo anunciaba quién era el invitado. Primero porque se trataba de un programa que dependía de la dirección de Informativos y segundo porque Moa me parecía en aquella ocasión un invitado de interés. Hice lo mismo cuando Dávila trajo a Mario Onaindía para hablar de sus memorias o cuando nos brindó una conversación con Hugh Thomas, con el pretexto de su último libro sobre el Imperio español. Así que al menos en el anuncio, señor Tusell, habíamos sido imparciales, y no había motivo de queja. ¿O sí?

Fui yo mismo quien sugirió a Dávila la entrevista porque había leído *Los mitos...* y me parecía que los puntos de vista de Pío Moa merecían una explicación y quizá una discusión y un debate, todo menos castigarle al silencio, como ha hecho el grupo en el que Tusell colabora. En aquella época no se podía decir que el asunto de nuestra guerra civil estuviera encerrado bajo siete llaves porque recuerdo que había unas cuantas asociaciones intentando recuperar la memoria histórica y el reconocimiento oficial para los desaparecidos en la contienda. Y no tardaríamos en ver un homenaje a las víctimas de la guerra civil y de la represión franquista en el Congreso de los Diputados. Un homenaje seguramente merecido y organizado por la Oposición, cuyo propósito era simplemente dejar al Partido Popular en evidencia. Si no hubiera sido así ¿por qué no se había hecho justicia moral para los que sufrieron el ostracismo, las cárceles y la persecución durante los años de Gobierno socialista? Hubiera sido mucho más fácil y, sin embargo, pasaron catorce años sin que nadie se acordara de ellos. Por tanto alguien mantenía en el ambiente los ecos de la contienda y las tragedias y heridas del pasado.

Pío Moa llegó a TVE, grabó la entrevista, propuso un debate entre historiadores, defendió sus tesis y se marchó. Volvió a repetir que la política izquierdista durante la República no fue democrática ni constitucionalista; que el golpe del treinta y seis fue la reacción a un proceso revolucionario y que Franco fue menos incompetente de lo que decían las versiones oficiales. Todo eso dijo, además de muchos otros detalles que sería prolijo e innecesario repetir porque para eso ya está el libro. La polémica que se desató después y la reacción airada del grupo Prisa habrá contribuido en alguna medida a que las cifras de ventas hayan llegado hasta los 150.000 ejemplares. A los pocos días Javier Tusell escribió una columna en *El País* que titulaba «Bochornosa TVE». En ese artículo Tusell empieza por recordar que Pío Moa fue uno de los terroristas del GRAPO, le niega la condición de historiador, le califica de *amateur* y concluye que su interpretación de la historia de España está orientada a golpear a la izquierda y beneficiar a la extrema derecha. El artículo termina con este párrafo: «No tiene mayor importancia que Pío Moa tenga esas ideas porque su libro no merecería una línea de reseña. Pero TVE, al jalear su libro, no sólo en hora de máxima audiencia sino con anuncio previo en el telediario y durante el programa en que Ana Botella informó de su decisión de dedicarse a la política, se cisca en el Congreso de los Diputados, en todos y cada uno de los que hoy lo son. Y ofende al espíritu de la transición, a la reconciliación entre todos los españoles. ¿Es esto el centro? ¿Es esto lo que queremos que aprendan nuestros jóvenes, a quienes Moa dedica su libro?». Cuando habla del Congreso Tusell se refiere a la resolución que el Congreso aprobó por unanimidad en noviembre de 2002 sobre el golpe de 1936. Para Tusell esa declaración viene a suponer la prohibición de mantener tesis matizadas o el final de todo debate sobre las causas de la guerra. ¿Por qué recordaba Tusell el pasado terrorista de Pío Moa, un momento de su vida que Moa ha explicado y sobre el que ha pasado página? ¿Por qué esa circunstancia le debe privar de respeto intelectual sólo a Moa y no a otros intelectuales que lo han tenido (el respeto) con todo merecimiento como Mario Onaindía? ¿A qué venía mezclar la presencia de Ana Botella en el mismo programa en el que participó Moa? Fue un artículo desencajado y lamentable, en el que Tusell perdió los papeles y demostró temor, quizá miedo a que alguien viniera a remover las aguas tranquilas en las que nada o el monopolio que le ha permitido erigirse en historiador oficial de un relato de nuestro pasado bendecido por sus patronos. No es importante que Moa tenga las ideas que tiene, dice Tusell, lo grave es que lo dejen hablar, y encima en el horario estelar.

Ante la avalancha alborotada y epiléptica de Tusell y de los tertulianos de la cadena de Gran Vía, Moa intentó ejercer su derecho de réplica en el diario que había publicado la columna del historiador. Pero tal derecho le fue negado en un ejercicio de periodismo plural y democrático. Así que Moa tuvo que publicar su respuesta en las páginas del diario electrónico *Libertad digital*. En su artículo decía que Tusell «necesita falsificar mis tesis para atacarlas, probando así la inconsistencia y el carácter fraudulento de su crítica. Y aún más fraudulento y contradictorio resulta el hombre cuando justifica su retirada ante un debate intelectual con el patético argumento de que los libros "revisionistas en nada facilitan la convivencia". Si esto fuera así, y precisamente por su peligro para la convivencia, Tusell y compañía deberían esforzarse en polemizar hasta hacer añicos las tesis de esos libros, máxime cuando gozan de tal difusión (...) La convivencia entre españoles, señor Tusell, debe basarse entre otras cosas en la búsqueda y el respeto a la verdad histórica, y no en el mantenimiento de mitos convenientes para algunos grupos de presión».

Meses más tarde otro historiador vendría a poner las cosas en otro sitio. Me alegró y me tranquilizó a la vez su artículo en *Revista de Libros* porque Stanley Payne es, además de un magnífico escritor y un científico riguroso, un hombre que ha recibido elogios del propio Tusell, y por tanto se supone que respeta y tiene en cuenta sus opiniones. No sé si el artículo calmó los ataques epilépticos del intelecto de Tusell. Vamos a repasar algunas de las cosas que decía Payne. «Considerada en su conjunto, la obra de Pío Moa constituye el empeño más importante llevado a cabo durante las dos últimas décadas por ningún historiador, en cualquier idioma, para reinterpretar la historia de la República y la guerra civil. El corpus de la obra de Moa constituye un desafío a las interpretaciones habituales y políticamente correctas de esta época.» «La reacción pública a la aparición de estas obras ha sido realmente notable, con ventas buenas y diversas ediciones. Entre los historiadores y reseñitas lo más destacable ha sido la ausencia de debate y la negación a discutir el gran número de temas serios que suscita (...) Lo cierto es que los comentarios sobre su obra se han visto a menudo reducidos a observaciones *ad hominem* aparentemente sensacionalistas, aunque completamente irrelevantes, sobre su antigua militancia en una organización revolucionaria marxista-leninista en los años setenta.» Payne se explica la reacción furiosa de escritores como Tusell «porque ha habido una tendencia nada crítica por parte de los adversarios (de la dictadura) a rechazar cualquier análisis histórico que sea seriamente crítico con los opositores al franquismo. Esa tendencia psicopolítica es perfectamente comprensible en términos humanos, pero se traduce en una historiografía desequilibrada que, en la práctica, dificulta de entrada la comprensión de cómo surgió el franquismo». Cito a Payne aunque podría reproducir también lo que dijo Carlos Seco Serrano, a quien nadie calificaría de partidista o subjetivo, y a quien las conclusiones de algunas de las obras de Moa le parecen «verdaderamente sensacionales». Así que el «bochorno» de TVE del que habla Tusell en ese artículo que fue colgado de las paredes de la redacción de Torrespaña por alguien que seguramente no ha leído ni a Moa ni a su antagonista, es en realidad el enrojecimiento del censor, del profesor universitario que un día de 1996 llamó a la puerta de FAES para escalar peldaños en el aznarato como los había escalado en otros tiempos, franquismo incluido. Su frustración al ver que el Gobierno de la derecha no le daba «cancha» le llevó a probar fortuna en otros cerros. Su patética reacción ante la presencia de Moa en Torrespaña se explica si tenemos en cuenta que a Tusell le gusta tener muy controlado su monopolio de historiador oficial de la progresía. Él puede censurar a gusto desde su puesto de catedrático de la UNED. La Universidad de Educación a Distancia es la única que tiene textos obligatorios, libros que los estudiantes tienen que leer porque serán la materia del examen. Los alumnos de Tusell tienen que pasar, todos, por el aro de sus obras. Ahí sí que el profesor tiene cogido el caballo por la brida y no se le escapa ni un solo disidente. La versión que conocen de la historia contemporánea de España es la de don Javier. Esto le reporta a Tusell pingües beneficios. Sumen que su esposa y su hija son también profesoras de la misma materia en la misma universidad. ¿Decía usted bochorno? Para sentirlo podemos comparar lo que escribía el señor Tusell en el año noventa y cinco sobre la necesidad de una reforma de calidad de la enseñanza en España y lo que dijo de la ley que preparó la ministra Pilar del Castillo, porque el diagnóstico que hacía antes de la llegada al poder del PP era el mismo que el de la ley y los remedios que proponía, idénticos a los del texto legal. ¿Por qué cambió? Quizá ustedes no sepan que Tusell intentó incoar un expediente disciplinario al profesor Gortázar, el marido de Pilar del Castillo, por colaborar con el Partido Popular, el bueno de Tusell que no tiene ninguna participación en tertulias o programas. ¿Sería porque Gortázar le cerró la puerta de FAES cuando el arribista intentó escalar los muros y colarse en el jardín de los nuevos gobernantes? ¿Alguien dijo bochorno?

A Prisa siempre le ha gustado despreciar a quienes no quieren que salga en los medios y aplaudir y jalear a los que sí tienen derecho a una presencia en las pantallas. No les importa caer en el ridículo. Miguel Sebastián, uno de los asesores económicos del nuevo Gobierno, y en su momento candidato a ser ministro de Economía, era también uno de los cinco expertos que un día a la semana analizaban la noticia del día para el programa *La economía*. Pedro Carreño le había invitado mucho antes de que supiéramos de su participación en el programa electoral socialista. Y se le mantuvo en nómina incluso cuando se reveló que formaba parte del grupo de notables situados alrededor del candidato. Algunos vieron contradicciones en ese papel, pero yo no. Su colaboración terminó cuando se anunció que Sebastián formaría parte de las listas electorales. No podíamos tener como colaborador de un programa a un candidato al Congreso de los Diputados, fuera del partido que fuese. Sebastián no podía ser una excepción y le pedí a Carreño que le explicara la situación. No hubo ningún problema.

Aquella temporada 2003-2004 iniciamos *El Debate de La 2* el 8 de octubre, y para comenzar habíamos pensado que el mejor asunto era el estado de la economía nacional. Invitamos a algunos empresarios, al secretario de Comisiones Obreras, José

María Fidalgo, a Juan Iranzo y a Miguel Sebastián. El debate fue muy interesante. Contábamos además con un profesor de economía de la Universidad de Toulouse dispuesto a comparar la situación de Francia con la de España, a pesar de la que estaba cayendo en casa de nuestros vecinos, que hacía poco habían dado marcha atrás en la célebre Ley de las 35 horas. Desde los primeros minutos del programa se percibió que el duelo se iba a centrar entre Sebastián e Iranzo. El primero adoptó un tono político en su crítica a la falta de transparencia de la Agencia Tributaria y en su ataque a un crecimiento económico basado en «el ladrillo» de la construcción. Sus ataques iban dirigidos a Iranzo, como representante de un pensamiento económico más liberal y próximo a las tesis del Ejecutivo. Al día siguiente mi sorpresa fue mayúscula al leer un artículo de Joaquín Estefanía en *El País*. Primero pensé que se les había colado un elogio por toda la escuadra. Pronto me di cuenta de que no. El artículo se titulaba «Ha nacido una estrella». En uno de sus párrafos decía así: «En el terreno en el que la derecha gobernante es más fuerte —el de la economía—, la credibilidad y el rigor estuvieron del lado de la Oposición. Ha nacido una estrella mediática, Miguel Sebastián». No sé quién ganó aquel debate porque no se planteó en términos de victoria o derrota y porque con seis invitados los resultados suelen ser un poco más complejos pero está claro que Estefanía hizo una lectura en clave electoral. El elogio excesivo a Sebastián indicaba una apuesta clara de Prisa, que jaleaba su figura para promocionarla en el equipo de Zapatero. La estrella se empañó después de las elecciones, oscurecida, por la potente luz del superministro Solbes.

La campaña de la Universidad de Navarra

Estudié en la Universidad de Navarra. Tengo un excelente recuerdo de aquellos años de estudiante, de la mayor parte de los profesores y de los compañeros de pupitre de una clase en la que éramos muy pocos, apenas treinta y cinco entusiastas que terminamos nuestro quinto curso en los primeros días del verano de 1983. He vuelto muchas veces a Pamplona para cambiar impresiones con los alumnos de las nuevas promociones. Mantengo una buena relación con algunos de los que me dieron clase en aquellos años y una buena reserva de afecto para muchos otros a los que no veo desde hace mucho tiempo. Salí de Pamplona el 2 de julio de aquel 1983, recién licenciado, para trabajar en el *Diario 16* de Pedro J. Ramírez, donde pasé unos cuantos meses como becario. Ése fue mi máster. En la redacción de la calle San Romualdo aprendí muchas cosas que se deben hacer y unas cuantas de las que no se deben practicar.

En el otoño de 2001, uno de los encargados de las relaciones institucionales de la Universidad de Navarra me preguntó si estaría dispuesto a prestar mi imagen para una campaña de promoción de la facultad de ciencias de la comunicación. Accedí encantado. La universidad había sido mi casa durante cinco años y la sigo sintiendo como tal. Supongo que les pasa lo mismo a muchos otros periodistas, a Luis Herrero, a Pedro J. Ramírez, a Carmelo Calvo, a Pedro Roncal o a Juan Pablo Colmenarejo. Y creo que es un sentimiento parecido el que pueden tener profesionales como el abogado Emilio Cuatrecasas, la farmacéutica y alcaldesa de Pamplona Yolanda Barcina o el físico y premio Príncipe de Asturias de Investigación Pedro Etxenique. ¿Por qué no invitar a los jóvenes estudiantes a repetir una experiencia que para mí había sido enriquecedora desde el punto de vista personal e intelectual? Nadie pagó una peseta por aquel anuncio y yo no recibí nada más allá de una afectuosa carta del rector que guardo en mi archivo y con la que me basta para considerarme muy bien pagado.

Pero en las cosas públicas el cuándo es tan importante o más que el qué y el cómo. Aquel anuncio se publicó en un momento poco oportuno. Parte del mundo educativo estaba agitado y movilizado contra la llamada Ley de Calidad de la Enseñanza. El PSOE se había echado a la calle contra una ley que rechazaba porque decían que era elitista, que discriminaba a los estudiantes en grupos de buenos y malos y que favorecía a los centros privados. La ofensiva socialista fue dura, constante y contumaz. El Gobierno del Partido Popular había tocado con propósito de reforma uno de los dos asuntos que para el PSOE son materia reservada y terreno donde se despliegan sus señas de identidad. De nada sirvió la crítica contra la experiencia desastrosa de la LOGSE y sus mediocres resultados fomentados por el todo vale, el paso automático de curso y la supresión de los exámenes de septiembre. En esa ofensiva el anuncio publicado en su primer día en *El País* el 28 de noviembre de 2002 fue esgrimido en el Congreso por el diputado Díaz Cano en una sesión de control de RTVE. Díaz Cano, un hombre que vivió con una gran comodidad durante los años del franquismo, decía que me había convertido en el defensor más ultra de la enseñanza privada. Me dieron ganas en un primer momento de enviarle la lista de los colegios públicos en los que había hecho mis estudios de bachillerato o la dirección del colegio al que van mis hijos y así facilitarle el trabajo. De paso podría haberle añadido los centros privados a los que envían a sus hijos algunos buenos militantes de su partido que ejercen con tranquilidad su derecho a elegir la forma de instrucción de sus hijos. Pero enseguida entendí que ése no era el juego, que se trataba de utilizar contra el Gobierno, contra el Ministerio de Educación, contra el director general de RTVE y contra mí, cualquier cosa que sirviera para manipular la situación y hacer ejercicios rentables de demagogia.

Uno de aquellos días hicimos un programa sobre el voluntariado en los Estudios Buñuel. Fue un homenaje a la labor social y a la generosidad de muchas ONG. Durante una hora escuchamos los testimonios de muchos voluntarios y vimos unos cuantos reportajes sobre su trabajo. Era toda una invitación a la generosidad y a la solidaridad. Entre el público, en las primeras filas estaba Cristina García Ramos, periodista, directora y presentadora de *Corazón, corazón*, la revista de la actualidad rosa más elegante y digna de la televisión en España. Al término del programa Cristina se acercó y me dio un fuerte abrazo. «Esta campaña es una profunda injusticia», me dijo. Ella lo sabía muy bien, porque en aquel tiempo tenía un contrato con unos grandes almacenes y una marca de joyas para prestar su imagen en campañas de publicidad. Era un ingreso honesto y transparente y nadie se metió con ella, pero en aquella cacería uno se podía temer cualquier cosa.

Todo aquel revuelo sirvió para que algunos columnistas, unos cuantos creadores de opinión que hablan desde el púlpito de la telebasura y algún patriarca de la desinformación fueran construyendo un retrato deformado de mi persona. Lo primero que se dijo es que pertenecía al Opus Dei y que como tal era el encargado de ejercer la influencia de «la Obra» en la televisión pública. Se esgrimía de nuevo el viejo fantasma de la izquierda anticlerical y sectaria sobre los supuestos poderes fácticos de los seguidores de Escrivá de Balaguer. Es la mitología elaborada desde la participación de miembros del Opus en los gobiernos de Franco, los llamados ministros tecnócratas, que tuvieron un papel importante en el desarrollo económico de España. No formo parte de la Obra, nunca he estado entre sus miembros, pero tengo grandes amigos que sí lo son. Puedo no compartir su ideario pero me merecen un grandísimo respeto. Quien conoce el Opus Dei y a quienes forman parte de la Obra, quien se acerca a ellos para tener un conocimiento no mediatizado, sabe que la imagen pública que se les ha «fabricado» por parte de algunos grupos de interés y de presión, es falsa.

Cuando TVE transmitió en directo la ceremonia de canonización de su fundador, los socialistas hicieron mucho ruido, acusaron a la dirección del Ente de dar un trato de favor a la Obra, y arremetieron contra el director general en la comisión de control parlamentaria. Callaron cuando se dieron cuenta de que TVE no hacía otra cosa que cumplir con un viejo compromiso adquirido con la Conferencia Episcopal para transmitir todas aquellas ceremonias de canonización o beatificación de santos o beatos españoles. Ese acuerdo había sido firmado en tiempos de la Administración socialista. La ceremonia, celebrada el 6 de octubre de 2002, tuvo una audiencia extraordinaria que sobrepasó el 20 por ciento, una cuota de pantalla muy pocas veces alcanzada por La 2. La izquierda de nuestro país se quedó perpleja cuando vio que en las primeras filas de la plaza de San Pedro se sentaba Massimo D'Alema, secretario del PDS (la nueva denominación del Partido Comunista de Italia). Ante esa realidad el ruido cesó el lunes siguiente. Antes de aquella pequeña tormenta algunos dirigentes del PSOE se habían encargado de llamar a la calle Vitrubio (sede de la prelatura en España) para advertir que iban a mantener un discurso público hostil porque era lo que pedía su electorado, pero que esperaban seguir teniendo unas relaciones correctas desde la distancia ideológica.

La Universidad de Navarra es un centro de un gran prestigio internacional y las facultades de Medicina, de Farmacia, de Derecho o de Ciencias de la Información, están entre las mejores de Europa por la calidad de su enseñanza y también por sus departamentos de investigación. Su CIMA, el Centro de Investigación y Medicina Aplicada es uno de los proyectos más innovadores en el que se suman esfuerzos de la comunidad científica y el mundo de la empresa y las finanzas. Con el tiempo será uno de los focos de las grandes novedades en los avances para combatir enfermedades que hoy son mortales y ante las que los médicos y cirujanos fracasan. En su conjunto es un ejemplo de lo que es capaz la iniciativa privada. Pienso que es un motivo para felicitar al Opus Dei por su contribución al conocimiento y a la formación de tantos profesionales de campos muy diferentes. Pero en país tan rabiosamente anticlerical, algunos piensan que el hecho de que haya sido fundada y esté administrada por la Obra es más bien un pretexto para descalificarla y mantener así la tradición hispana que nos lleva al derribo permanente y a la autodestrucción.

11

El terrorismo. Una rebelión moral

La televisión ha sido un actor clave para desarmar las trampas de la demagogia terrorista y para reforzar a la sociedad española con una carga moral imprescindible para terminar con años de indiferencia, complicidad y barbarie. Muchas veces ha sido suficiente con escuchar a las víctimas, con sentir la respiración y la serenidad de Conchita, la viuda del teniente coronel Blanco, primera víctima de las bombas de ETA después de aquel tiempo al que llamaron tregua. ¿Cómo no estar profundamente cerca de aquella mujer que ante las cámaras de TVE hablaba de cómo pensaba educar a sus hijos, de cómo se iba a enfrentar a la vida después de aquella brutal separación? Fue el final de la tregua. Un final calculado. ¿Recuerdan a aquel encapuchado que nos envió la BBC, cuando decía aquello de «esta generación no volverá a empuñar las armas»? Estábamos a unas horas de las elecciones en el País Vasco y el nacionalismo buscaba la cesta del «diálogo» para cargarla de nueces. Muy pronto, los mismos, volverían a matar. La televisión se abrió para las víctimas. Y algunas, como aquella mujer que hablaba desde la más firme dignidad, sacudieron la modorra de un país que había pasado demasiado tiempo mirando para otro lado o soportando con la esperanza de que algún día se cansaran de tanta sangre.

ETA: EL FINAL DE LA NEUTRALIDAD

Desde el asesinato de Miguel Ángel Blanco, en julio de 1997, muchos periodistas han abandonado la neutralidad para combatir el terrorismo con la palabra y con el testimonio. TVE también. Durante muchos años he visto cómo algunos de mis compañeros en las delegaciones de Vizcaya y de San Sebastián salían de sus casas para venir a vivir a Madrid por el acoso y la presión de los terroristas, de quienes les apoyan y de quienes se callan. Algunos se han tenido que ir lejos para curarse el síndrome del Norte. Sé de qué hablo porque tengo familiares en Navarra y en el País Vasco y conozco lo bien que se vive cuando «uno no se mete en líos».

Crecí y me eduqué en algunos de los años de mi infancia en un colegio de salesianos que había en la calle Aralar de Pamplona. Los hijos de la llamada «clase obrera» eran enviados a aquella escuela con la esperanza de que aprendieran un oficio y escalaran posiciones en la organización empresarial. En el fondo nos enviaban allí para que escapáramos de la clase obrera, condición que uno puede llevar con dignidad, pero no quiere para sus hijos. Por mi apellido me sentaba en la última fila, porque la herencia paterna era el criterio para ordenar a los chicos en la escuela. Luego llegaron los nacionalistas y descubrimos que había un pedigrí en el número de erres y de zetas que nos hubieran aportado nuestros antepasados.

En las primeras filas de aquella aula se sentaba Arizcuren Ruiz, José Javier. Era un muchacho afable y buen deportista que vivía en la calle Mayor. Con el paso del tiempo supe, porque en aquella pequeña Pamplona se sabía todo, que había entrado en algún partido nacionalista de inspiración marxista, enemigo de la vieja retórica folklórica e inane del nacionalismo peneuvista, que se desarrollaba en cursillos de vascuence, paseos por el monte, clases de txistu y grupos de danzas. Arizcuren quería una Euzkadi revolucionaria, dirigida por una clase obrera de la que él sería la vanguardia. Arizcuren es primo de Eugenio Etxebeste, Antxon, uno de los interlocutores de ETA en las conversaciones de Argel. Le perdí la pista cuando me trasladé a Madrid, para trabajar primero en *Diario 16* y después en Radio Nacional de España. Un día del invierno de 1988 entraba en la Casa de la Radio, en Prado del Rey. La policía había colgado de la pared uno de aquellos carteles con las fotos de los terroristas más buscados. Uno de ellos era mi compañero de colegio, al que ahora llamaban con el nombre de guerra de Kantauri. Se le atribuían los últimos atentados del comando Madrid. Me costó creer que la utopía radical de aquel joven abertzale hubiera terminado en aquel catálogo de crímenes abyectos. Aquella imagen me permitió recomponer y completar la misma historia emocional e ideológica de otros muchos que como Arizcuren habían caído en la fascinación de la aventura gangsteril y en la prolongación de una clandestinidad que no tenía sentido.

Me acordé de aquel domingo de ¿era 1977?, en que partidos políticos de la extrema izquierda, nacionalistas y españolistas (aunque éstos estaban muy mal vistos por los de la ikurriña) organizaron una marcha a Arazuri, localidad cercana a Pamplona. Decían que iba a haber una sorpresa. Y la hubo. Cuando terminó la caminata, de entre los árboles del bosque de pinos que limitaban el campo, surgió, como Moisés caído del cielo, el inefable Telesforo de Monzón, un viejo monárquico reconvertido y utilizado por los que luego formarían Herri Batasuna como el profeta de las tablas. Le acompañaban algunos de los que habían sido condenados por el proceso de Burgos y que según la ley debían estar en aquel momento en el exilio francés. Muchos de los jóvenes que vieron aquella escena de la biblia nacionalista cayeron fascinados por la revelación de los mártires de la causa. Entre ellos estaba Arizcuren. Aquel mito de la vieja Arcadia euskaldún, mezclado con dosis letales de ideología marxista y algún texto de Sartre (filósofo que nunca pisó el País Vasco) le llevaron a empuñar las pistolas. La policía cargaba en su cuenta unos cuantos crímenes. Entre otros muchos el que dejó mutilada a Irene Villa. El 10 de marzo de 1999 la policía francesa lo detuvo en un hotel de París junto a Irantzu Gallastegui, jefa del comando Donosti y, por tanto, acusada de una larga lista de crímenes, entre otros el que costó la vida a Fernando Múgica Herzog el de febrero de 1996 en pleno centro de San Sebastián. Desde entonces Arizcuren está en prisión.

Los primeros crímenes de la banda recibieron la complicidad nefasta de la izquierda «españolista». Si no de su dirección, al menos de las bases que en el País Vasco o en Navarra contemplaban a aquellos «valientes gudaris» como los que se atrevían a hacer lo que los demás no hacíamos. Tenían el arrojo irracional que otorga un exceso de testosterona, algo que por el Norte se valora mucho en el mercado del prestigio. He escuchado muchas veces la frase «algo habrá hecho» para justificar el asesinato de guardias civiles, de taxistas, de camareros de bar, de militares o de trabajadores a los que se calificaba de «chivatos» en los panfletos en los que los terroristas hacían apología de sus crímenes y pedagogía de sus propósitos. Un día mataron a cincuenta metros de mi casa a un militar. Un pistolero se acercó por detrás, a plena luz del día, y le descerrajó dos tiros en la nuca. El oficial quedó tendido en medio de un charco de sangre sobre el paseo donde caminaba a diario. Las víctimas se aparcaban pronto. Sus familiares no se atrevían a hablar. Todo consuelo era privado y discreto y en voz baja, casi escondido. Muchos se marchaban a vivir lejos y otros, la mayoría, guardaba silencio. De los muertos no se nos contaba nada. Y la prensa, salvo excepciones, tocaba todo aquello con guantes.

Había demasiada indulgencia, y costó muchos años que aquel repugnante escrúpulo moral hacia los asesinos desapareciera. Para muchos no se rompió hasta que asesinaron a Miguel Ángel Blanco. Ese día se acabó toda neutralidad. Eso significa que desde entonces los medios de comunicación y los periodistas se situaron de forma clara e inequívoca del lado de las víctimas y a favor del orden constitucional. Fue una rebelión moral, toda una conspiración si tomamos esa palabra en el sentido en que la utilizaría Cicerón: una respiración común, una ofensiva colectiva para hacer frente a una agresión terrorista. Hay que añadir que los medios en esto fueron a la zaga, que la rebelión moral cuajó en la calle antes que en las redacciones.

Las víctimas salieron del anonimato y de la clandestinidad en la que vivían. Las televisiones, y en especial TVE, se abrieron para que hablaran con libertad. Su testimonio y su palabra han sido durante estos últimos años el arma más eficaz contra los pistoleros y contra su demagogia paranoica. Desde esa nueva sensibilidad se abordó la campaña para las elecciones vascas de la primavera de 2001. Algunos juzgaron el comportamiento de los informativos en función del resultado. La victoria de la opción nacionalista se interpretó desde algunos partidos políticos como un fracaso de quienes se empeñaron en revelar la realidad de una sociedad enferma, violenta, dividida, en la que los no nacionalistas viven presos de la coacción de los cómplices y la amenaza de los pistoleros y desprotegidos por la indiferencia de una parte de la sociedad. No estoy de acuerdo con ese análisis. La toma de posición editorial de TVE fue una cuestión moral, no un asunto político, y no cambió con el comienzo de la campaña electoral porque había empezado mucho antes, con los asesinatos más inhumanos de la banda, y siguió después de que los vascos votaran y eligieran a Ibarretxe para un nuevo mandato como lehendakari. Se dijo que aquellos reportajes excitaron el voto nacionalista, que habría acudido a las urnas temeroso de una ofensiva desde Madrid. Si así hubiera sido, el efecto político no cuestionaba la realidad de lo que se contaba: el clima irrespirable, los intentos de sacar rentas políticas de la actividad terrorista y el propósito de construir una sociedad en la que la lengua se había convertido en elemento de identidad política y la fe nacionalista en condición imprescindible para adquirir la categoría de ciudadano. Todo aquel magma de violencia, viejas leyendas, mitología, historia deformada y orgullo étnico desembocaba en una palabra que se ha convertido en los últimos tiempos en una de las trampas más utilizadas para cazar: el *diálogo*, método sacrosanto que puede contener en su caja desde el chantaje hasta el trágala más inaceptable. Ha habido periodistas que después de aquella experiencia han criticado la actitud de los medios y sobre todo de las televisiones. Su reflexión, pasadas las elecciones, demostraba que ellos sí esperaban haber convertido en votos los minutos dedicados en sus informativos a la cuestión vasca y al problema terrorista.

La imagen de las víctimas

El 9 de octubre de 2000, a las dos y media de la tarde, Luis Portero fue asesinado en la entrada de su casa, un edificio de viviendas en la calle Rector Martín Ocete de Granada. Tenía 59 años. Era fiscal jefe del Tribunal Superior de Justicia de Andalucía. Un pistolero de la banda ETA le disparó por la espalda cuando estaba a punto de coger el ascensor. Dos etarras, Jon Igor Solana y Harriet Iragi, eran los sospechosos de este crimen, así como de colocar el coche bomba que estalló a las cinco en punto de la tarde, a 40 metros de donde lo habían perpetrado. Los dos fueron detenidos días después, el 16 de octubre, en Sevilla, después de matar a tiros al teniente coronel médico Antonio Muñoz Cariñanos en la consulta de su clínica, en la calle del Jesús del Gran Poder. No olvidaré nunca aquel crimen porque unos días después entrevistaría a su hijo Pablo Muñoz, que habló para TVE sentado en la misma silla y en el mismo lugar en el que estaba su padre el día del atentado. Él mismo, con sus manos, había limpiado la sangre derramada sobre el suelo de la consulta. Antes de esa entrevista Pablo puso como condición que respetara sus declaraciones. Durante la grabación dijo que los dirigentes del PNV, en concreto Xabier Arzallus, eran tan responsables del crimen como los que habían apretado el gatillo. Sus palabras se emitieron íntegras, a pesar de que sabíamos que serían polémicas, que iban a provocar heridas y que estaban pronunciadas desde la angustia impotente de quien ha perdido a su padre sin ningún motivo.

Pero volvamos al asesinato del fiscal Portero, porque el interés que convoca su memoria es el tratamiento de las imágenes de las víctimas de un atentado. Volvía a casa cuando un desconocido le abordó a la entrada de la puerta de su casa y le descerrajó un tiro en la nuca. Luis Portero quedó tendido en el suelo de mármol de su portal, en medio de un enorme charco de sangre. La imagen era brutal. Sobre el blanco veteado de gris del suelo, la sangre roja destacaba todavía más. Algunos pasos, seguramente de alguna persona que había intentado comprobar el estado de la víctima, habían multiplicado las manchas por todo el portal. Era difícil evitar la sangre y, sin embargo, no nos resignábamos a ofrecer esos planos que revelaban la animalidad extrema de un crimen tan abyecto. Repasamos las imágenes y nos dimos cuenta de que a un lado del lugar en el que había caído Portero se encontraba su corbata, una corbata negra, con el nudo abierto. Alguien le había arrancado esa prenda al fiscal con la intención de reanimarle, de abrir su boca, de relajar su cuello y de intentar insuflarle aire para que pudiera seguir viviendo. En ese momento nos dimos cuenta de que esa corbata con el nudo abierto simbolizaba todo eso: la angustia de la muerte, la desesperación de quien intenta que la víctima no se vaya, la urgencia de buscar el más pequeño resquicio para evitar que el plan terrorista progrese. Esa corbata, sin cuello, contenía todo el dramatismo de la situación y toda la tragedia del crimen. Ésa fue la primera imagen de aquel telediario en el que volvimos a llorar por el asesinato de los inocentes y en el que volvimos a escuchar palabras de condena contra los asesinatos de una banda ciega y cruel. Después de la cabecera del telediario no aparecieron las enormes manchas de sangre del portal, sino tan sólo una corbata negra, un lazo de luto que una mano había arrancado del cuello de un hombre en plena agonía.

No siempre se puede construir una elipsis para evitar la sangre o preservar la dignidad de las víctimas. Cuando no existen imágenes que condensen el sentido de los hechos, lo más aconsejable es suprimir aquellos planos que la sensibilidad rechaza a simple vista. En esto también hemos aprendido de una experiencia propia y ajena en la que se han cometido muchos errores. El 25 de junio de 1998 ETA asesinó a Manuel Zamarreño, concejal del Partido Popular en Rentería. Fue el séptimo asesinato de un cargo público del PP, en menos de tres años, en la campaña de acoso y exterminio lanzada por los pistoleros de la banda. Zamarreño había sustituido en el puesto a José Luis Caso, asesinado también por la banda terrorista el 11 de diciembre de 1997, en un bar de Irún. Zamarreño asumió la concejalía en un clima hostil. Manos mafiosas habían escrito en las paredes de Rentería la promesa de ese crimen con dianas en las que figuraba el apellido del concejal popular. El 25 de junio, cuando regresaba a casa, una bomba cargada en una motocicleta aparcada junto a su domicilio le segó la vida y dejó malherido a Juan María Quintana, el policía de la Ertzaintza que le servía de escolta. El cuerpo de Zamarreño quedó tendido en el suelo. Tele 5 abrió aquel día sus informativos con un plano en el que se veía el cuerpo desnudo, ennegrecido y quemado por la explosión, ensangrentado por las heridas y cubierto tan sólo por la ropa interior. La imagen había sido tomada antes de que las emergencias cubrieran el cadáver con esas láminas doradas que utilizan los sanitarios. Aquel día se rompieron las normas mínimas del sentido común en el respeto a la dignidad de las personas, sean víctimas del terrorismo o de un accidente de tráfico. Era el resultado de la carrera vertiginosa por ofrecer la primicia y el instante más próximo a los hechos.

En los últimos años, y sobre todo a raíz del 11 de septiembre, las víctimas del terrorismo han reclamado un tratamiento más digno en la televisión. Se han fijado en que en Estados Unidos se suprimieron todas las escenas y todos los planos de sangre y cuerpos mutilados. La proximidad de la muerte se intuye tan sólo en las manos que salen por ventanas abiertas a golpes en la fachada de las Torres. No vimos cadáveres. Es posible que las televisiones de Estados Unidos hayan aplicado un viejo criterio a una realidad nueva para ellos como es el terrorismo.

Creo, sin embargo, que la memoria debe guardar una imagen del mal y que el recuerdo tiene más fuerza y más valor si tiene un rostro humano.

El terrorismo ha provocado muchos debates en las redacciones y entre los periodistas. Uno de ellos es el de la capacidad que tiene de ocupar la agenda informativa. En una ocasión recibí la visita de un concejal de un pueblo de Guipúzcoa. Se trataba de un profesor de filosofía que vivía en Pamplona y que se había presentado en las listas de un partido que no tenía candidatos porque nadie se atrevía a dar la cara en aquel pueblo. Era la primera vez que los populares presentaban candidaturas. Y consiguieron un concejal. Aquel hombre que tenía delante había pasado por la terrible experiencia de una enfermedad cuyo término más probable es la muerte. No tenía nada que perder. Hablamos durante mucho tiempo. En un momento de la conversación me pidió que pensara dos veces la forma en que tratábamos los casos de violencia terrorista. «Piensa —me dijo— que en este país debe de haber unas veinte, treinta, cuarenta o cien personas como mucho que estén dispuestas a matar de esa forma. Cada vez que consiguen su objetivo les dedicáis horas de programación, especiales, avances, manifestaciones, funerales. Y sobre todo, el resto de la actualidad desaparece. Ese pequeño grupo puede reventar los informativos y colocar como único asunto su crimen.» Le di la razón. Los expertos en terrorismo saben que a los criminales les gusta ver su obra en la televisión y recrearse en los efectos que provocan. Pero también es cierto que cuando un pistolero asesina a un concejal en la puerta de un bar todo lo demás puede esperar.

12

Las tragedias

Una redacción de televisión debe ser un organismo sensible capaz de reaccionar con toda su fuerza ante los sobresaltos de las tragedias. Las noticias urgentes se presentan con un zumbido agudo que suena en las pantallas de todos los ordenadores. Es el toque de zafarrancho, el comienzo de las carreras por la redacción, los nervios, las prisas, el baile de los teléfonos. Si la redacción está entrenada responderá de forma automática, como en los simulacros de incendios. Hay todo un protocolo: abrir el estudio, encender los focos, preparar un mapa, intentar una conexión telefónica con el enviado especial, buscar un testigo, llamar a las agencias para ver si tienen imágenes, enviar una estación terrena, movilizar equipos, buscar billetes de avión, coches, lo que sea con tal de llegar, de llegar los primeros, de emitir los primeros, de tener las mejores imágenes. Todo el músculo de la redacción se activa. Todos los nervios se tensan. Hay que actuar rápido, pero hacerlo bien. Se toman decisiones en segundos y en minutos hay que revisarlas o modificarlas porque se han quedado viejas. La realidad cambia y quizá en los primeros momentos seas capaz de percibir la reacción del público ante lo que estás contando. A veces tu criterio periodístico entrará en contradicción con tu sensibilidad humana; tendrás que elegir y no siempre acertarás.

Los agentes del CNI en Iraq

Un caso digno de estudio se nos presentó el sábado 29 de noviembre de 2003, el día en que siete agentes del Centro Nacional de Inteligencia fueron asesinados en una carretera de Iraq, al sur de Bagdad. El primer envío de imágenes nos llegó a través de un periodista de la cadena británica SkyNews que trabajaba en la zona, y que pasó por el lugar de los hechos minutos después de que nuestros agentes, rodeados por francotiradores, cayeran abatidos por los disparos. En los primeros envíos del material gráfico, varios jóvenes iraquíes se colocaban frente a la cámara, pisaban los cadáveres de los agentes españoles y levantaban en el extremo de sus brazos el signo digital de la victoria. Los perfiles de los iraquíes se recortaban como sombras frente al cielo azul oscuro del ocaso. Las sombras de nuestros agentes se adivinaban junto al perfil de un zapato o quizá una bota. La imagen era muy fuerte, incluso producía rechazo. La primera emisión, en uno de los avances informativos de la tarde, se hizo en bruto, con el material tal y como había llegado desde Iraq. La primera avalancha de llamadas ocupó al equipo de edición durante unos minutos. Algunos espectadores protestaban por lo que consideraban un trato humillante y degradante para los nuestros. Les explicamos que estábamos de acuerdo pero que nosotros sólo pretendíamos reflejar lo que había ocurrido aquella tarde trágica.

Para la emisión del telediario y para el siguiente avance, en el que ofrecimos en directo la comparecencia del ministro de Defensa, Federico Trillo, las imágenes fueron «limpiadas» y eliminadas las partes más crueles de maltrato a los cadáveres de los agentes. A las nueve de la noche, la primera imagen del telediario fue la de un joven iraquí que con el pie sobre el cuerpo de una de las víctimas hacía el signo de la victoria. La oleada de llamadas arreció. Una de ellas, directa al móvil, fue del jefe de Prensa del Ministerio, Alberto Martínez Arias. En la sede de Defensa se habían recibido llamadas de militares indignados por la exhibición de esa imagen. Alberto, profesional de los medios con una larga experiencia, entendía nuestro trabajo y nos pedía que, en la medida de lo posible, cuidásemos la emisión para evitar los efectos más duros de aquellas escenas. La imagen de apertura del telediario tenía una carga informativa innegable y así lo entendió el resto de la profesión. Al día siguiente la foto del iraquí con el pie pisoteando el cadáver de un agente y el signo de la victoria en su mano se repetía en todos los periódicos. Fue el momento más visible de la atroz tortura y las humillaciones a las que fueron sometidos aquellos siete españoles en Iraq, antes y después de muertos. Es posible que esas mismas imágenes hubieran sido censuradas en otros países y en otras televisiones. Quizá si los agentes hubieran sido de la CIA Estados Unidos nunca hubiera consentido la difusión en su país de esas escenas.

El espectador tiende también a veces a confundir el mensaje con el mensajero y piensa que si el telediario ha dado una determinada imagen es porque sus redactores están de acuerdo con el contenido y asumen lo que se ve como propio. Creen o sienten que si ofrecemos la imagen de esa humillación y esa exhibición orgullosa de la victoria, nuestros sentidos no registran la misma indignación que asalta a los que en sus casas han visto esas escenas. Y es obvio que no es cierto. Las imágenes nos pueden producir una repugnancia similar a la que experimenta quien las ve desde su casa, pero entendemos que algunos contenidos tienen valor de información. En aquella escena de Iraq se reflejaba la realidad de una rebelión contra el extranjero y quizá también la identificación de todo agente del país que fuera con las tropas de Estados Unidos. Quienes pisoteaban los cadáveres hacían alarde del dolor que podían provocar a quienes habían enviado a aquellos agentes a Iraq y a sus familias. Y es probable que pensaran que aquellos siete muertos eran enviados de Estados Unidos a su país.

Cuando se trata de violencia y televisión no hay que olvidar que la presencia de las cámaras excita el furor de los grupos más extremos y de los comportamientos más agresivos. Ya en la revolución que derrocó al sha Reza Pahlavi y abrió las puertas al Irán de Jomeini se comprobó cómo los Guardianes de la Revolución ejecutaban con más pasión y vehemencia a sus detenidos si había cámaras filmando que cuando no las había. En muchos países una cámara de televisión es un ojo que mira desde Occidente y es por tanto la única oportunidad de enviar un mensaje, de la naturaleza que sea, a quien lo va a ver desde Alemania, desde Estados Unidos o desde España, y es también la única vía de actuar sobre una opinión pública que tiene influencia en esos países.

Funerales en la sede del servicio secreto

Días después, el 2 de diciembre se organizaron los funerales en la sede del CNI en la carretera de A Coruña. Desde el primer momento pensamos en transmitir la ceremonia en directo a través de La Primera. Defensa nos advirtió que la ceremonia se celebraría en las instalaciones del Centro Nacional de Inteligencia. La víspera me acerqué al Centro con Mauricio Rico, realizador encargado de la transmisión y el hombre que lleva el peso de las grandes transmisiones de Informativos, como el desfile del 12 de octubre en la Castellana.

La primera impresión nos dejó profundamente preocupados. El Centro había instalado una carpa blanca en uno de los aparcamientos interiores de la sede, al aire libre. Era una carpa de plástico blanco, el peor color para una transmisión de televisión. Parte de la cobertura era de plástico transparente. Expresamos a los responsables nuestra profunda preocupación por el decorado y por los colores y les pedimos que revistieran todo de algún paño con colores más oscuros, un burdeos por ejemplo. Pero aquella dificultad era sólo la primera y la más difícil de solventar. A la izquierda del altar se iban a situar sus majestades los reyes y el príncipe de Asturias. En las primeras filas, el Gobierno, representantes de las instituciones y los dirigentes de las fuerzas políticas del Parlamento. A la derecha del altar, los familiares. Frente al altar, los féretros con los restos de las siete víctimas, que iban a ser introducidos en esa capilla improvisada a hombros de agentes del CNI. El resto de los compañeros del Centro se situarían en las filas de atrás. En estos dos puntos estribaba lo más difícil de la transmisión.

Jorge Dezcallar, director del Centro, nos explicó que había que evitar por todos los medios los planos en los que se pudiera identificar a los agentes del CNI. «Si salen en televisión son agentes quemados —nos dijo—. Ésa es nuestra principal preocupación». Nunca antes se había hecho un programa en directo desde la sede del espionaje, y parecía un contrasentido organizar un funeral al que no faltó ningún agente, transmitirlo en directo a través de la televisión y ofrecer la señal no sólo al resto de las televisiones de España, sino difundirlo también a través del Canal 24 Horas y el Canal Internacional de TVE. Si alguna embajada o algún servicio secreto del mundo quería identificar a alguno de los espías españoles le bastaba con enchufar la televisión, grabar el programa y esperar algún error de realización.

Mauricio Rico no les dio ni una sola oportunidad. La llegada de los féretros a la capilla se tomó desde atrás, con planos cenitales, de tal forma que sólo se pudieron ver las espaldas de algunos de los agentes. Cuando llegaron a la entrada de la carpa, donde los planos tenían que ser por fuerza más cercanos, las cámaras enfocaron solamente las piernas de quienes llevaban los ataúdes a hombros. De esa forma elíptica se consiguió un efecto que potenciaba la idea de que aquellos hombres habían trabajado para la seguridad de nuestros soldados en Iraq y que sólo la muerte nos podía revelar sus nombres, que eran agentes que trabajaban en el anonimato más absoluto, sin ningún reconocimiento social, salvo que perdieran la vida en un ataque como los siete de Iraq. Después de aquella ceremonia mi primera llamada fue para Mauricio, que había hecho un trabajo espléndido en una circunstancia muy difícil. Su realización consiguió que una pequeña capilla improvisada, estrecha, sin ángulos para abrir el plano de las cámaras, pareciera una catedral. El Centro Nacional de Inteligencia y su director Jorge Dezcallar nos enviaron una de las felicitaciones más emotivas de las que guardo memoria.

El programa de los militares muertos en el viaje del Yak-42

El 26 de mayo de 2003, de madrugada, un avión Yakolev 42, tripulado por un equipo de ucranianos y con 62 militares españoles a bordo, se estrelló en Trabzon, Turquía, contra la ladera de una montaña. Los militares regresaban a España después de cuatro meses de trabajo en misión humanitaria en Afganistán. El avión hizo dos aproximaciones fallidas al aeropuerto de la base, donde debía tomar tierra para repostar. En el tercer intento se fue contra la ladera del monte. El lunes nos despertamos con la noticia de la tragedia. Pronto comenzarían a difundirse las denuncias de algunos oficiales sobre las malas condiciones de los aparatos alquilados por Defensa.

Lo más urgente a aquellas horas de la mañana era desplazar a algún equipo a Turquía para poder cubrir la noticia, conocer de primera mano los detalles del accidente y de la investigación y poder contar también la repatriación de los cadáveres. Recuerdo que cuando Pilar Requena fue destinada a Berlín como corresponsal pidió seguir manteniendo en la medida de lo posible la capacidad para cubrir noticias en un país que conocía muy bien y al que había tenido que viajar para seguir el proceso contra el líder kurdo Oçalán. Alemania tiene además la ventaja de ser un país muy bien comunicado con Turquía. Avisamos a Pilar, que cogió el primer avión para Estambul. A primeras horas de la mañana reuní a los jefes de área de toda la redacción y les encargué un trabajo para un programa especial que emitiríamos esa noche y que tendría un resultado de audiencia muy notable. En ese momento lo único que podíamos hacer por quienes estaban sufriendo la pérdida de aquellas 62 vidas y por toda la familia militar era ofrecerles nuestro reconocimiento por un trabajo en el que muchas veces nos habíamos encontrado con ellos y nos habían servido de apoyo en momentos de dificultad, desde Bosnia a Mozambique, desde Afganistán hasta la Honduras del *Mitch*. Periodistas de TVE habían acompañado durante muchos años a los soldados españoles en las misiones de paz en el mundo o en despliegues de ayuda humanitaria. Su presencia en tantos lugares del mundo también ha paliado la soledad de los equipos de televisión que siempre han encontrado su hospitalidad y su afecto. Vuelvo a repasar aquel reportaje, que provocó una oleada de felicitaciones, de cartas y correos electrónicos en los que nos decían que por fin alguien se había ocupado, sin prejuicios, del trabajo en misiones de paz y humanitarias de nuestro ejército.

Los redactores de los telediarios habían descubierto a las Fuerzas Armadas y fueron quienes llevaron el peso de la narración de aquel trabajo. Yolanda Ferrer contaba que la misión que más le había impresionado había sido la de Afganistán. «Es imposible imaginarse la miseria de aquel país —decía—. El aeropuerto de Kabul era un barrizal y allí se pasaban día y noche cargando y descargando aviones. Protegían a los médicos militares, que gracias a ellos pudieron trabajar en tantas zonas.» Yolanda había seguido la misión del Escuadrón de Apoyo al despliegue aéreo, los encargados de montar en horas una pista de aterrizaje y de montar en un tiempo inverosímil un hospital de campaña. En Bagran dejaron un recuerdo imborrable.

José Antonio Guardiola había estado en septiembre de 2002, apenas un año antes, con los militares españoles en Iraq. Había hecho el trayecto Zaragoza-Kabul en un avión del ejército español y lo primero que pensó aquella mañana, cuando se enteró del accidente de Turquía, fue que quizá alguno de aquellos pilotos había tenido la mala fortuna de estar allí. «Cuando llegamos a Kabul —contaba Guardiola—, nos sorprendió la explosión de una fuerte bomba. Llegamos al lugar del atentado y nos encontramos a un equipo de desactivación de explosivos de nuestro ejército trabajando entre los restos, buscando quizá alguna trampa. Luego nos enteramos que también habían intentado asesinar al presidente Karzai y ellos nos dieron toda la información. Terminamos la jornada de noche, en una cena con aquellos militares. Lo que puedo asegurar es que ese día, tan lejos de los nuestros y en un país tan inhóspito, nos hicieron sentir como en casa.»

De José Luis Márquez hablo en algún otro lugar de este libro. Márquez estuvo en los Balcanes entre 1992 y 1993. Era la primera misión de la Legión y había dudas. «¿Serían capaces de aquel trabajo? —se preguntaba Márquez—. Nosotros creíamos que sí. Era gente entregada a su misión, aprendían rápido y tenían un contacto directo con la población civil, que es la que más agradece un gesto, una gracia, un detalle de vecindad. Más que un plato de comida necesitaban cariño y la Legión se lo dio.» Ángela Rodicio acompañaba a Márquez en aquel trabajo. «Recuerdo —dice— la gran curiosidad de los periodistas destacados en Bosnia por la presencia de los legionarios españoles. Su forma de ser y de estar, su trabajo, dieron paso a un gran reconocimiento y admiración. Muchos de esos soldados compraron frigoríficos. No sabíamos para qué los querían. Ahorraban sus raciones de comida y las guardaban en la nevera, para repartirlas después entre los musulmanes de Mostar, que vivían asediados en aquel barrio aislado porque los serbios habían destruido el puente que unía los dos barrios de la ciudad.»

Paco Audije fue enviado especial a Albania en 1999. El ejército español tenía que construir un campamento de refugiados en Jamalai, muy cerca de Dürres. Familias enteras de kosovares cruzaban las montañas para buscar protección en Albania. Huían de la persecución de los serbios. Los españoles trabajaron durante semanas en un terreno pantanoso, el peor de la zona, en un lugar de difícil acceso en el que no había carreteras, sólo caminos pedregosos. «Recuerdo la ilusión con la que entraron los primeros refugiados —cuenta Audije—. Cada uno recibía un ajuar personal, con mantas, ropa, unos platos, unos cubiertos, jabón para su aseo... Pero lo que más apreciaban era un documento de identidad que les entregaban los soldados con sus datos. Los serbios les habían quitado precisamente lo que los españoles les devolvían: la identidad como personas.»

Evaristo Canete y Sagrario Ruiz de Apodaca fueron a Mozambique en marzo de 2000 para cubrir las terribles inundaciones que asolaron aquel país. El ejército español envió a 120 personas encargadas de llevar ayuda. Montaron un hospital de campaña en un campo de refugiados. Sagrario relata su sorpresa: «Tenía la idea de que el ejército se dedicaba a misiones de guerra o de paz, pero no había conocido misiones humanitarias y me llamó la atención que en aquel hospital de campaña había muchas mujeres». Evaristo completa el relato: «Aquel hospital se montó en cinco horas. Lo primero que hicieron fue recibir a una señora que se puso de parto y fue atendida en aquella instalación por oficiales del ejército español. La pequeña nació el 11 de marzo, y lo primero que vio fueron las manos del teniente coronel López Pérez, tocólogo».

Letizia Ortiz, princesa de Asturias, comprobó la eficacia del ejército en Um Qasar, en la primavera de 2003. «Cuando hemos conocido la noticia del accidente hemos pensado en los de Um Qasar. Hemos estado quince días dentro del buque *Galicia*, hemos convivido con los militares y dormíamos en un camarote con una cabo del ejército. Lo más interesante ha sido ver cómo detrás de cada uno de esos uniformes hay una historia de personas que con su profesionalidad y su conocimiento están ahí para ayudar. Uno de los oficiales me dijo un día que el verdadero reportaje que se debe hacer es el relato de cómo lo pasan sus mujeres y sus hijos durante las largas ausencias de estas misiones.»

Aquel 26 de mayo pudimos construir un relato armado con piezas de todas y cada unas de las misiones del ejército español. No nos hizo falta salir de Torrespaña. Los mismos periodistas que habían ido a Mozambique, a los Balcanes, a Afganistán, a

Iraq, a El Salvador o a Honduras, nos revelaron el trabajo de las Fuerzas Armadas, su fibra más humana, su contribución a la paz. Los mejores trabajos en televisión son siempre colectivos. El resultado de aquella emisión fue emocionante y para muchos militares, para sus hijos y para sus familias, tuvo el valor de un reconocimiento social que hasta entonces no habían tenido. Tuvimos más oportunidades de ampliar esa experiencia. En septiembre de 2003 un grupo de periodistas viajamos desde Torrejón a Diwaniya para comprobar de cerca la misión de nuestros soldados en Base España. De aquella experiencia reveladora surgió un reportaje excelente de José Antonio Guardiola que se emitió en la Navidad de aquel año. Más allá de tópicos y falsedades, se narraba un día en la vida de Base España, las misiones, el trabajo de patrulla de los legionarios y las labores de un militar que llegó a ser alcalde de un barrio de aquella ciudad en la que faltaba casi todo.

Los funerales

Los cadáveres fueron repatriados. Tres aviones Hércules los trajeron de vuelta a casa. Llegaron a la base de Torrejón de Ardoz. La imagen de los 62 féretros alineados en la explanada de la base, cubiertos cada uno por banderas españolas, es uno de esos instantes que permanecen en la memoria para siempre. La visión de la tragedia se hacía presente con toda su fuerza en aquella formación militar de cadáveres, flanqueada a un lado por seiscientos familiares que habían llegado en viajes de madrugada desde toda España, y al otro por representantes de todas las instituciones. El día estaba despejado y el sol pesaba como una losa. La tensión estalló a la hora de los pésames. Mientras escribo estas líneas repaso en el vídeo la grabación de aquella ceremonia. Yo estaba situado en una unidad móvil y veía las imágenes de la transmisión a través de un monitor. Me acompañaba José Luis Gutiérrez, un coronel del ejército, y Pedro V. García, que nada más comenzar el programa sufrió un desvanecimiento por el calor agobiante que reinaba en aquella pequeña sala. Poco después de que el rey comenzara a abrazar a los familiares, seguido por la reina, que repartía caricias y besos entre viudas y huérfanos, comenzaron los gritos. Aznar y Trillo iban detrás. En la grabación se escuchan los gritos de «Asesino» «Caradura», «Hijo de p.». Los comentaristas guardan silencio durante seis o siete minutos y, como un latido, las palabras se repiten en voz alta, airadas, con furia. Vemos el rostro del rey, el de la reina. Algunos retienen al rey y le piden que se aclare el accidente, que les han llevado en una chatarra que no se tenía en el aire. Vuelven a arreciar las palabras como piedras: «Asesinos», «Caraduras», «Viva el ejército», «Viva España», «Fuera estos irresponsables, sinvergüenzas», «Él va en el avión oficial, claro, no va en esa chatarra», «Seguro que no manda a sus hijos en ese avión». El ministro de Defensa, acompañado por la cúpula militar, no puede continuar y se aparta de las primeras filas. Después de largos minutos de silencio en los que sólo se escuchan los gritos y sollozos, le pregunto al coronel su impresión de lo que estamos viendo y escuchando y me contesta que habrá que esperar a que terminen las investigaciones sobre la causa del accidente, pero que es evidente que algunas de las condiciones en las que trabaja el ejército tienen que cambiar. Durante la ceremonia, una de las viudas de aquellos 62 miliares salió corriendo de las filas de las familias para abrazar un féretro. Fue una de las ceremonias más duras que jamás he visto. Todavía tendríamos que asistir al menos a una más: los funerales por las víctimas del 11 de marzo.

Al día siguiente de aquella ceremonia, Jesús Lillo escribió en *ABC* que el locutor había cubierto con su voz las protestas de los familiares. Ha sido una de las acusaciones más bajas que se han hecho contra TVE porque era falsa y porque jugaba con los sentimientos de muchas familias destrozadas por aquel accidente. Las mentiras se repiten con una gran facilidad porque algunas no hace falta que nadie compruebe que son falsas; simplemente son verosímiles porque alguien previamente se ha encargado de preparar el terreno para que lo sean. Así la Ser lo repetiría en algunas de las tertulias tan bien documentadas que pueblan la tarde y la noche de la emisora, y *El País* recogería el eco en la columna de uno de sus colaboradores de los sábados. Ha sido la única ocasión en que he respondido a una acusación de la prensa. Tanto el director de *ABC* como el de *El País* recibieron un fax en el que les expresaba mi más rotunda protesta en mi nombre y en el de TVE. En el caso de José Antonio Zarzalejos mi indignación era mucho mayor, porque nos conocíamos y en aquella confianza pude decirle que los ataques contra mi casa habían superado todos los límites aceptables para entrar en el terreno de lo despreciable. Algunos antes que yo han reclamado respeto para los periodistas de la televisión pública. Creo que no lo ha habido. Lo digo por este caso y por otros. Los periodistas de la radio, de la prensa, los de las televisiones privadas nunca han recibido por nuestra parte el trato que se nos dispensa a nosotros. Hablo de cómo se maltrata por ejemplo a un realizador o cómo se desconfía de los cámaras que van a asistir a un mitin. Somos una clase aparte.

13

La fábrica del telediario

Un telediario es una estructura narrativa compuesta por noticias ordenadas en función de su importancia y su interés, agrupadas por bloques temáticos y presentadas de forma atractiva en un relato cuyas partes más novedosas se anuncian con antelación. Los editores de los informativos trabajan cada vez más los tres primeros minutos del programa, el escaparate, el momento en el que se proclama el contenido, se ofrecen las imágenes más sorprendentes y se avanzan declaraciones polémicas. Es el momento de la sorpresa, de la novedad, también la hora de la síntesis, de la claridad, del ajuste máximo de la noticia. En esos instantes primeros hay toda una estrategia para captar la atención del espectador.

La audiencia de la television es un conjunto volátil, que migra de un lado a otro, que huye de lo aburrido o de lo desagradable, que escapa de aquellas noticias que no están presentadas de una forma sencilla y comprensible. ¡Ojo!, no se trata de frivolizar para encantar y seducir a las audiencias. La televisión tiene mecanismos y herramientas suficientes como para poder contar las noticias con rigor y profundidad pero a la vez hacerlas vistosas, amenas, directas y frescas. La vieja contraposición dialéctica entre los apocalípticos y los integrados está superada en este terreno. Fíjense en un ejemplo. Los redactores y editores del telediario siempre han tenido aversión a las noticias de economía. Es uno de los terrenos más complejos y más difíciles de manejar en un telediario. No es fácil encontrar periodistas brillantes en esta área. Uno de los mejores en el periodismo nacional ha sido Javier Gilsanz. Tenía capacidad de explicar y una energía en la comunicación que el espectador se quedaba pendiente de lo que decía y hacía. Conseguía que tuviéramos la impresión de que podíamos entender los secretos de la economía. Otros han intentado seguir su estela sin conseguirlo. Y sin embargo es posible hacer mucho más. Les voy a contar un caso que me sorprendió. La delegación de Nueva York me envió en la primavera del año 2000 ejemplos de informativos de cadenas locales y nacionales. En uno de ellos, de una emisora local, me llamó la atención un individuo cuyo nombre no recuerdo, que se encargaba de las noticias de economía con una pasión inusitada. En una de las grabaciones aquel mago eléctrico tenía que explicar el déficit público de Estados Unidos. Se colocó frente a las Torres Gemelas y grabó su explicación. A un lado tenía la Torre Norte y al otro la Torre Sur. Él estaba en medio. La posproducción le ayudó a llegar al espectador. En un momento de su intervención indicó la torre de la derecha y dijo que los billones del gasto público equivalían a 77 de sus pisos. El edificio fue cambiando de color hasta que el rojo se detuvo en el piso 77. Luego se volvió e hizo lo mismo con la otra torre. El ingreso público podía llegar hasta el piso 69, y toda esa altura se tiñó de color verde. Los ocho billones de dólares eran como los siete pisos de diferencia entre el verde y el rojo, entre el ingreso y el gasto. ¡Era genial! Mi abuela lo habría entendido. Ése era el poder y la fuerza de la televisión. Pero para hacer ese ejercicio pedagógico hace falta tener un talento natural y un gran dominio del medio y de su lenguaje.

Los editores son los encargados de dar forma y estructura a un telediario y de establecer los contenidos. Cada día llegan a las redacciones cientos de noticias y muchas horas de imágenes rodadas por los reporteros gráficos de la cadena o servidas por las agencias nacionales e internacionales. El editor tiene que seleccionar y su elección es lo que veremos a las tres de la tarde o a las nueve de la noche. Para llegar hasta ese punto en el que la audiencia se sienta en su casa para ver las noticias, hay un proceso en el que interviene toda la redacción. A las nueve de la mañana se celebra la primera reunión de Informativos. En esa cita todos los jefes comentan los asuntos de actualidad del día y lo que a su juicio son las noticias más importantes que deben estar en la composición del telediario. Los editores harán un primer borrador con la escaleta del telediario para que la redacción se ponga a trabajar en las noticias que están incluidas y no en otras. Como es lógico ese primer diseño varía con el paso del tiempo. Las noticias que se incorporan se incluyen en detrimento de otras que tendrán que salir del esquema porque no hay sitio para todo. Los informativos tienen una duración asignada en la emisión. Si alguna vez por noticias de especial relevancia tienen que durar más, hay que sacrificar publicidad y eso supone pérdida de ingresos. Las cadenas públicas tienen en ese sentido más libertad para responder con programaciones especiales a los retos urgentes y a la demanda de información. En las privadas la fuerza de la sección comercial y la presión de los accionistas restringe el margen de maniobra de los informativos.

Una vez diseñado el telediario, los editores trabajan con los productores para garantizar el despliegue técnico: organizar las entradas en directo, pedir los satélites para que lleguen las crónicas de las corresponsalías o de los enviados especiales y asegurar la cobertura con reporteros gráficos de aquellas noticias que están incluidas en la escaleta o minutado. El equipo de edición supervisa también cualquier avance o programa informativo especial que haya que realizar ante noticias urgentes que justifican que la programación abra paso a los Servicios Informativos. Los editores son también los encargados de asignar tiempo a cada noticia, de la misma forma que en los periódicos se atribuye un espacio a cada información, a cada columna o a cada comentario. Uno de los trabajos más habituales de los editores es la supervisión de los textos. El telediario debe tener una unidad de estilo, una coherencia y un criterio de redacción que cumpla con unas normas básicas a la vez que respeta el estilo de cada uno de los periodistas. Cada noticia se debe ajustar al tiempo asignado, salvo que el periodista haya conseguido un material que mejora las previsiones y que merece un tratamiento mejor. La edición de un telediario no se cierra hasta que termina la emisión. Muchas veces ha habido que tirar todo el trabajo de una mañana porque en un minuto la actualidad ha cambiado de una forma radical. Los atentados del 11 de septiembre, el final trágico del secuestro de Beslan, las bombas del 11 de marzo en Madrid y tantos otros acontecimientos, habitualmente tragedias, exigen de los equipos de edición una capacidad de respuesta inmediata ante noticias que lo desplazan todo hasta ocupar toda la agenda informativa. El terrorismo global y las guerras de este siglo han puesto a prueba ese músculo de las redacciones para ofrecer buena información en tiempo real. No siempre hemos estado a la altura de esos retos, pero también es verdad que han sido acontecimientos en los que los equipos y los periodistas de las televisiones han crecido y han ganado en madurez.

Para ser un buen editor hay que tener una visión global de la realidad, hay que conocer muy bien la redacción y sus virtudes, y conocer también la audiencia y su interés. Hay periodistas capaces de hacer un reportaje atractivo y muy bien narrado a partir de un material de archivo. Otros tienen un don especial para plantarse delante de una cámara y hacer una conexión en directo, para conseguir información y para contarla de una forma clara, sencilla y atractiva. Los hay que tienen capacidad de organizar equipos y se pueden encontrar aquellos que tienen otro ritmo más lento pero un gusto exquisito para combinar imágenes y armar reportajes donde la imagen sea el elemento principal de la información. Tan importantes como los redactores son los reporteros gráficos, y muchas veces incluso más. Ellos son los ojos por los que vemos las cosas. Un buen redactor puede hacer muy poco si el material rodado es malo, está desenfocado y no dispone de las mejores imágenes o del mejor ángulo de visión. Un mal periodista puede hacer un trabajo brillante si el reportero gráfico ha tomado un buen material. Por eso ante coberturas especiales, ante acontecimientos en los que una televisión se va a medir con las demás, es muy importante enviar a los mejores. Porque un reportero gráfico es y debe ser por encima de todo un periodista. Cámaras como Evaristo Canete, Jesús Mata o Paco Custodio son «la Televisión Española», porque son los autores de todo lo que ustedes ven cuando ponen las noticias y el objetivo de sus cámaras elige lo que quiere ver. No son un espejo puesto a la vera del camino, sino expertos en mirar la realidad y filmarla de tal manera que cada plano tenga el contenido máximo de información, la carga más sincera de emoción y la cercanía más próxima para que nos sintamos como si hubiéramos estado allí.

La imagen, el sonido y el texto

> En el telediario todo sucede tan deprisa que si el texto no se entiende de forma inmediata el resultado es la confusión. Todo depende de una buena escritura.
>
> Av Westin,
> en *Newswatch: How TV Decides The News*

El lenguaje televisivo se compone de cuatro elementos: las imágenes en movimiento, el sonido, el montaje y el texto de la noticia o el reportaje. Sin la primera no habría televisión, sin imágenes estaríamos hablando de radio. Tan sólo en algunas ocasiones, cuando la noticia es importante y no se dispone de imágenes, se ofrecen los datos disponibles con un mapa de situación o con una conexión telefónica. En esos momentos la televisión se acerca a la radio. El segundo elemento es el sonido. El ruido del mar amortiguado por el chapapote nos acerca el peso de aquella contaminación; los gritos de los heridos en un atentado nos conmocionan con toda la angustia de las vidas en peligro. El tercer elemento es el montaje, el orden de las imágenes y la construcción de las secuencias para dar sentido al relato. El cuarto es el texto. En la televisión las palabras son muy importantes. Se debe escribir de forma clara, simple, extremadamente simple. Las palabras sirven para entender lo que se cuenta, pero también para describir aquello que no se ve en las imágenes, para subrayar un hecho, pero también para provocar una emoción. Como diría Ortega «un texto nunca debe decir lo evidente». En el caso de la televisión la máxima orteguiana supone que las palabras no deben describir lo que estamos viendo. Lo bello y lo siniestro, la esperanza y la desolación deben estar en las imágenes y no en el texto. Recuerdo que Borges solía distinguir entre buenos y malos escritores. Decía que los mediocres te cuentan que tal personaje sintió un escalofrío al escuchar la voz del teléfono. Los buenos hacen que tú experimentes esa sensación. El texto no debe tener adjetivos, ni tópicos, ni palabras de jerga ni tecnicismos. Debe huir de lo complejo y debe buscar la eficacia en las frases cortas y en las palabras sencillas. En las primeras horas de aquel aciago 11 de marzo, todas las cadenas de televisión y radio enviaron a Atocha a sus enviados especiales. Creo que el mejor relato que escuché aquella mañana fue el de Vicente Vallés. Asomado a la ventana de su casa describía sin pasión, con precisión objetiva, con un tono de voz claro y constante y con una precisión de fotógrafo todo lo que estaba viendo. Sus frases eran cortas. Sólo contenían sujetos, verbos y predicados. Los sujetos eran víctimas, los verbos de dolor, los predicados todos mutilados. Un tono lejano y grave vibraba en su garganta para dejar escapar la presión del sufrimiento. Fue la voz más eficaz, la más objetiva cuando lo que necesitas es saber, conocer, orden, frialdad, un poco de información precisa en medio de un infierno de gritos. Me recordó el mejor relato que he leído sobre los campos de concentración de la Alemania nazi. *Se questo è un uomo** de Primo Levi es un texto cortado con las aristas del acero, la prosa de un registrador de la propiedad aplicada a la tortura infinita del campo, la precisión de un médico al redactar una autopsia. No hay nada más eficaz, nada más cercano y terrible, nada más verdadero. La víctima registra con el detalle de un entomólogo las diferentes fases y círculos del infierno. Primo Levi redujo su subjetividad a la mínima expresión para conseguir que los lectores no entráramos en aquella pesadilla como si se tratase de una obra de ficción.

En televisión lo primero que se escribe son las imágenes. El texto estará siempre en función del material gráfico. Las palabras deben decir lo que las imágenes dejan al margen. Pero la escritura no debe ahogar el relato que el ojo ve. Debe dejar paréntesis para escuchar el sonido, el ruido de la vida y de las cosas. El grito es el certificado de la veracidad del dolor; las bocinas y el rumor de los motores son la prueba de que el atasco es cierto. El silencio es también un material cargado de sentido. Hay momentos en la televisión en los que la palabra sobra. Administrar ese vacío es una de las técnicas más difíciles, pero también una de las más eficaces. Recuerdo que las primeras imágenes que nos llegaron del 11 de septiembre no tenían sonido, eran planos mudos. Aquel silencio convirtió aquellas secuencias en escenas de un mundo irreal y ficticio. Incluso la caída de las Torres parecía un montaje de efectos especiales, porque no iba acompañada de los truenos y el estruendo que provoca el derribo de un edificio.

La frase que encabeza este epígrafe es certera. Si tu texto no se entiende a la primera el resultado es la confusión, sin dejar ningún resto de información en el espectador. Si en tu información para la televisión no hay sorpresas, ni elementos memorables, ni historias personales que nos ayuden a comprender por simpatía, nadie recordará lo que has contado. El espectador re-

* Trad. cast., *Si esto es un hombre*, El Aleph, Barcelona, 1987.

tiene de un telediario las imágenes que le provocan impacto, los dramas personales, la voz de los protagonistas de la información y los elementos insólitos. Con esas herramientas se debe construir el relato. Cuando no se tienen hay que buscarlas. Existen en las redacciones grandes debates entre los «puristas» de la información y los que conocen el medio. Para los primeros el medio es irrelevante y la noticia es la misma en la prensa, en la radio o en la televisión. Los segundos respetan las reglas de un medio en el que el relato se hace en tiempo real y se dirige directamente al ojo, eficaz y certero como una flecha.

El «cuento» de los telediarios

El día que cayó Kabul, un grupo de periodistas españoles entró con las tropas de la coalición que habían abierto un camino en su penetración desde el norte. Allí estaban Joan Marcet, de TVE, Fran Sevilla de Radio Nacional de España y Alfonso Rojo de *El Mundo*. Por la mañana, temprano, Fran entró en RNE y fue el primero que dio la noticia a eso de las siete y media en el informativo matinal de la cadena pública. Pero arrastrado por su entusiasmo cometió el error de convertirse en protagonista del hecho. «Yo estoy en Kabul» repitió dos veces con un tono vibrante que despertó a medio país. La noticia no era ésa. El YO había irrumpido en el titular con una fuerza que no le correspondía y se anteponía a la noticia. Hay que felicitar primero a Sevilla por haber conseguido llegar a Kabul y ser testigo de la caída de la capital afgana, y también por haber conseguido contar la noticia desde un lugar tan remoto. Pero debía haber dicho «Kabul ha caído», como aquel otro mítico «Jartum ha caído» que llegó a Londres en forma de telegrama antes de que se cortaran las líneas de comunicación en un Sudán sumido en el caos de la guerra.

En sus consejos a los periodistas de televisión Frederick Shook, autor de *Television Field Producting and Reporting* (Longman Publishers, 1989) recomienda primero que no olvidemos nunca que el periodista no es el protagonista de las noticias y de los reportajes. Ese vicio es cada vez más frecuente. Muchos periodistas de televisión comienzan sus crónicas con lo que en el argot se llama «entradilla» o *stand up*, es decir, con el autor de la información que cuenta ante la cámara algunos detalles de lo que ha sucedido o de lo que ha visto. Siempre hay una imagen más informativa que la de quien firma el reportaje. Es más, muchas informaciones se sostienen sin tambalearse aunque no tengan en su composición la imagen del narrador. Piensen por ejemplo en el siguiente caso: un enviado especial llega a Argentina para contar las protestas de los piqueteros en 2001, ante el cierre de los bancos y el bloqueo de las cuentas corrientes. El enviado especial hace un reportaje. Tiene horas de imágenes para componer un arranque atractivo, llamativo, directo al corazón del espectador, para atrapar la atención con la imagen de alguno de los que protestan en la calle, quizá gritan contra el Gobierno, contra los bancos. Pero el periodista elige poner primero la entradilla: lo vemos en la plaza de Mayo, frente a la Casa Rosada, un lugar que en ese momento está tranquilo, sin revueltas: un desastre. En el otro extremo podemos situar el trabajo de Evaristo Canete en la tragedia colombiana del Nevado del Ruiz. Omayra era una niña que quedó atrapada en el derrumbe de su casa. El nivel del agua le llegaba a los labios. Apenas podía hablar. Sus pies estaban atrapados por las vigas que habían aplastado a algún otro familiar. Omayra murió. Sus últimas horas fueron rodadas por Evaristo, que nunca apareció en aquel reportaje. Suya era la voz que conversaba con la niña, que procuraba distraerla de la inminencia de su muerte y que asistió impotente a aquella agonía.

Las historias que presentan los periodistas en sus crónicas deben ser contadas por otras personas. En cada elemento narrativo de un telediario debemos buscar a los personajes que sean los protagonistas de la acción y dejar que ellos cuenten los hechos y lleven el peso de la explicación y mantener al narrador y a la voz *en off* en un plano menor, secundario, casi escondido. Cuando estudiábamos literatura en la facultad teníamos un profesor que decía que toda novela se podía resumir en una idea madre. Por ejemplo: «Proust se hace escritor» nos podía servir para encajar en un sujeto, un verbo y un predicado los tomos de *En busca del tiempo perdido*. La misma técnica puede servir para las noticias de la televisión. El redactor debe buscar en cada reportaje la idea madre, la guía que le servirá para jerarquizar la información y construir el relato. Cuando nos enfrentamos a la redacción y a la composición estamos elaborando una narración, con su estrategia para atrapar la atención del espectador, con momentos de sorpresa, con momentos de silencio, con sus protagonistas y con aquellos elementos que, según el ingenio de cada uno, harán que ese reportaje o esa noticia queden prendidos en la retina y en las neuronas del espectador. El medio es así y quien no lo entienda, quien piense que las noticias en la televisión son una sucesión de textos ilustrados con imágenes, fracasará. Hay muchos ejemplos. En medio de la guerra del Kosovo, un redactor de CNN Internacional elaboró un reportaje en el que sólo se veían pies caminando. Eran pies apenas protegidos por zapatos destrozados, botas reventadas, pies a veces descalzos, de personas que huían de sus casas, que escapaban de la guerra hacia la frontera con Albania, pies de niños, de ancianos, de hombres y mujeres angustiados, y pies también de soldados, con botas recias, firmes, de paso seguro y de huella profunda. Aquel reportaje insólito estaba destinado a quedarse en la memoria de los espectadores porque era un enfoque nuevo, sorpresivo, directo, de un enorme interés humano y también cargado de una profunda emoción.

De las historias que siempre recordaré hay una muy especial. La emitimos en el aniversario de los atentados del 11 de septiembre. Nos llegó a todos al corazón porque sus protagonistas eran dos dominicanos, un hombre y una mujer, que habían sobrevivido a los ataques. Eran ascensoristas en las Torres. Se habían conocido en el trabajo y después de mucho insistir, él había conseguido casarse con ella. El día del atentado se perdieron en el caos. Ninguno de los dos sabía lo que le había ocurrido al otro. Al cabo de muchos días, ella encontró a su marido vivo, ingresado en un hospital de la ciudad. Ellos mismos nos contaron su historia: sus miradas, sus gestos, sus caricias, sus exclamaciones y su voz fueron los elementos de un reportaje ilustrado con imágenes de aquella mañana de hacía un año en la que habían vuelto a nacer.

Otro de los elementos importantes para dar credibilidad y veracidad a las noticias de televisión es el sonido ambiente. Es importante respetar el sonido, jugar con el volumen y subirlo a veces hasta el primer plano para reforzar la autenticidad e incrementar el sentido de participación indirecta de los telespectadores. Hay reportajes que sólo nos dejan ver lo que ha pasado. Otros nos introducen con el sonido y nos dejan participar de lo que ocurre. Una riada hay que escucharla para darse cuenta del dramatismo que contiene; un sollozo se debe escuchar y se debe dejar sonar en silencio; el estallido de los troncos en un incendio forestal nos dirá mucho más sobre la violencia del fuego que cualquier descripción verbal.

PREGUNTA AL HOMBRE DEL TIEMPO Y PONTE EN LO PEOR

El hombre del tiempo es vital para una televisión. No sólo porque ofrece a los espectadores la información meteorológica, sino porque es la primera persona a la que hay que consultar cuando se pretenden hacer exteriores. Olvidarse de él puede abocar al fracaso o al ridículo. Una mañana de mayo de 1998, *Los desayunos de TVE* se habían marchado a Granada para entrevistar, en los jardines de la Alhambra, a Ian Gibson. La víspera, por la noche, habíamos tenido problemas porque los responsables del monumental recinto no nos dejaban instalar los camiones de la unidad móvil en su interior. Después de muchas gestiones con el delegado del Gobierno, se pudieron desplegar los cables, colgar los focos, situar las cámaras y aparcar los camiones. Nos fuimos a la cama tarde, pero con todo listo para una entrevista de esas que se recuerdan. A la mañana siguiente puse el televisor en mi casa para ver el programa. Dieron las nueve, entró la cabecera de *Los desayunos* y el primer plano fue un precioso amanecer, con nubes de color rosa y grises azulados sobre la ciudad. El plano se fue abriendo cada vez más hasta abarcar el perfil nítido y ligero de la Alhambra. En ese momento me di cuenta de que estaba lloviendo. Me pregunté cómo habrían resuelto ese problema en el que nadie había pensado. Cuando el realizador pinchó la cámara que enfocaba al presentador y sus invitados, vimos cuatro pares de piernas, unas manos y cuatro enormes paraguas de los que chorreaban ríos de agua. Julio César Iglesias presentó desde aquel charco como pudo, Diego Armario sujetaba un ejemplar de vivos colores e Ian Gibson sostenía entre las manos con afán protector, unos libros y unos papeles que conforme avanzaba el programa se iban empapando sin remedio. El escritor había ido a hablar de su último libro y apenas lo pudo enseñar. Se empeñaron en continuar con el programa y siguieron durante quince minutos, hasta que la situación se hizo tan cómica que tuvieron que cortar. Cada vez que el realizador elegía un plano abierto que abarcara a todos los que allí estaban se veían las perneras de sus pantalones con la marca de un nivel de agua que iba subiendo por momentos.

El narrador. El realizador

El agua ha arruinado algunos desfiles militares del 12 de octubre. Ésa es una de las grandes oportunidades para probar equipos nuevos y ensayar planos y realizaciones atrevidas. En eso el maestro es Mauricio Rico. Es capaz de situar cámaras en las escotillas abiertas de los blindados para ofrecer un plano subjetivo desde dentro del desfile. Los operadores de cámara van, como es lógico, disfrazados de soldados del ejército. En una ocasión los reporteros paseaban camuflados por el cuartel del que salían los carros. El oficial que estaba al mando vio a dos de los suyos con el uniforme militar y con zapatillas de deporte y los arrestó después de una reprimenda ejemplar. Hubo que rescatarles de aquel castigo disciplinario y explicar al oficial que se trataba de dos empleados de TVE.

Mauricio Rico es también el autor de los soberbios planos cenitales que durante el desfile muestran a los cazas del Ejército del Aire surcando el cielo de Madrid, vistos desde arriba, con el fondo cuadriculado de las calles del barrio de Salamanca. Deben saber también que muchos de los planos que se ven en esos desfiles están pregrabados. Pequeñas cámaras ruedan en el interior de los aviones, en las cabinas de los pilotos y comandantes que están al frente de las escuadrillas. Una de las tomas habituales es la del momento en que el jefe de la formación indica con los dedos la próxima maniobra. Esos planos se graban durante los ensayos y se dejan preparados en la unidad. Antes de que los aviones hagan el giro para enfilar la Castellana, el realizador los pincha. La impresión para quien lo ve desde su casa es que hay una cámara en el interior del avión que está transmitiendo lo que ocurre dentro de la cabina en riguroso directo. La sensación de estar ahí, la apariencia de verosimilitud y de cercanía es extraordinaria.

El realizador debe estar atento a todo lo ocurre porque, señala Umberto Eco, la suya es una obra abierta, un relato que se construye sobre la marcha, a base de elegir en todo momento el plano siguiente, la duración de las tomas, el ritmo de la narración. Rico realizó la ceremonia funeral por don Juan de Borbón. Él estaba al frente de las cámaras con las que nos asomamos al interior de El Escorial. En el momento de la despedida, cuando el féretro iba a ser trasladado al interior de la cripta, al lugar donde los restos mortales de don Juan iban a esperar durante dos años su entrada en el panteón y a su tumba definitiva, su majestad el rey rompió a llorar desconsolado. Rico mantuvo el plano y pudimos ver a un rey profundamente humano que sufría la muerte de su padre, mientras doña Sofía le apretaba el brazo y le miraba con los ojos llenos de lágrimas. Aquel plano le costó a Mauricio un disgusto y una satisfacción. El primero vino de algún escrupuloso directivo que le llamó por teléfono para decirle que se había equivocado. La reparación vino a través de otra llamada, ésta no de televisión, en la que el realizador fue felicitado por aquel acierto. Hay que tener nervios de acero, mucha experiencia y mucha sensibilidad para saber responder en décimas de segundo a los imprevistos de una transmisión en directo.

La lluvia volvería a provocar la espantada de las cámaras y de los periodistas en vísperas de la boda del príncipe de Asturias. Aquel 21 de mayo, por la tarde, cayó sobre Madrid uno de esos chaparrones que arruinan las corridas de la Feria de San Isidro. Nadie había previsto la lluvia. El estudio de los programas especiales, instalado en la terraza de la Torre de Madrid, no tenía ninguna protección contra el agua. En cuanto empezó a arreciar tuvieron que desmantelarlo todo deprisa y corriendo, y pinchar un reportaje de una hora de duración para que les diera tiempo a trasladar a los presentadores y a los comentaristas a los estudios de Torrespaña. La lluvia cogió por sorpresa también a quienes prepararon la boda. Sólo un par de días antes aceleraron el operativo previsto en caso de aguaceros. Discrepo de quienes arremetieron, tan sólo horas después de aquella boda, contra Javier Montemayor. Su realización fue sobria y ajustada a lo que es una boda real. Los protagonistas no estaban entre el público, sino frente al altar. La lluvia le impidió lucir los planos más soberbios de la transmisión que tenía prevista: no pudo disfrutar del paseo de Letizia sobre la alfombra desde el palacio Real hasta la puerta de la Almudena. Durante ese tiempo tuvo que componer el relato con planos del interior de la catedral, pero sin cargar el peso del acontecimiento sobre las filas de invitados. Fue una tarea compleja, en una catedral con muy pocas posibilidades estéticas y perturbada por la lluvia.

En un telediario o en una transmisión en directo, el rey, el que tiene el control y por tanto el que manda y ordena no es quien se sienta ante las cámaras, aunque los espectadores tengamos esa sensación. El dueño del relato es el realizador. Él es el responsable del puzzle y de su composición. Todo lo que aparece en la pantalla puede estar cargado de contenido. Muchas veces nos sorprendía la curiosidad de la audiencia cuando nos preguntaban de qué hablábamos María Escario y yo cuando terminaba el telediario y entre sombras, nos veían conversar. Algunos presentadores que no se llevaban especialmente bien con sus compañeros de mesa llegaban a simular un diálogo para demostrar a los espectadores que todo iba bien. Todo, por tanto, tiene un sentido. El realizador debe componer el plano del estudio y el encuadre de los directos con criterio periodístico. Cuando en septiembre de 1999 inauguramos el nuevo estudio de telediarios, los realizadores pasaron meses para adaptarse a las nuevas condiciones. El fondo del estudio estaba lleno de pantallas de vídeo. Había que cargar esos cuadros con imágenes mientras los presentadores hablan. Un día el realizador se equivocó. Ana Blanco estaba leyendo un texto sobre los debates internos en el seno de la Ejecutiva socialista. En el fondo se veía a un grupo de ciclistas subiendo una empinada cuesta. Se podía haber interpretado como un intento de deslizar el sentido del texto. Pero fue sólo un error. En otra ocasión el equipo de realización se equivocó en la emisión de los sumarios al comienzo del telediario. La imagen de Aznar salió rotulada con este texto: «¿Ángel o demonio?». Estos errores pueden ocasionar graves polémicas. Los políticos siempre están atentos a lo que pueden aprovechar para hacer ruido. No les importa que se trate de fallos técnicos, normales en cualquier actividad. Así ocurrió en 1997. Un viernes, en la referencia del consejo de ministros, la imagen del portavoz del Gobierno Miguel Ángel Rodríguez salió acompañada de unos aplausos en el telediario de las tres de la tarde. La Oposición organizó un escándalo a pesar de que conocían la razón. A la cinta de vídeo sobre la que se había grabado la imagen del portavoz no se le había borrado el sonido, la llamada tercera pista. De esa forma, había conservado los aplausos de una grabación anterior. Era una trampa diabólica y la tostada cayó al suelo por el lado de la mantequilla. Volvió a suceder años más tarde, en 2000, después de una entrevista con Antonio Guterres. Fuimos a grabarla a Lisboa. Don Antonio nos recibió en su residencia. Javier González Ferrari, entonces director de Informativos, conversó con él durante quince minutos. Guterres se despidió dos veces. Primero terminó con un «muchas gracias», y de repente se acordó de que no había saludado a su amigo Felipe González. Improvisó un recuerdo afectuoso y volvió a terminar sus palabras con un «muchas gracias». Las cintas grabadas tienen una hoja adjunta, un parte, en el que se consigna la duración y las palabras finales. Cuando la entrevista se preparó para la emisión en *Informe semanal*, un realizador, afiliado a Comisiones Obreras, cortó el final por el primer «muchas gracias». Aquel realizador no había estado en la grabación. Cuando la entrevista se emitió alguien advirtió que faltaba el saludo a González. Sobre aquel error se construyó toda una teoría sobre las censuras al ex presidente del Gobierno, que no tenía ningún fundamento pero que a Ferrari le costó un serio disgusto.

El realizador debe trabajar en intimidad y complicidad con el equipo de edición para asegurar una emisión limpia, sin «ruido», sin elementos que distraigan ni adjetiven el contenido informativo del telediario, buscando las mejores imágenes o situando en los fondos del estudio elementos que refuercen el mensaje o que ayuden a centrar los asuntos que se exponen. En una transmisión en directo el equipo realizador es el que construye el relato, la mano que compone la secuencia de imágenes, los planos, los encuadres, el que elige quién sale y cómo, y quien decide qué se queda fuera de la televisión y, por tanto, al margen de la realidad.

La cámara oculta

Una tarde Melchor Miralles vino a vernos a Prado del Rey. Álvaro de la Riva me había pedido que estuviera en aquella entrevista. Había conocido a Melchor en *Diario 16*, periódico al que llegué en 1983, dos días después de terminar mis estudios en la Universidad de Navarra. Conocía su tenacidad para «levantar noticias» y su valentía para enfrentarse a algunas situaciones difíciles. Nos trajo un reportaje sobre el País Vasco. Nos dijo que le gustaría que lo emitiera La Primera, y de hecho nadie lo había visto antes que nosotros. El documento era un viaje a través de la Euzkadi nacionalista, rodado con cámara oculta. Duraba cincuenta minutos. Los momentos más reveladores eran una visita a una ikastola (escuela que imparte su enseñanza en euskera) y la entrevista con un párroco al que se le encargaba una misa por una víctima de ETA. En la ikastola los autores se encontraban en un pasillo con un niño que contestaba a todas las preguntas con monosílabos en euskera. «Tú dices a todo que *bai* o que *ez*, ¿qué pasa, que no sabes hablar castellano?», le decía uno de ellos. «No —respondía el chico—, es que aquí no me dejan.» La segunda gran secuencia mostraba el diálogo con un párroco. El cura se negaba a oficiar una misa funeral por una víctima de ETA. Su argumento es que todos eran víctimas y que hacer diferencias le traería problemas. El razonamiento del sacerdote era un delirio perverso en el que nadie identificaría el más mínimo rastro de inspiración cristiana. El cura les daba la espalda a las víctimas de ETA. Le dije a Melchor que el documento era bueno, pero las emboscadas no eran el estilo de una televisión pública. No lo podíamos emitir.

Creo que el uso de la cámara oculta sólo está justificado en algunas situaciones excepcionales. Pienso que se pueden utilizar cuando se trata de evitar daño a personas o cuando los daños causados por el uso de objetivos ocultos deben ser siempre menores que los males que puede ocasionar el comportamiento que se denuncia, o bien cuando no existe ningún otro modo de conseguir esa información. En cualquier caso ningún redactor debe utilizar este tipo de cámaras sin la autorización de la dirección, que deberá consultar con el departamento jurídico del medio. En Estados Unidos ha habido grandes batallas legales. Algunos estados tienen una legislación muy restrictiva sobre el uso de estos aparatos. En España se han ofrecido documentos con cámara oculta en los que no está justificada su utilización. En el caso que hemos contado, el del País Vasco, yo tuve algunas dudas. Los autores entraban en ambientes peligrosos para periodistas no afines a la causa pro terrorista. Algunas informaciones relevantes sobre la forma de actuar de la llamada *kale borroka* habrían sido imposibles de obtener sin ese procedimiento. Pero creo que la entrevista con el director de la ikastola y con el sacerdote eran «emboscadas» llenas de trampas en las que la cámara escondida se convertía en un procedimiento deshonesto. Quienes quieran saber más o darle una vuelta a esta reflexión, pueden leer el apasionante libro de Janet Malcolm *El periodista y el asesino*, en el que se analiza un caso real de intenciones ocultas: un escritor utilizó las confesiones de un asesino que le había encargado un libro para exculparle. El resultado fue una obra en la que aparecía como un sicópata desequilibrado que había asesinado a su familia. El proceso que siguió a la demanda del encarcelado es un juicio demoledor para algunas prácticas periodísticas disfrazadas tras la máscara del llamado periodismo de investigación.

La producción, la verdadera maquinaria de los informativos

Historias como ésta demuestran la importancia de la producción en Informativos. Desde hace unos meses los telediarios incluyen en sus títulos de crédito al productor, porque sin su trabajo la emisión sería imposible. Su función es garantizar las comunicaciones y los enlaces necesarios para que la información llegue hasta la redacción. Ellos distribuyen el trabajo de los cámaras y aseguran que las imágenes, desde cualquiera de las fuentes de origen, estén disponibles para los telediarios. Imaginen que un redactor, acompañado de un reportero gráfico y de un ayudante, viaja a Ruanda para cubrir las matanzas en las guerras civiles entre los hutus y los tutsis. La producción tiene que organizar su viaje, buscar billetes de avión, hoteles y todos los servicios necesarios para trabajar. Pero también tendrán que buscar la forma de que las imágenes lleguen hasta Torrespaña desde lugares remotos que no disponen de instalaciones de televisión. Tendrán que buscar alguna agencia internacional o alguna empresa que tenga instalada en la zona una mínima estructura técnica, con una estación terrena, es decir una antena parabólica que traslada las imágenes hasta un satélite, que a su vez las transmite hasta el punto de elaboración del telediario. No sirve de nada enviar a redactores a lugares desde los que no podrán emitir. Pero si la noticia es importante, las agencias instalarán servicios por los que cobran fuertes sumas de dinero a las televisiones internacionales. Hay ocasiones en que la propia televisión tiene que enviar sus propias antenas, que se transportan en camiones. Así ocurrió en el último terremoto que sacudió el norte de Marruecos.

Una vez que los equipos están en Ruanda, ruedan, hacen entrevistas y montan sus crónicas para los telediarios. El productor tendrá que reservar un tiempo en el satélite para la emisión. Ese tiempo tendrá que ser el suficiente para el envío de la información. El redactor sabe que para enviar su trabajo tiene que llegar hasta el punto donde está la antena parabólica, a una hora determinada, por ejemplo a las tres menos cuarto de la tarde. A esa misma hora, en Torrespaña, un técnico se encargará de grabar la señal que viene desde Ruanda a través del satélite. Esa grabación se emitirá después en el telediario.

Cambien Ruanda por cualquier punto del planeta donde haya una noticia importante como para entrar en directo o desplazar a un enviado especial y tendrán en buena parte el cometido de la producción. Piensen que las coberturas especiales, cuando los telediarios salen a la calle y hay que desplazar a decenas de personas a Asturias, a Barcelona, a Bilbao o a La Habana; son las ocasiones en las que la producción lleva el peso de operativos muy complejos donde todo, hasta el más pequeño detalle, tiene que estar a punto, desde los focos al vaso con agua para los presentadores.

Su función es también imprescindible en el trabajo en zonas de conflicto, en lugares donde conseguir alojamiento puede ser una tarea muy costosa, y donde es imprescindible ser muy rápido, muy persuasivo y manejar muy bien los idiomas y los fondos para lograr alquilar un buen coche o contratar a un traductor. La experiencia en estos casos es un grado, y la fortuna de tener cerca a un buen profesional puede suponer un plus de seguridad y una garantía de que el trabajo de redactores y cámaras llegará a tiempo. El éxito de muchas operaciones depende del trabajo de los productores. Su fracaso también. Por eso cuando los redactores saben que van a llevar a alguien de producción intentan elegir a los mejores.

LAS AUDIENCIAS SON UNA DICTADURA... SÓLO PARA EL QUE PIERDE

Durante mis años en televisión, quienes no conocen el medio me han lanzado muy a menudo una pregunta: ¿cómo se sabe cuántos espectadores tiene un programa de televisión? Esa curiosidad está basada en lo rápido que aparecen y sobre todo en la velocidad a la que desaparecen ciertos programas de la tele. ¿Con qué criterio se muere o se vive en la caja? Con el criterio de la audiencia. ¿Y cómo se sabe cuántos hemos visto tal emisión? La única empresa que se dedica a esa medición en España es Sofres. No tiene competencia, en parte porque organizar la estructura necesaria para ser fiable es muy caro. ¿Y qué fiabilidad tiene? Al ser la única medición se trata de una convención aceptada, aunque Sofres presenta los datos técnicos con los que mide las audiencias y cada cierto tiempo revisa sus criterios sociológicos para ajustarlos a la realidad y conseguir que la medición sea «científica». A veces ha habido quejas. En ocasiones alguna emisora ha hecho estudios que han demostrado que hay variaciones en los resultados y desviaciones en la medición. Esos «desajustes» son muy importantes porque tienen efectos económicos. La publicidad en las cadenas de televisión se paga en función de las audiencias. No es lo mismo un anuncio en un programa que tiene un 35 por ciento de cuota de pantalla (es decir, que lo ve el 35 por ciento de los que a esa hora están viendo la televisión) que uno que tiene un 15. Y no es igual el precio para un mensaje comercial a las diez y media de la noche (hora en la que puede haber 15 millones de espectadores en invierno) que a las diez y media de la mañana.

Dicho esto, vamos a ver cómo se miden las audiencias. El arma fundamental para no equivocarse es la sociología. Se trata de escoger una muestra representativa de la población, porque de lo contrario habría que poner un audímetro en cada hogar. Esa muestra debe contener a pequeña escala la misma proporción de grupos sociológicos que existen en la sociedad española. Si en España hay un 68 por ciento de población urbana y un 32 por ciento de población rural, la muestra tendrá que tener esa misma composición. Si hay un 55 por ciento de mujeres y un 45 por ciento de hombres, la muestra tendrá que estar compuesta de esa forma. Así hasta agotar las clasificaciones. Cuantas más variables abarque la muestra, mejor. Una vez establecida, se buscan individuos que respondan a las características necesarias. En las televisiones de su hogar, previo contrato, se colocará un audímetro que registra la vida diaria del televisor: los momentos en los que está apagado y las variaciones de programas, el *zapping*, cuando está encendido. A una hora de la madrugada, en torno a las tres de la mañana, el audímetro está programado para enviar la información a través de la línea telefónica hasta un ordenador central. Ese sistema informático procesará los datos de todos los audímetros de España y a partir de esa información elabora una serie de tablas. Al día siguiente, a las nueve de la mañana, los programadores, los directores de programas, los responsables de las cadenas, los productores, los periodistas que en la prensa se encargan de las páginas de la televisión, los actores... sabrán si han triunfado o no, si los espectadores los han visto o si han preferido otras opciones. Es como en el antiguo circo romano: el dedo del emperador (el espectador) se orienta hacia arriba o hacia abajo, y todos saben por la mañana cuál ha sido el veredicto. De ese juicio dependen muchas energías y muchas ilusiones. Ese veredicto implacable entierra proyectos o los encumbra, consagra a presentadores o los envía al olvido. Sólo una televisión pública como La 2 es capaz de mantener programas con una audiencia escasa, porque se puede guiar por un criterio de rentabilidad social o atención a las minorías. La Primera es una televisión comercial como las demás y cuando un producto fracasa desaparece de la parrilla.

A través de ese sistema de medición los programadores y los responsables de las divisiones comerciales pueden diseñar la estrategia de emisión. El estudio de audiencia les dice qué tipo de personas ven determinados programas. Así saben si un producto televisivo tiene éxito entre los jóvenes o es el preferido de las personas mayores, si se ve más en una comunidad autónoma que en otras, si lo ven más las mujeres o los hombres. La publicidad y sus ingresos estará en función de la composición sociológica de cada programa. Se habla mucho de las presiones de los políticos sobre la televisión en sus contenidos informativos. Pero nunca se ha hablado de las presiones de las divisiones comerciales en los contenidos de los programas de noticias que llevan publicidad. Los que las han sufrido, los que saben el peso de los publicistas en la composición o en el todo de las noticias deberían explicar a los profesionales del medio las mismas cosas que cuentan en privado.

Hay otro instrumento muy útil para los estrategas de la televisión. La medición de audiencias permite conocer el número de espectadores que ven cada programa minuto por minuto. Ese control se presenta en forma de curvas, de gráficos en los que se puede ver la evolución, como si fuera la curva de fiebre que se traza para un enfermo durante los días de una gripe. Esa línea nos permitirá conocer la reacción de la audiencia ante determinadas noticias y en los momentos más importantes de la emisión. Esta herramienta nos dará algunas claves importantes a la hora de plantear la estrategia narrativa de un informativo. Los editores hacen los telediarios para que se vean, de la misma forma que los editores de diarios publican para vender ejemplares. Un telediario debe tener las noticias importantes pero también reportajes interesantes y se debe diseñar como si fuera una narración, porque al fin y al cabo se trata de un relato que evoluciona en el tiempo. Y esa técnica para seducir al espectador a la vez que se le mantiene informado se aprende más en las novelas que en los libros de periodismo.

Campañas para una vida mejor

> Hay mucho que decir en defensa del periodismo moderno. Al darnos a conocer las opiniones de personas sin educación nos mantiene en contacto con la ignorancia de la comunidad. Al ofrecernos una crónica minuciosa de los sucesos cotidianos de la vida contemporánea nos permite entender lo poco importantes que son, en realidad, esos sucesos. Al discutir siempre de cosas inútiles, nos permite entender cuáles son las cosas necesarias para la cultura y cuáles no lo son.
>
> Oscar Wilde

Los medios públicos tienen la obligación moral de implicarse en campañas para mejorar la vida de las sociedades a las que sirven y de crear valores para la convivencia. Es una forma de estar en medio de la vida de los espectadores y de ser conscientes de que la televisión puede ayudar quizá no a cambiar el mundo, pero sí a modificar algunas parcelas. La fuerza de la televisión, su capacidad para crear modelos y pautas de comportamiento es enorme y debe ser aprovechada. La televisión no es sólo un negocio sino también una gran fuente de rentabilidad social. En los años que me tocó estar al frente de los informativos hicimos varias campañas y algunas nos dieron grandes satisfacciones profesionales.

La primera fue la de la lectura. Fomentar el amor a los libros es una forma de difundir la cultura sin adjetivos y de incitar la búsqueda personal del conocimiento, sin intermediarios. La idea nació de un almuerzo con Juan Cruz. Nos vimos porque quería pedirme, en nombre de los editores, que hiciéramos algo por los libros. En España se publica mucho, se compra bastante aunque para los que viven de este negocio todo sea poco, pero la lectura no es una de nuestras más sólidas aficiones. Debía de ser a finales de 2001, porque Cruz me comentó que había visto con agrado una serie que habíamos emitido en la segunda edición de los telediarios, en la que habíamos querido decir un adiós emocionado a la peseta. Políticos, toreros, empresarios, cocineros y actores nos contaron historias de sus primeras pesetas y su vinculación sentimental con la moneda nacional que estaba a punto de morir para dar vida al europeo euro. Lucio evocaba su primer billete, un día de invierno en la Cava Baja de Madrid, cuando recibió su primera peseta en pago por haber cuidado durante toda una mañana el caballo de un viajero. Santiago Carrillo nos relató la de cosas que se podían hacer y lo bien que se podía comer con un billete de peseta en los restaurantes del Madrid de la República. Era el homenaje de un viejo republicano a las ventajas del capitalismo. Cruz me dijo que le gustaría algo así para los libros.

Nos pusimos a trabajar y de aquella primera idea surgió «Un libro, una vida». Los lectores nos iban a descubrir el placer de las letras. Pensé que los que mejor venden los libros son los lectores. La mejor tarjeta de presentación para una novela no es la publicidad o las repetitivas fajas rojas que les ponen a algunas ediciones con el comentario elogioso de un crítico de tal o cual periódico. La mejor venta de un libro la hacen los que lo leen, si es que les ha gustado. Una novela como *La sombra del viento* no tuvo ninguna campaña de publicidad y sin embargo en pocos meses se multiplicaron las ediciones. La pasión con la que fue recibida por el público la convirtió en un best-seller. Así que nos lanzamos a la búsqueda de los que leen, y en un par de semanas teníamos una docena de lectores apasionados.

Toreros, cocineros, taxistas, bailarinas, flamencas y flamencos, futbolistas, un nadador, un torero, un pastor de ovejas, un labrador y el levantador de piedras Iñaki Perurena fueron los primeros. Después de los diez primeros capítulos no nos hizo falta buscar más porque muchos otros se ofrecieron para leernos la obra que más les había tocado el corazón. Hubo muchos memorables. El torero Joselito nos leyó los primeros párrafos de la *Crónica de una muerte anunciada*. Un taxista nos enseñó el maletero de su coche, donde guardaba las obras que había leído en horas y horas de espera, encuadernadas y clasificadas para que sus hijos supieran lo que contenía cada una. No hay mejor forma de incitar a la lectura que transmitir el placer que experimentan los lectores. Los libros lo contienen todo: viajes, evocaciones, sentimientos, pasiones, historia, luz, colores, conocimiento, humor, diversión, lenguas, estética, vidas y muertes. Todo está en los libros, como decía la canción.

Creo que los capítulos más eficaces fueron los de los deportistas. Ellos son modelos para la gente joven, y por tanto su testimonio y su forma de vida tienen una fuerza que no se encuentra en otras profesiones. Andoni Zubizarreta leyó algunos párrafos de *Opiniones de un payaso* de Heinrich Böll. Emilio Butragueño nos confesó que se aficionó a la lectura en los días de concentración previa a los partidos. Los libros de Borges y de García Márquez le habían ayudado a escapar por unas horas del claustro de los hoteles. Perico Delgado había comprado una colección entera de grandes obras de la literatura del siglo XX, había comenzado a leerlas desde el número 1 y ya iba por el 25. Los capítulos se emitían al final del telediario. Era un momento esperado. Era el reino del lector y la autoridad soberana de su gusto. No había más que una excepción excluyente: no se admitían gentes vinculadas al mundo de los libros, ni autores ni críticos literarios. Cada cual podía leer lo que le viniera en gana, desde ensayo a novela, desde teatro a poesía, cómics y tebeos. Esa campaña, desarrollada en dos años, nos valió el premio Nacional de Fomento de la Lectura y el premio de los libreros a la mejor labor en televisión.

Hubo más campañas. Una de las que mejor recuerdo fue la del euro. En el otoño de 2001 estábamos a punto de estrenar una moneda de la que no sabíamos nada. Apenas la habíamos visto en algunas fotos o dibujos en la prensa. España sentía el vértigo del adiós a la peseta y la bienvenida fría a una moneda que íbamos a compartir con el resto de los países europeos, salvo alguna excepción. Nos teníamos que implicar en el empeño de contar a los españoles lo que suponía ese cambio y lo que convenía saber para no perderse entre las monedas. De ahí nació una serie que telediario a telediario intentó que los españoles se familiarizaran con los euros. No era fácil, porque se trataba de conceptos, ideas, elementos poco tangibles, difíciles de explicar en imágenes. Para conseguirlo teníamos que encontrar una persona con una imagen joven, dinámica, con capacidad de comunicación, que hiciera todo aquello mucho más atractivo. No tuvimos que buscar mucho porque la teníamos en casa: Letizia Ortiz.

Hemos sido cómplices también de algunas aventuras inspiradas por la celebración de la excelencia y el reconocimiento de la capacidad humana para transformar el mundo y abrir caminos de conocimiento, de concordia, de entendimiento. Creo que los premios Príncipe de Asturias se han convertido en una referencia mundial donde cada año se produce el prodigio de reunir por unas horas a los mejores resultados de la inteligencia y la voluntad humanas. Año tras año nos ha llenado de satisfacción el poder «conspirar» para que todo aquello tuviera la máxima difusión. La propia génesis de los premios demuestra cómo un sueño abrigado por personas apasionadas y dotadas de una fe inquebrantable pueden conseguir que Asturias sea cada año el centro mundial de la cultura y una referencia ética e intelectual para los grandes problemas del mundo.

En los últimos años las televisiones, como el resto de los medios de comunicación, han abandonado la neutralidad en algunos temas para implicarse en asuntos sociales de máxima urgencia. Así ha ocurrido por ejemplo en las campañas contra los efectos de las drogas, contra los malos tratos o a favor de una pedagogía que permita reducir las cifras de muertos e inválidos que dejan los accidentes de tráfico. En todos esos casos los efectos han sido positivos. Falta por estudiar, sin embargo, la sospecha de que la reiteración de reportajes sobre lo que antes se llamaban «crímenes de género» pueda provocar un efecto de imitación de ese tipo de comportamientos, como ocurre con los suicidios. Cada vez son más los grupos sociales que reclaman de los medios, sobre todo de la televisión, que sea cómplice de sus proyectos y testigo de su situación, pero ese acercamiento o esa implicación se debe hacer siempre con sentido crítico y con una distancia preventiva. Algunos medios tienden a complacer a su clientela, y abandonan su posición con facilidad cuando se trata de causas de la izquierda. ¿Cómo si no podemos explicar esa pregunta que le hizo un redactor de *El País* al escritor Carlos Fuentes, en una entrevista publicada el 14 de septiembre de 2004? Contagiado sin duda por el activismo militante de su entrevistado, y a dos meses de las elecciones presidenciales, el periodista le pregunta con inquietud «¿Y qué podemos hacer si gana Bush?». Angelical.

Es posible también que los «asuntos fijos de la agenda de los medios» como los malos tratos, provoquen a la larga una pérdida de sensibilidad de las sociedades, por la reiteración de los casos. Es probable también que poner el foco sobre asuntos que están de moda nos haga ciegos para nuevas realidades y nuevos problemas que no encuentran hueco en las escaletas de los telediarios. Y también es posible que la audiencia llegue a asimilar con efectos difíciles de medir, la esquizofrenia de algunos medios que predican en sus informativos los grandes valores, mientras en sus programas mantienen un discurso en los antípodas de la buena educación y del buen gusto. Porque cada vez se siente con más fuerza entre los profesionales la demanda social de que los medios sean, como apunta García-Noblejas en *Medios de conspiración social*, «promotores de valores como la solidaridad y la piedad, la gratitud, la sinceridad, la amistad, la tolerancia y la capacidad de responder ante el mal recibido, la esperanza, la alegría y la magnanimidad».

Las campañas electorales en TVE

Cada vez que se abre una campaña política alguien en TVE pide un cronómetro. Un medidor exacto del tiempo es fundamental. Sin el reloj no hay campaña, o al menos habría otro tipo de campaña, mucho más arriesgado. Medir los segundos es un asunto vital. En todas las campañas electorales, europeas, autonómicas, generales, municipales, hay un cronometrador en el control de los telediarios. Se coloca detrás del realizador, y le dice en qué momento debe cortar la imagen y la palabra a los oradores. Los que hablan en los mítines saben a qué hora entran en el telediario de la primera o en los informativos de Antena 3 y de Tele 5. Un piloto rojo situado en la parte oculta del atril les indica en el momento que se enciende, que han entrado en el hogar de millones de españoles, que la tele les está enfocando. ¡Es el momento! Antes, por la tarde, los coordinadores de campaña de los partidos se han encargado de llamar a las ediciones de los informativos para que les digan a qué hora exacta enchufarán con la cámara a sus jefes. Si usted ha asistido a los mítines de los partidos políticos en campaña se puede haber dado cuenta de que en torno a las nueve y diez de la noche, quizá las nueve y quince, el orador que estaba hablando de lo bien que va la economía de repente le arrea al contrario un golpe dialéctico al acusarle de no tener un proyecto para España. Al otro lado está el aspirante que minutos después, quizá avisado por los suyos de la ofensiva de su enemigo, contestará a la acusación en medio de un discurso sobre lo que ha subido el precio de la vivienda. Los periodistas asistimos a este toma y daca como los espectadores a un partido de tenis. En casi treinta años de democracia no hemos conseguido establecer un modelo para el seguimiento de las campañas políticas en los medios públicos que tenga algo de ejercicio de la profesión.

Los partidos se enfrentan a las campañas con una enorme desconfianza en los periodistas, de la que ya he dado algunos ejemplos. Quieren controlar lo que se emite, acotar el mensaje y administrar desde sus equipos de propaganda el tiempo que tienen en los medios. Por tanto quieren que el periodista hable muy poco y su candidato mucho. Quieren fijar la agenda y evitar que los asuntos centrales de la campaña se les escapen de las manos. Para conseguirlo se inventó el reparto proporcional. Cada vez que se convocan unas elecciones la dirección de RTVE propone al Consejo de Administración un plan de cobertura de la campaña electoral tanto en Radio Nacional como en Televisión Española. La parte central de ese plan es el reparto por cuotas del tiempo de «información» asignado a cada partido. Los tiempos se fijan en función del resultado de la elección anterior. Si en unas europeas el PSOE ha conseguido el 28,4 por ciento de los votos, su tiempo será ese mismo porcentaje de los minutos dedicados a la cobertura de la campaña. Si el PP tiene el 27,6 por ciento, esa cifra se trasladará a la atribución de tiempos y al final los populares habrán ocupado exactamente el 27,6 por ciento de todo el tiempo que en los telediarios se dedique a los mensajes políticos.

El modelo es tan exacto como inútil. Ofrece la justicia objetiva de la proporcionalidad pero dudo que sirva para que los electores se formen un juicio aproximado del programa de cada partido. Es tan limitado que no permite el mínimo margen para la creatividad, para la comparación de programas o para reportajes que aborden otros aspectos de las campañas. Cada día se ofrecen fragmentos de mensajes seleccionados por los propios partidos. El tiempo de los informativos es un tiempo de propaganda. Los periodistas no tienen nada que hacer, más allá de pegar planos, coser pedazos de discurso y medir el resultado para evitar que el exceso de algún ingrediente provoque un recurso ante la Junta Electoral. Si la selección de los mensajes que hacen los periodistas no gusta a los gabinetes de prensa o a los equipos de campaña, los partidos se quejarán ante la dirección de los medios. Grupos profesionales de Cataluña protestaron ante este sistema de trabajo en la campaña para las elecciones autonómicas de 2003. Tengo que reconocer que hasta ahora siempre hemos fracasado en cualquier intento de cambiar las cosas. El empecinamiento de los partidos impide cualquier acuerdo. Pienso que todo esto no cambiará hasta que se modifique el marco legal y el modelo de las televisiones públicas, de todas las televisiones públicas.

Las únicas vías para ofrecer unos contenidos útiles son las entrevistas y los debates. Pero los enfrentamientos entre los dos principales candidatos en una televisión pública son una quimera. Primero porque una vez convocado el debate, si alguno de los candidatos del resto de las formaciones políticas que concurren reclama su presencia en ese programa, la Junta Electoral se la concederá porque tiene derecho a una presencia ajustada en el tiempo a su representación política. Así ocurrió en el debate emitido durante la campaña de las europeas en junio de 1999. Fue imposible enfrentar a Rosa Díez y a Loyola de Palacio. En su lugar tuvimos un debate con un moderador, Javier González Ferrari, y ocho candidatos. El programa se grabó en Prado del Rey. La grabación comenzó con dos horas de retraso, el tiempo necesario para poner de acuerdo a todos ellos sobre quién iba a empezar, quién iba a hablar el último y cuáles serían los turnos y tiempos de intervención. El resultado fue una emisión aburrida, sin ritmo, muy poco televisiva y nada útil a la hora de formar opinión y criterios.

Este bloqueo de los «cara a cara» en la televisión pública se volvió a repetir en las últimas elecciones europeas, las de junio de 2004. Las televisiones ofrecieron tres debates: uno a dos en Tele 5, un segundo duelo Borrell-Mayor Oreja en Antena 3 y un tercero con todos los candidatos en TVE. Los gestores de La Primera se quedaron sin mano a mano entre los cabeza de lista del PSOE y del PP, a pesar de que estaba aprobado por la Junta Electoral Central. Su enfado fue evidente y se tradujo en que el día del debate a dos en Antena 3, el 9 de junio, la segunda edición del telediario se prolongó hasta las diez y cinco de la noche, es decir veinte minutos más de su duración habitual, una maniobra para restar audiencia a la emisión de Antena 3. Algunos han sugerido romper este muro con una ley que determine la forma y la composición de los debates. Caben muchas soluciones, incluida la celebración de debates en estudios o locales que sean terreno neutral para todas las televisiones y que puedan ser transmitidos por todos aquellos canales que quieran difundir la señal. Es posible también preguntarse por la utilidad del debate. En el Reino Unido no existen. Ni siquiera la sacrosanta BBC los organiza. Pero el criterio británico, tan seguido en otros asuntos, en éste no nos vale. Nos podemos preguntar si en un debate de televisión gana el mejor político o el mejor actor. En fin, las preguntas sobre este asunto son muchas y el interés por ver duelos en la tele es muy alto.

Nos quedaría el problema de la información, que no es otro que el garantizar la imparcialidad sin cercenar el trabajo de los periodistas, sin obligarles a que hagan cesión de sus funciones durante quince días para que los partidos coloquen sólo aquellos mensajes que sus jefes de campaña están interesados en difundir. Algunos medios en Estados Unidos han ideado nuevas fórmulas para enfrentarse a la demanda de información electoral. Periódicos y televisiones locales de algunos estados han elaborado un sistema por el que los ciudadanos, los electores, les envían las cuestiones más importantes, los asuntos que más les preocupan. A partir de esa agenda se construyen los cuestionarios a los que deben responder todos los candidatos. Es sólo un ejemplo. Las nuevas tecnologías, los móviles o internet pueden servir para abrir una mejor comunicación entre periodistas y ciudadanos. Muchas televisiones incorporan ya en sus portales electrónicos servicios interactivos para conocer la opinión de sus espectadores. La red abre nuevas posibilidades y puede convertirse en un factor clave para ayudar a transformar la limitada cobertura de las campañas políticas.

Debates en tiempos de mayoría absoluta

No fue la primera vez que TVE inauguraba un tiempo de debates pero sí la primera ocasión en la historia de la televisión pública en la que el programa se encargaba a un centro de producción lejos de Torrespaña. *El Debate de La 2* se abrió en Barcelona, y allí siguió hasta que llegaron los nuevos gestores que redujeron al mínimo la producción de Sant Cugat y se llevaron los debates a Madrid. Para abrirlo recuperamos a un profesional que hizo el viaje de ida y vuelta: había nacido a la profesión en Sant Cugat, se marchó después a TV3 para hacer *Àgora*, un programa de referencia en los espacios de discusión e intercambio de opiniones. *Àgora* también estableció algunos precedentes: fue el primer programa de TV3 que entrevistó al presidente Aznar. Puigbó es un hombre tranquilo. Llevó el debate con una gran profesionalidad, con capacidad para apuntar a la diana de asuntos que estaban en la calle y con olfato para crear ámbitos de debate que luego tendrían reflejo en los medios de comunicación. El único límite del debate lo establecieron los propios partidos políticos. No fue fácil reunir en torno a un mismo asunto a responsables, especialistas y diputados de la mayoría y de la Oposición. Los políticos se miran por encima del hombro cuando se trata de acudir a un debate. Lo primero que preguntan cuando se les llama para la ocasión es quién va a acudir del otro lado, y en función de la representación del antagonista establecen la suya. Así fue imposible atraer la atención de ningún ministro. Lo mismo ocurría en la Oposición: Zapatero sólo venía si lo hacía Aznar; si no enviaban a un tercera fila. Enterado el Gobierno de la representación de la Oposición, delegaban su cometido en un cuarto nivel. Y así, una y otra vez. Reconozco que nuestra aspiración era hacer un *Porta a Porta*, el espacio de debates de RAI Uno presentado por Bruno Vespa, en el que los políticos italianos, del Gobierno o de la Oposición, se pegan por tener un sitio. Da igual que el debate sea social, filosófico, estético o religioso. En el 25° aniversario del papado de Karol Wojtyla, Vespa organizó un programa especial que comenzó a las nueve y media de la noche y terminó bien entrada la madrugada. En aquel programa participaron los más notables vaticanistas, ministros del Gobierno, dirigentes políticos, cardenales... Fue un programa coral, ejemplo de lo que debe ser un foro de debates. En España la realidad es desoladora. Cuando abrimos *El Debate de La 2*, los únicos programas donde se discutía eran la sesión dominical de *Gran Hermano* y *Crónicas marcianas*. Esos dos títulos daban la medida del nivel del intercambio (no me atrevo a decir racional) de ideas. La televisión ha acostumbrado al público a apreciar sólo los debates que se parecen a las discusiones de taberna, con su calor, su humo, sus bravatas, sus desafíos y sus gestos al arco de triunfo. Los debates han degenerado hacia el espectáculo. Si los que participan no dan voces o amenazan con las manos no tienen interés.

Todas las ausencias se debieron a la propia clase política, temerosa de hacer un mal papel o de verse encerrada y en minoría en una lucha de argumentos. El debate discutió sobre casi todos los asuntos de interés. En la última temporada, el traslado de Josep Puigbó a Madrid me llevó a mí a Barcelona. La sugerencia fue de Juan Menor. Al director general le pareció una buena idea. Y a mí, la verdad, me apetecía probar un género nuevo. Abordamos la economía, tratamos el *Prestige*, el estado de la Iglesia en los veinticinco años de Juan Pablo II, pero también nos divertimos, por qué no, cuando en Navidad sentamos frente a frente a los mejores cocineros de España, que nunca antes se habían reunido para hablar de cómo han conseguido convertir a España en una referencia mundial para la creatividad gastronómica. Hicimos muchos menos debates de los que nos habría gustado. Cuando se critica que en televisión no hay debates no se sabe lo que se dice. Son programas que tienen una audiencia minoritaria pero muy fiel, y sobre todo muy agradecida, porque está ávida de programas de calidad y muchas noches no tiene nada donde posar su mirada. Cuando se acusa a TVE de no organizar debates políticos yo desvío ese golpe hacia quienes no se quieren sentar para discutir frente a la televisión. En España hay miedo al debate, un género en el que nadie quiere participar sin antes saber cuál será el resultado, aunque siempre hay excepciones.

A pesar de todo, de las innumerables dificultades para organizar encuentros plurales, inauguramos ese espacio de discusión con un programa sobre *La Europa que nos viene*, que se emitió el 26 de marzo de 2002. En torno al debate se sentaron Josep Piqué, ministro de Exteriores, Josep Borrell, Manuel Vázquez Montalbán y Monica Frassoni, presidenta del grupo parlamentario de Los Verdes en el Parlamento europeo. Le siguieron *Los colores de la inmigración*, *Clones, embriones y razones*, *El fútbol no es así*, *La educación a examen* y *Oriente Próximo: tierra herida*. El 11 de junio de aquel año el programa alcanzó su máximo de audiencia con una media de más de millón y medio de espectadores, y con un debate titulado *El estado de nuestra democracia* en el que participaron los portavoces de todos los grupos parlamentarios, desde Luis de Grandes a Jesús Caldera, pasando por Felipe Alcaraz, Xavier Trias e Iñaki Anasagasti. Hacienda, la Justicia, el turismo, la Iglesia, los jóvenes o el *Prestige*, que se emitió el 3 de diciembre de 2002, y que tuvo su segunda entrega, con un perfil más político, el 11 de febrero de 2003: el debate atravesó todos los asuntos de actualidad y se consolidó como un programa de calidad, una isla para los exiliados de la telebasura.

14

La persecución

Lo que empieza con el mal, con el mal se fortalece.

SHAKESPEARE, *Macbeth*

—No me tengo en pie.
—¿Qué te pasa, te han disparado?
—No en los últimos días.

De un diálogo en *Cold Mountain*

¿Quién no ha tenido presiones en un medio de comunicación? Desde los directores a los redactores, las presiones para salir o no salir, las recomendaciones para decir algo o evitarlo son constantes. Las presiones se ejercen sobre la prensa, sobre la televisión y sobre la radio. Yo las he tenido y las he vivido desde que era joven. Recuerdo las del año 1987 cuando José Cavero llamó a los editores de *España a las ocho* a su despacho para que le explicaran por qué habían abierto el informativo con una huelga de transporte marítimo que mantenía aisladas por mar a las islas Canarias. Era un error porque daba la impresión de que el país había caído en el caos y el desorden, «no era la mejor noticia para empezar el día», y alguien del Gobierno se lo había hecho notar. Los gritos se escuchaban desde el pasillo. Recuerdo también el domingo en que Antonio San José, que tomaría el relevo de Cavero como director de Informativos de RNE, llamó a la redacción para prohibir que diéramos la noticia de que un grupo de etarras, entre los que estaba Antxon, iba a salir de Argel rumbo a la República Dominicana a bordo de un avión de la Fuerza Aérea Española. La noticia la teníamos confirmada y la habíamos avanzado en el boletín de las 13 horas. San José nos dijo que cuando salieran los etarras lo sabríamos por él y que seríamos los primeros en enterarnos, y que de momento no había nada de nada. Era obvio que había recibido alguna llamada… ¿del Ministerio del Interior? Los etarras partieron de Argel a las tres menos cinco de la tarde y fuimos los primeros en enterarnos, pero gracias al corresponsal de la agencia Efe que firmó su despacho urgente a las tres de la tarde. En abril de 2004 se entregó a San José el premio de la Academia de la Televisión al canal temático CNN+. Un premio merecido. Al recoger el galardón dijo que ellos hacían «simplemente periodismo, algo que es un lujo en los tiempos que han corrido». Me acordé de aquel domingo de hace ya unos cuantos años y me pregunté qué período de tiempo acotaban las palabras del director de Informativos de CNN+. Eran malos tiempos. Aquéllos fueron peores.

Una tarde de aquellos tiempos en los que era un lujo hacer periodismo un redactor jefe irrumpió en el estudio de Informativos. Eran las ocho de la tarde y un minuto. Había terminado de leer la presentación del informativo que tenía como única noticia la desaparición en Sevilla del sumario de Juan Guerra. Los documentos habían sido robados en un despacho de los juzgados de la capital hispalense. El redactor jefe estaba fuera de sí, comenzó a gritar y a amenazarme con el exilio, me dijo que con el pan de sus hijos no se jugaba y no sé qué otras sandeces. Di orden al control de que subieran la sintonía de titulares para ahorrar a la audiencia todo aquel recital poético. La sintonía duró dos minutos. Cuando el hombre se calmó seguimos con el desarrollo de las noticias. Por aquel entonces antes de dar cualquier noticia, ésta debía pasar por el filtro de un redactor jefe que quitaba y ponía, suprimía o añadía. Aquella tarde, cuando salió el urgente a las ocho menos un minuto, no había redactor jefe alguno a la vista. La cosa no estaba para permisos, así que salí corriendo al estudio e improvisé una entrada a partir de aquel teletipo. Eran malos tiempos. Los jefes de redacción se situaban en el control de los estudios de radio durante la emisión del informativo. Ellos decidían qué noticias se caían de la escaleta y cuáles había que introducir. Filesa, Malesa y Time Export eran marcas comerciales y la radio pública, ya se sabe, no puede hacer publicidad.

Eran malos tiempos y para demostrarlo Diego Carcedo cambió de un plumazo a todos los editores y presentadores de los informativos de la cadena. Lo hizo con un estilo medieval. Una mañana colocaron en la puerta de la redacción una hoja con los destinos de una decena de profesionales que se enteraron por aquel «edicto» de que estaban destituidos y de cuál era su inmediato destino en el universo radiofónico. Conmigo tuvieron el detalle de comunicarme que me podía ir a Roma o a México, porque en democracia no se puede enviar a nadie al extranjero sin su consentimiento. Elegí Roma, un lugar al que los informativos de la radio acudían a menudo porque las cosas por allí siempre parecían estar peor, hasta que llegó Luis Roldán y se acabó el trabajo. Apenas pude contar que el avión de la Thai que le traía de vuelta a España había hecho escala en Fiumicino. Desde entonces Italia se convirtió en un lugar remoto que ya no interesaba tanto porque España había superado los niveles de «imaginación» política de los transalpinos. Tres años después de nuestra llegada a Italia, Javier González Ferrari me llamó para dirigir *España a las ocho*, a pesar de que sólo me conocía de haberme oído por la radio. Así que hicimos las maletas y volví para hacer lo único que merecía la pena cambiar por un café a las doce en piazza Navona. En aquella época supongo que hubo presiones, pero Javier nunca me lo dijo. A mí no me llegaban. Sí recuerdo cómo un día José Bono, presidente de Castilla-La Mancha se enfadó en directo y dijo que nunca volvería a participar en el informativo matinal de Radio Nacional de España. La razón era que le habíamos dado entrada a la vez que a Jaume Matas, recién llegado a la presidencia de la Comunidad de Baleares. Después del programa hablamos con Bono y nos confesó que no nos perdonaba que le hubiéramos puesto a la altura de «uno que acaba de llegar», a él que llevaba para entonces «toda la vida». Bono llamaba a menudo. Es un hombre muy atento a lo que dicen los medios de comunicación. Cuando se ducha escucha la radio, gracias a un aparato impermeable que cuelga de la cabina sin mojarse. Si Bono escucha algo en la radio que le concierne y no está de acuerdo, llamará. Tiene una relación muy cercana con los periodistas. ¡Bueno es Bono!

Las presiones, las de verdad, se viven en televisión. Y pueden ser del más variado tipo. He conocido unas cuantas, muchas después de una emisión y otras a priori. Las peores son las segundas, y más según el estilo en el que se planteen. Pero son también las menos frecuentes. La mayor parte viene después de ver el resultado o ante la frustración de los protagonistas porque esperaban otra cosa de la televisión. Cuando estalló la guerra de los Balcanes, en 1999, invitamos una tarde al telediario al entonces ministro de Defensa, Eduardo Serra. Vino al estudio, se maquilló y se sentó cuando ya habíamos comenzado la emisión. Cuando llegó su turno le hice las tres preguntas que estaban preparadas, él contestó y lo despedí. Le noté desconcertado, pero como el telediario tenía que continuar, seguí a lo mío. Cuando terminó el programa, Ferrari me llamó a su despacho. «Me acaba de llamar el ministro y me ha dicho, muy enfadado, que él no viene nunca más a Torrespaña, que por tres minutos ni se molesta.» Javier tuvo que explicarle que una entrevista en un telediario no puede durar mucho más, y que preguntas y respuestas deben ser breves y directas para evitar que una entrevista alargada desplace otras noticias o haga perder el interés a los espectadores. «Me temo —dijo Javier— que no lo ha entendido.»

En el despacho del director de Informativos de una televisión se reciben algunas cartas de felicitación y muchas de protesta. Se quejan en Murcia porque hemos emitido un reportaje de *Informe semanal* sobre la cuenca del Segura con el que no están de acuerdo. Se quejan en Aragón porque hemos entrado a discutir el Plan Hidrológico Nacional y decimos que el agua se toma de Tarragona y que el Plan asume las obras públicas del Pacto del Agua que ningún gobierno desde hace un siglo se ha dignado a cumplir. No les gusta porque en Aragón, dicen, no hay matices y «aquí todo el mundo está en contra». Protesta el PNV porque hemos utilizado el *Agur jaunak* como música de fondo de un reportaje en el que se narran los últimos atentados de ETA, como si los muertos «maketos» no tuvieran derecho a la despedida folklórica que se brinda a los que tenemos ocho apellidos de raíz vascuence. Se queja el PSOE porque en los funerales de Ramón Rubial, además de hablar unos cuantos dirigentes del partido también hemos dado voz al ministro Josep Piqué, que resulta que ha evocado la figura de Rubial con elogios dorados, pero ¿qué pintaba allí uno de la derecha? O protesta el Gobierno porque hemos dicho que hay una mancha de fuel del tamaño de la isla de Menorca flotando en aguas gallegas. Lo ha dicho alguien en un telediario de fin de semana, a las nueve de la noche de un sábado, alguien que ha copiado la equivalencia de la mancha de una crónica de *El País*, diario que lleva ese titular a la primera página. De nuevo la pereza de la redacción que prefiere hacer resúmenes de prensa, pero sólo de un tipo de prensa, no vayan a pensar mal los del comité. Aquella noche me llamó Belén Bajo, y me dijo que Mariano Rajoy estaba dispuesto a demostrarme públicamente que era falso.

Hay presiones insólitas. Antes del primero de mayo de 2003 el secretario de uno de los dos grandes sindicatos llamó a un miembro del Gobierno para que pidiera a Televisión Española que no sacáramos imágenes de los trabajadores de Sintel. El rechazo de algunas ofertas de empleo y de soluciones para su situación había abierto una fosa profunda entre los trabajadores y la dirección de Comisiones Obreras. Los antiguos inquilinos del campamento de La Castellana habían anunciado un primero de mayo propio, ajeno al espíritu unitario de Comisiones y UGT.

Su posición en la manifestación anunciaba tensiones. No pudimos satisfacer los deseos del secretario del sindicato, entre otras razones porque uno de aquellos parados irrumpió en todas las televisiones con aquel estacazo con el que le abrió la cabeza a José María Fidalgo y arruinó el primero de mayo.

Otras veces se denuncian presiones, cuando en realidad no han existido. A veces se trata de una maniobra interesada, de una oportunidad de ganar un puesto en el ranking de víctimas, porque también hay un Olimpo para ellas. Volvemos a la paradoja de que es más verdad lo que uno está dispuesto a creer, aunque la realidad vaya por otros derroteros. El responsable en 2001 de *Línea 900*, con ayuda del sindicato UGT, al que pertenecía, organizó toda una campaña a través de algunas ONG para denunciar lo que él estimaba que había sido un ejercicio de censura intolerable. Habían elaborado un programa sobre la fabricación de ropa de marca en países como Marruecos. En el vídeo salían algunas marcas españolas. Se acusaba a esas empresas de enviar la confección al norte de África, donde se pagan salarios de miseria a trabajadores menores de edad a los que no se reconoce ningún derecho. Vi el programa antes de su emisión. Y le dije al director de Sant Cugat, Ramon Font, que me parecía un asunto interesante pero que no se emitiría hasta que no se hubiera dado a las empresas la oportunidad de contestar a las acusaciones que se formulaban contra ellas. Me parecía más honesto. Las acusaciones de censura llovieron como si fuera granizo de gran calibre. Las preguntas en el Parlamento y en el Consejo de Administración arreciaron. ¿A alguien le importaba la verdad? Me temo que no. Era más sencillo y más útil para algunos propósitos políticos pensar que allí había habido censura.

El reportaje se emitió cuando fueron incluidas las respuestas de aquellas empresas que quisieron hablar. Otras quisieron guardar silencio y también se dijo que callaban aunque se les había dado la oportunidad de hablar. Al reportaje no se le quitó una sola imagen, porque nada le sobraba, pero se le añadió alguna palabra, la de aquellos a los que antes se les había negado. Una cosa es encontrar una noticia y otra muy diferente es llevarla puesta desde casa antes de empezar a trabajar. Eso sí, cuando arrecian las protestas todo el mundo se pone de perfil. Recuerdo una reunión en la que el director general planteó la queja de la Comunidad de Murcia por un reportaje de *Línea 900* sobre los proyectos de construcción de varios campos de golf. El trabajo quería demostrar que el agua del Plan Hidrológico se iba a utilizar para regar aquellos campos. A mi juicio el reportaje era uno de esos productos en los que el redactor ha salido de casa con la tesis en el bolsillo. Toda la elaboración del documento y las personas que intervienen abundan en la misma idea. Al final se obtiene el resultado que se pretendía. Y para disfrazarlo se le pone el sello de investigación. El director general preguntó de quién dependía *Línea 900*, y Juan Menor se apresuró a decir que de Informativos, cuando él sabía desde que era niño que era un programa adscrito, como *El escarabajo verde*, al área de Programas, y por tanto dependiente de la dirección de Televisión.

Todos hemos recibido alguna vez presiones. En las emisoras privadas las llamadas son idénticas y la fuerza de quien las hace es la misma, o quizá más, porque el poder del dinero puede ser más sólido e implacable y por tanto mucho más eficaz que la palanca de la política. Atiendan si no a cómo tratan las privadas las noticias relativas a sus accionistas o a sus principales anunciantes; examinen el seguimiento que hace Tele 5 de los asuntos de Berlusconi en Italia y quizá concluyamos que tienen mucho menos margen que TVE con el gobierno de turno de nuestra nación. Al menos en la pública nadie ha sufrido despido por haberse metido con nadie, mientras que la lista de los depurados en las privadas es abundante. ¿Quieren que hablemos de un redactor que fue despedido de Tele 5 por meterse con Telefónica? Era un redactor cualificado, tanto que había sido jefe de la sección de Economía de TVE durante la etapa socialista. Podemos recordar también el caso de un crítico gastronómico de una cadena de radio que fue puesto en la calle por decir que tal restaurante del barrio de Salamanca no se merecía la categoría de tal porque no tenía cocina. El incauto no sabía que el local era propiedad del mismo patrón de la cadena.

Las empresas privadas de comunicación airean la vida interna y los errores de la televisión pública, pero echan toneladas de arena sobre los suyos. Cuando la arena no basta, utilizan el micrófono para defenderse o para extender tinta por el mar de la comunicación. A finales de agosto de 2003 la Ser difundió a bombo y platillo la exclusiva de que Acebes iba a ser designado esa tarde candidato a la sucesión. Lo dijo a las dos de la tarde y no paró hasta las tres, porque a esa hora TVE y Antena 3 abrieron sus informativos con la certeza de que el designado era Mariano Rajoy. La onda de la Ser se quedó tan helada que todavía no ha habido consecuencias de aquel patinazo. La única reacción fue difundir el rumor por algunos confidenciales de internet de que el «soplo» se lo había dado Florentino Pérez, una fuente autorizada para hablar de sucesores en la política.

Lo mismo cabe decir del diario *El País*, capaz de llevar a primera página un sábado con grandes titulares la noticia de que «El Partido Popular cerró un pacto secreto con Comisiones Obreras para el control de CajaMadrid». Aquel titular se publicó en medio del ciclón político provocado por la traición de Tamayo. Lo publicaron en septiembre de 2003, con grandes titulares en primera, editorial dedicado al asunto y desarrollo en páginas interiores. Ese mismo día los de Prisa se dieron cuenta de que idéntico titular había sido publicado ya en 1996, cuando se había cerrado el pacto, cuando el PP garantizó la no privatización de Cajamadrid. En aquel momento toda la prensa hizo un gran despliegue a un acuerdo que se firmó con absoluta transparencia. La noticia no era precisamente del día. Alguien, motivado por su celo por intentar esconder las consecuencias del «tamayazo» había recuperado una noticia de hacía ¡siete años! La Ser comenzó muy ufana aquella mañana de septiembre de 2003 sus emisiones informativas. La primera noticia era aquel pacto. Pero a eso de la una de la tarde el pacto con Comisiones había desaparecido del menú informativo. El sindicato denunció la manipulación de *El País*, pero la denuncia no se pudo leer en las páginas del diario independiente. Por cierto, su actuación en el tamayazo también fue muy notable. La emisora de Gran Vía fue la primera que recibió la lista de las llamadas telefónicas del felón Tamayo. Lo vendieron como la gran exclusiva del mes. Aquel sábado el propio director de Informativos fue movilizado para ofrecer en antena las intimidades del traidor. El PSOE sabía que aquella lista sólo era útil en manos amigas. Los manuales de la agitación llamaban a esto la «correa de transmisión». Aquel verano los responsables de comunicación del PSOE tuvieron mucho trabajo. Hubieron de utilizar toda la caja de herramientas de presión para intentar detener la fuga de Tamayo y Sáez e intentar evitar su presencia en las televisiones.

Por cierto, esta temporada comenzó con grandes presiones desde el poder para que alguna emisora de radio eliminara de su programación a algún presentador de informativos. Los que recibieron los golpes resistieron, de momento, porque el partido está en prórroga, pendiente de ver cómo se mueve ese periodista «en observación».

Otras veces la presión tiene la formulación fenicia del comercio de favores, aunque el protagonista de la siguiente historia tenga más bien el perfil de los celtas... cortos. José Blanco, secretario de Organización del Partido Socialista, persiguió durante unos meses a Javier González Ferrari, cuando éste era director general. Pepiño quería que Ferrari incluyera en la nómina de tertulianos de Radio Nacional de España a una periodista filosocialista. A cambio, su partido aflojaría la rienda de los caballos iracundos que cada quince días sometían al director a la tortura de un toma y daca agotador. Si hubiera colocado a la recomendada, Javier habría tenido una vida mucho más cómoda. No la colocó porque tampoco había mucho sitio en aquel autobús en que se habían convertido los programas de la mañana y de la noche, y la leña arreció. ¡Para que aprendan!

El mercado de los medios de comunicación puede ser otra fuente de presiones. Con la llegada de Javier González Ferrari a la Dirección General, TVE entra en una etapa de resultados brillantes: una programación que dispara los índices de audiencia, unos telediarios que rondan el 30 por ciento de la audiencia y una política comercial que no renuncia a ningún posible ingreso para las arcas de TVE. González Ferrari se había encontrado la caja vacía y la cinemateca sin títulos. Una situación muy diferente de la que heredó Caffarel a pesar de lo que haya dicho ante la Comisión de Control del Congreso. El antecesor de Ferrari, Pío Cabanillas, se había preocupado sobre todo de su carrera. Meses antes de ser nombrado ministro llegó a presentar a los medios un portal de internet de RTVE que no existía y que nunca se vio. La red y la renovación tecnológica han sido las grandes asignaturas pendientes de esa casa.

Ferrari consiguió dar la vuelta a la situación, al menos por dos años. A los éxitos de audiencia de programas como *Operación Triunfo*, *Cuéntame*, *Ana y los siete* y al liderazgo de los telediarios, se une algo que el sector audiovisual privado y los grandes grupos de comunicación no estaban dispuestos a aceptar sin ofrecer la batalla más feroz: una política comercial que aprovecha todas las posibilidades legales para arañar cuota comercial en el mercado de la publicidad. Mientras el resto de las cadenas atraviesa momentos difíciles y sufre las contracciones del mercado, TVE ve cómo sus ingresos se disparan. La temporada 2001-2002 fue una de las mejores en las cuentas de la casa. La división comercial multiplicó sus ingresos. Los telediarios, por vez primera, comenzaron a incluir mensajes publicitarios con la fórmula del patrocinio del deporte. A las tres y media y a las nueve y media emitíamos un anuncio que se hizo célebre por la música y por la estética años sesenta de sus protagonistas, dos sicilianos, un tanto horteras, que paraban a dos chicas extranjeras que hacían autoestop. He de reconocer que el anuncio, a pesar de la gracia de su música y su vestuario, era incómodo. Los realizadores no sabían cómo encajar aquello en el discurso del telediario. No estaban acostumbrados a manejar mensajes comerciales. Pero los diez segundos en el telediario suponían un ingreso de caja que en aquellas circunstancias era muy importante. Cada vez que el anuncio aparecía en las pantallas, medio millón de espectadores hacían *zapping* y buscaban otras opciones.

Era mucho más de lo que el resto de los grupos de comunicación estaban dispuestos a asumir. El sector comenzó a presionar al Gobierno para que cortara con ese estado de cosas. La forma de presionar era aumentar los ataques contra la televisión pública, contra los programas y contra los informativos. Las emisoras privadas, los grandes grupos, pedían al Gobierno una financiación estable para TVE, que permitiera a la casa rebajar la presión de la publicidad, para desviar esos fondos hacia los operadores privados. No lo consiguieron y la presión arreció. TVE tenía que luchar, encajonada entre el control de la Sepi, la asfixia financiera que supone tener que pagar una deuda que ocasionaba cada año 300 millones de euros en gastos financieros y un mercado hostil. González Ferrari optó por la única vía que tenía libre: la de aumentar los ingresos aun a riesgo de enemistarse con todo el sector. Es muy sencillo comprobar cómo durante aquella fase los periódicos adoptaron una actitud hostil contra todo lo que llevara la marca de TVE. *Operación Triunfo*, un programa que en su primera edición ocasionó un gran terremoto en las audiencias y en la programación, fue criticado y despreciado por críticos, músicos y artistas. Por cierto, les contaré un secreto que muy pocos conocen. En aquella época se dio una intervención muy notable del presidente Aznar en TVE. No piensen en cuestiones políticas, es algo más sorprendente. Los productores de *Cuéntame* explicaron el proyecto a Aznar en alguna visita al Palacio de la Moncloa o en algún encuentro de los organizados con el mundo de la cultura, de la televisión o de los medios audiovisuales. A Aznar le gustó la idea. *Cuéntame* fue dando tumbos por los despachos de los gestores de las televisiones, hasta que llegó a TVE. Álvaro de la Riva, que era entonces director de la cadena, recibió un recado de Aznar. Se conocían desde hacía mucho tiempo. El presidente le dijo que si apostaba por aquel proyecto no se iba a equivocar. De la Riva lo compró y la jugada le salió redonda, rentable y barata. A finales de la temporada De la Riva se encontró con Aznar en la fiesta de cumpleaños de un amigo común, y también amigo mío. «Alvarito, dime, ¿cuál ha sido el mayor éxito de la temporada en la televisión?». Álvaro, que conocía la respuesta a esa pregunta, le dio una larga cambiada: «*Operación Triunfo*, presidente». «Me refiero a las series.» «Ah, bueno, sí, *Cuéntame*. Nos ha ido muy bien. Ha sido una buena apuesta.» Aznar, ufano, le dio otra calada al puro para subrayar el acierto de su intuición.

Hasta aquí todo lo que les he contado entra dentro de la actividad normal de un medio de comunicación: gabinetes de prensa que reclaman atención, ministerios que te recuerdan su actividad, empresas que quieren unos segundos, protestas y más protestas. Todos se rinden al poder de la televisión, y por eso todos quieren estar, con su mejor perfil. Pero lo que yo les quiero contar aquí es otro tipo de experiencia que se sale de los límites normales o habituales de forcejeo más o menos seductor, más o menos agresivo, más o menos civilizado, para condicionar la forma y el fondo de los mensajes que emiten las televisiones. Les quiero hablar de una persecución, la que yo viví en los últimos dos años que estuve como director de Informativos de Televisión Española. La he sufrido yo y también todos los que me han acompañado en los últimos años, que han escuchado en los despachos que esta temporada no había lugar para ellos mientras el marketing político repetía aquello de que había llegado un nuevo talante, un nuevo estilo, una nueva forma de gobernar y de gestionar la cosa pública. A algunos que se han visto obligados a pedir trabajo en TVE para no tener que estar en el pasillo, se les ha dicho que su gran culpa es haber trabajado conmigo. Claro que casi todos los que siguen en Torrespaña han trabajado conmigo, pero algunos deben estar manchados por algún estigma y otros no. Con el PSOE, Televisión Española ha recuperado la democrática institución del «pasillo». La persecución la organizaron algunos recaderos del PSOE y participaron en ella algunos de sus dirigentes, incluido Zapatero, que fue el más activo en la última fase, cuando las aguas afloraron desde el subterráneo en que las mantenían los fontaneros de Ferraz. A ella se sumaron algunos medios de comunicación, en especial los del grupo Prisa, con todos sus columnistas al alimón. La estrategia de acoso personal fue instigada desde Ferraz y secundada por los dirigentes de CC.OO. en TVE. El sindicato ofreció a UGT sumarse a la persecución pero los responsable de esta central, como han reconocido en algunas entrevistas, se negaron a sumar sus armas en aquella cacería, a pesar de que en numerosas ocasiones habíamos mantenido diferencias radicales.

Recuerdo algunos encuentros con el que fue denominado por el PSOE como interlocutor con TVE para asuntos de información. El 17 de septiembre de 2002 tuve un encuentro con Miguel Ángel Sacaluga, miembro del Consejo de Administración de RTVE. Hacía un par de meses que José Antonio Sánchez se había hecho cargo de la Dirección General. El mensaje era claro: «Si quieres vivir tranquilo, si quieres evitar el acoso y las batallas, si no quieres que hagamos sangre contigo, nos tienes que dejar colocar los mensajes que nos interese difundir». Le contesté que no me parecía una forma aceptable de abordar las noticias y la presencia de su partido en los telediarios. Aceptar aquello suponía convertirse en un mero reproductor del menú indicado por la oficina de prensa y propaganda de la calle Ferraz. Transigir con aquella fórmula hubiera supuesto dictar todos los días a los redactores los mensajes que deberían poner en sus crónicas sobre el PSOE. No tardaría mucho en comprobar que las advertencias iban en serio. Pero ¿quién era aquel consejero que se permitía la osadía de dictar desde su casa el trabajo de los periodistas?

Sacaluga había sido subdirector de Informativos en la etapa de María Antonia Iglesias, y por tanto su brazo derecho en la ejecución de las órdenes y las consignas. Su rastro se puede seguir en la entrevista en la cárcel a Julián Sancristóbal, en la censura de las noticias sobre los principales escándalos de la etapa socialista o en los reportajes en los que se justificaba la fortuna de Roldán como fruto de la herencia de su padre, un honrado taxista de Zaragoza. En el noventa y seis Sacaluga da el salto a París gracias a los buenos oficios de Miguel Ángel Rodríguez, al que le pide, cuando Rodríguez era jefe de Prensa del Partido Popular, la corresponsalía de Televisión Española en la capital francesa. Se barruntaba la victoria popular en el noventa y seis, porque González no había entendido el mensaje del noventa y tres. Rodríguez lo justificó diciendo que había sido un buen agente doble al que había que premiar. Ernesto Sáenz de Buruaga, nuevo director de Informativos, mantendrá a Sacaluga en la Subdirección de Informativos, hasta que meses después de la formación del Ejecutivo, es trasladado a París, junto a su mujer, redactora de RNE, a la que la radio, a pesar de tener un corresponsal en la capital francesa, mantendrá en activo y con sueldo. Vean cómo la austeridad es otro de esos principios generales que se acogen con agrado por la opinión pública pero se aplican de forma desigual, en función de criterios que yo desconozco.

Sacaluga será corresponsal hasta el año 2000. Dos días antes de las elecciones generales de aquel año, el viernes previo a la jornada de reflexión, abandonó la corresponsalía sin la comunicación a la jefatura de Internacional, que es preceptiva para todos los corresponsales de la casa. Aquella tarde se reclamó una crónica sobre algún asunto de actualidad en Francia, pero el corresponsal no estaba. En la delegación, una secretaria nos informó de que esa mañana había cogido un avión para Madrid. Los periódicos del día incluían en sus ediciones un manifiesto acompañado de decenas de firmas de «intelectuales y artistas». En aquel texto se pedía el voto para la coalición formada por el Partido Socialista Obrero Español e Izquierda Unida, para el tíquet formado por Joaquín Almunia y por Francisco Frutos, aquel de quien Paco Vázquez, alcalde de Coruña, decía que estaban paseando por España como si fuera el brazo incorrupto de santa Teresa de Jesús. En el texto se decía que la victoria de la derecha del Partido Popular supondría «un peligro para las libertades en nuestro país». Aquel manifiesto llevaba las firmas de algunos insignes intelectuales de TVE como los hermanos Miguel Ángel y Juan Antonio Sacaluga (hoy subdirector de Informativos), Alicia Gómez Montano (hoy directora del programa *Informe semanal*) o Manuel Lombao (hoy director de Centros Territoriales de TVE). Aquel ejercicio de «independencia» no tuvo, como es lógico, ninguna consecuencia laboral para sus firmantes. A la luz de los últimos acontecimientos y de las actitudes demostradas en los últimos meses, tengo serias dudas de que en la situación inversa las repercusiones hubieran sido las mismas.

Aquella mañana, por tanto, Sacaluga cogió un avión en París y vino a Madrid. ¿Para qué? La respuesta estaba en el hotel Mindanao, a partir de las ocho de la tarde, en un acto convocado por el PSOE, que reunía a Joaquín Almunia con los firmantes del manifiesto. En primera fila de aquel salón estaba el entusiasta Fernando G. Delgado. En uno de los salones adyacentes, oculto a las cámaras de las televisiones, estaba Miguel Ángel Sacaluga, junto a su mujer, Lucía Yeste. Hay constancia gráfica de aquella presencia: en uno de los barridos de una de las cámaras de TVE, el tiro del objetivo tropieza con un espejo. A través del reflejo se puede ver al corresponsal de TVE en París en una sala, charlando con un redactor de Radio Nacional de España. Cuando Sacaluga observa que está en el ángulo de mirada del objetivo se da la vuelta, ofrece la espalda por unos segundos, y poco después desaparece tras una puerta.

Es posible que aquel «compromiso» y sus implicaciones tuvieran algún peso en la decisión de Sacaluga de dejar la corresponsalía de París y volver a Madrid para ser uno de los miembros del Consejo de Administración elegidos por el Parlamento a propuesta del Partido Socialista. En cualquier caso, la decisión del regreso fue suya y sólo suya. Tendría mucho tiempo para arrepentirse de aquel regreso. Meses antes de las elecciones de

2004 repetía a todo el que quisiera escucharle que había sido el gran error de su vida.

A partir de aquella entrevista de septiembre la estrategia sería amenazar, presionar, insistir, emitir cada día notas a los medios de comunicación, cargadas de adjetivos, improperios, palabras iracundas. En la redacción de esas notas se intuye la mano del consejero y las sacudidas nerviosas de su úlcera estomacal. Cuando no le gusta lo que ve en un telediario se pone frente al ordenador y vuelca su indignación sobre el teclado. Meses después de aquel primer encuentro llega otro, una mañana en el café del hotel Wellington, en la calle Velázquez. Esta vez el tono es otro: «Quiero que sepas que en la Ejecutiva de mi partido hay gente que piensa que hay que llevarte a los tribunales; otros creen que es mejor no hacer nada, y hay también quien dice que lo mejor es llamar a tu casa para decir que sabemos en qué colegio estudian tus hijos». No daba crédito a lo que estaba escuchando, pero puse cara de póquer, como si aquello no fuera una amenaza. Y estoy seguro de que no lo era, que nadie en «su partido» había pronunciado aquella frase, que era más propia de la cosecha particular del *consigliere*. Todo eso podía ser el precio de no atender las peticiones diarias del señor Sacaluga. Pocos días después comenté aquel encuentro con un tertuliano de Radio Nacional de España, y una mañana soltó la liebre en la radio sin decir quién había recibido el mensaje y quién era el mensajero. Le dije a Sacaluga que me llamara, que siempre estaba dispuesto a escuchar. La cosa duró poco, porque pronto comprobé que lo que pretendía era dictar quiénes, cuándo, cómo y cuánto tiempo tenían que aparecer los dirigentes de su partido. Su celo llegaba hasta el punto de dictar los «cortes» exactos que debían salir en los telediarios. Todo aquello era inaceptable.

Las advertencias fueron creciendo y el tono y los métodos de presión también. Conforme se acercaban las elecciones los encargados de apretar el torno se iban poniendo cada vez más nerviosos. De nada servían las estadísticas que indicaban que desde primeros de enero hasta mediados de febrero Mariano Rajoy y Rodríguez Zapatero habían salido el mismo número de minutos, comparación que no resiste la proporcionalidad de escaños en cada uno de sus partidos políticos, criterio siempre seguido por los puristas de la objetividad y la imparcialidad. Se trataba de que cediéramos a la pretensión de determinar a diario los mensajes desde Ferraz. Una mañana de febrero, antes de que comenzara la campaña, Sacaluga volvió por Torrespaña. «Estás lleno de gasolina —me dijo— y nosotros tenemos la cerilla. La podemos arrojar cuando nos dé la gana.» En aquel encuentro en mi despacho, el consejero volvió a advertirme de que arrastrarían mi nombre por toda España y que no iba a salir vivo de aquella guerra. Como en los viejos relatos bíblicos, me ofreció la paz a cambio de mi colaboración, me brindó un futuro tranquilo en un balneario si durante la campaña electoral seguía el dictado del partido en cuanto a los mensajes y al tratamiento informativo de las imágenes de sus mítines. «Si no, si persistes en hacer lo que te dé la gana, cuando dejes TVE te vamos a perseguir, te vamos a investigar, vamos a pedir informes al Tribunal de Cuentas y no te vamos a dejar en paz allí donde estés.» Él sabía para entonces que fuera cual fuese el resultado electoral, ésa era mi última temporada en Televisión Española. No me tomé sus palabras al pie de la letra, estaba seguro de que formaban parte de una expresión desafortunada, de una riqueza verbal limitada, de la presión de sus jefes que reclamaban resultados. «Ya sabes —me explicó— que cuando llegan las elecciones los políticos se lo juegan todo y son capaces de todo.» Yo la verdad es que no lo sabía. Le dije que estaba muy tranquilo, y que tenía la conciencia limpia y mis pagos a Hacienda al día. Es curioso cómo los agnósticos repiten modelos bíblicos y rinden homenaje a los modelos narrativos de la cultura cristiana: aquello era como la escena del diablo y Jesús en el desierto, cuando Belcebú le promete que todo será suyo si se rinde a su poder. Pusieron en marcha toda la maquinaria de picar. Se trataba de canalizar la energía del odio hacia un profesional que todas las noches, a las nueve, contaba las noticias. Pretendían personalizar los ataques y dirigir toda la energía atesorada en la calle contra el personaje de la televisión que representaba en su imaginario el discurso oficial. La Ser bombardeaba mi nombre boletín tras boletín. En sus tertulias nocturnas, más parecidas a conversaciones de litrona y botellón, siempre había alguien pasado de vueltas que apostillaba las frases con algún ataque. Los columnistas del grupo se pusieron manos a la obra de fabricar caricaturas, mientras los programas basura que con tanto éxito importó la cadena de Berlusconi se dedicaban a esa burla indecente, de trazo grueso, maneras toscas, a ese comentario grosero y flatulento que se escucha en un rincón de la plaza mientras en el otro extremo trabaja eficaz la guillotina. El propósito era empujarme a la situación de Casio, cuando en la tercera escena del segundo acto de *Otelo* grita: «Mi honra, mi reputación... He perdido mi nombre, lo que más preciado me era, lo inmortal. Ya soy como las bestias...».

La siguiente vuelta de tuerca en los tornos de la mazmorra llevó a Sacaluga y a Pepiño Blanco al despacho de José Antonio Sánchez, en Prado del Rey. Aquel encuentro a tres se celebró en vísperas del comienzo de la campaña electoral para las generales de marzo. Sánchez siempre ha sido inmune a la amenaza. Sacaluga lo sabía y quizá por eso se llevó a Blanco, consciente de que el secretario de Organización podía elevar la apuesta y poner encima de la mesa armas más sofisticadas, menos discretas, avaladas por un partido político. Y así fue. Al poco de entrar en el despacho de Sánchez, Blanco enfiló hacia el centro de la cuestión y planteó las cosas de esta manera: «Estamos hartos. Si Urdaci no hace lo que le decimos, si persiste en hacer las cosas a su manera, si se niega a dar los mensajes que le pase Sacaluga, vamos a montar un pollo que vamos a conseguir abrir los informativos de toda Europa». «¿Y qué vais a hacer para conseguirlo —decía Sánchez— porque eso no es fácil?». «Pues vamos a concentrar a veinte mil personas frente a Torrespaña, y yo —añadía Blanco— estoy dispuesto a encerrarme en un despacho de la Torre con una pancarta en la ventana mientras dure la campaña electoral». Blanco iba a por todas, Sacaluga asentía. Meses después uno puede pensar que si estaban en condiciones de reunir a veinte mil personas en Sáinz de Baranda, ¿cómo no iban a poder congregar a dos mil frente a la sede popular de la calle Génova? La reunión terminó una hora después. Blanco dejó su mensaje y se marchó. Lo de los veinte mil lo debía tener muy meditado porque un mes antes se encontró con Jenaro Castro, editor del *Telediario 2*, en la entrega de un premio del diario *El Progreso* de Lugo. Blanco se acercó a Castro y sin decirle de qué se trataba le advirtió de que estaban preparando una sorpresa que sería la noticia de apertura de la BBC. El editor se quedó perplejo de que el jefe de la Organización socialista tuviera capacidad de manejar la agenda de la emisora británica.

Algunos días más tarde, para contribuir al desarrollo normal de la campaña electoral y para demostrar que las bravatas de Blanco iban en serio, los militantes de Comisiones Obreras de TVE convocaron una cacerolada en la puerta de Torrespaña contra el director de Informativos. Pensamos que quizá se trataba de la promesa de Blanco de poner ante las instalaciones de TVE al pueblo sublevado. El delegado del Gobierno preparó aquella tarde varias furgonetas policiales y esperamos la hora: las seis y media de la tarde era el momento designado para el comienzo de la protesta. A esa hora había unas quince personas en la puerta, y el doble de policías. Una hora después seguían siendo quince. No lo podía creer. Mi nombre había sido incapaz de convocar una concentración al menos discreta. Aquello era una birria. Por mi culpa el secretario de la Federación de Comunicación de CC.OO. abroncó al jefe de las Comisiones en la Torre: «La próxima vez a mí no me haces venir para este ridículo», le dijo. A pesar del fracaso de la convocatoria la Cadena Ser convirtió aquella pantomima en una de las noticias fijas de todos los boletines horarios. Luego sus directivos dicen que la cadena es «algo más que ideología».

Mientras ocurría todo esto, Rodríguez Zapatero alimentaba el linchamiento desde la tribuna de los mítines socialistas. Después de la victoria mantuvo el estilo y la forma, y el 15 de marzo se fue a la Ser para contar que, de tanto repetirlo, Urdaci había anunciado su victoria. Su actuación en aquellos días fue irresponsable, dictada por viejos resentimientos y animada por la venganza. Toda su política de medios de comunicación se basaba en la persecución contra un profesional. Sobre las demás cuestiones no había ni plan ni programa. Un grupo de sabios, en el que no todos, ni mucho menos, lo eran, debía pensar qué hacer con la televisión pública. Los socialistas pasaban el problema a los filósofos. Zapatero se había vuelto platónico. Eso sí, en Canal Sur ni un movimiento, y en TV3, después de la ocupación del PSC y de los chicos de Carod-Rovira, ningún movimiento. El PSOE prometió «arrastrar mi nombre por toda España» y lo cumplió. El estilo amenazante de Blanco y Sacaluga, ejercido además de conmigo con otros periodistas y directivos de grupos de comunicación, terminó con el intento de destruir la fama y el honor de mi persona.

Cumplida su misión durante los meses previos a las elecciones de marzo y después de la victoria socialista, un ufano Sacaluga aspiraba a que algún trozo suculento del banquete cayera entre sus manos, pero se encontró con muchas reticencias que lo descartaron a la hora de los «grandes nombramientos». Su nombre bailó en varios puestos sin terminar de encajar en ninguno de los esquemas. La propia directora general de RTVE, Carmen Caffarel, le explicó en su momento las razones de que no ocupara ninguna de las posiciones de relevancia, para las que el ex corresponsal de RTVE en París se sentía sobradamente preparado. «Habrías sido un excelente segundo —le dijo— pero tus contactos en el interior de la casa te darían demasiado poder y por eso me aconsejan que te quedes fuera.» En julio Sacaluga fue nombrado responsable de Prensa y Comunicación de la Federación Socialista madrileña, un puesto muy alejado de las que habían sido sus aspiraciones hasta entonces. Desde julio su mujer, Lucía Yeste, es la redactora de Radio Nacional que sigue la actividad y la agenda del presidente del Gobierno. *Tutto in famiglia*. Para compensar tanto esfuerzo, la dirección de Centros Territoriales, ocupada por Manuel Lombao, tutor de Sacaluga en sus primeros pasos en TVE, puso a la mujer de éste a presentar el programa semanal *España en comunidad*, que se emite los sábados por La 2.

Y AHORA LE QUITAMOS EL SUELDO

Todavía quedaban más clavos para la cruz. Una mañana de febrero, Javier Lamana, director de la Asesoría Jurídica del ente público RTVE, me llamó por teléfono para decirme que una juez había dictado el embargo de mi sueldo, pero que estuviera tranquilo. Conté hasta diez sin abrir la boca para darle la oportunidad de que me tranquilizara. Javier se había enterado por un medio de comunicación de que una juez había firmado un auto con fecha 25 de febrero de 2004. La titular del Juzgado de Primera Instancia nº 52 de Madrid, María Teresa Santos Gutiérrez, había despachado la ejecución provisional de una sentencia dictada en un procedimiento por protección de derechos. Era el caso Arcan, el asesinato de un abogado en un chalé de una urbanización de Pozuelo de Alarcón. El abogado de la familia había interpuesto demandas contra varios medios de comunicación. Periódicos y televisiones, entre ellas TVE, recibieron sentencias condenatorias que obligaban al pago de cantidades en concepto de indemnización por haber revelado la identidad de las hijas del abogado. La demanda llegaba a acusarnos de haber provocado la caída en el precio de venta de la vivienda porque habíamos informado del número de la calle en el que se habían producido los hechos. TVE presentó recurso ante los tribunales superiores. Añado que, según la doctrina del Supremo, una indemnización no se debe ejecutar de forma provisional cuando existe recurso ante instancias superiores, y por tanto hay que esperar al fallo de la casación.

El asunto era grave. La filtración a la prensa era una maniobra interesada en un momento delicado por la proximidad de las elecciones generales. Cuando los medios publicaron el contenido del auto, ni TVE ni yo mismo habíamos recibido ninguna comunicación. En unas pocas horas nos pudimos enterar de que, de todos los condenados por aquellas sentencias, Urdaci había sido el único para el que la juez María Teresa Santos había dictado el embargo de sus ingresos. Para hacerlo, la juez había tenido que saltarse a la torera la modificación introducida en el apartado 3º del artículo 525 de la LEC. Ese texto dice que «no procederá la ejecución provisional de los pronunciamientos de carácter indemnizatorio de las sentencias que declaren la vulneración de los derechos al honor, a la intimidad personal y familiar y a la propia imagen». Cuando los abogados de RTVE se personaron en el juzgado para pedir aclaraciones les dijeron que la juez estaba ausente y se negaron a entregarles la copia del auto. Javier Lamana presentó aquella misma mañana un escrito de amparo ante el Consejo General del Poder Judicial. El escrito paralizó aquella cacicada, que no tenía otro motivo que reforzar el acoso. Si no fue así ¿a qué obedecía que de las decenas de profesionales afectados por aquella condena (en TVE fueron condenados desde los redactores a los presentadores e idénticas sentencias se repartieron por el resto de los medios) sólo hubiera que embargar el sueldo a una persona, ignorando la reforma de la LEC que antes he citado? Hace mucho tiempo que dejé de creer en las casualidades.

Creo que pocos han soportado tanta presión y espero que nadie tenga que pasar por ese trance. Cuando me preguntan por las presiones siempre digo que yo sólo he recibido presiones del Partido Socialista, lanzado a una carrera histérica por conquistar el poder y en manos de personas que serían capaces de todo con tal de conseguir sus propósitos. Del lado del Partido Popular he escuchado enfados, irritaciones, malestar por algunas informaciones. He defendido a editores, presentadores o entrevistadores, porque era mi función y eran mi equipo. Pero presiones, lo que se dice presiones, el intento de forzar la agenda de los informativos con la promesa de que si no transiges tendrás una vida difícil, eso sólo me ha llegado desde un lado del arco político. Así es y así lo cuento. Nunca acepté ese juego, que venía impuesto por personas que habían demostrado su capacidad para tapar escándalos, justificar fortunas robadas o disculpar a funcionarios encarcelados. Y por todo eso he pagado el precio que ellos marcaron desde el principio.

15

El relevo

ADIÓS A TORRESPAÑA

El martes 27 de abril, a mediodía recibí una llamada de Milagros Hernández, directora de Personal de TVE. Esa misma mañana, Javier Lamana, director de la Asesoría Jurídica de RTVE había recibido la orden de retirar el recurso interpuesto por la casa contra la sentencia que condenó a TVE por dar una información parcial de una encuesta que se refería a la huelga general del 20 de junio. Lamana salió del despacho de Carmen Caffarel con el rostro blanco. Sus colaboradores le pidieron que defendiera la postura contraria, que le diera argumentos a Caffarel para abortar esa orden. La directora general había sido clara: había que desistir en el recurso de TVE y también en el interpuesto, por orden de la Dirección General, a través de la abogacía del Estado. Lamana fue muy claro ante las protestas de los dos abogados que trabajan en su despacho: «No hay nada que hacer, si insistís y protestáis nos echan a todos a la calle». Lamana no volvió a llamar al despacho de Caffarel y días después sería relevado de su puesto como jefe del Gabinete Jurídico.

Aquel acto de retirada era, en opinión de los abogados, un auténtico atentado contra la libertad de expresión cometido por una responsable de RTVE entre cuyas funciones está, como es lógico, la defensa de la casa hasta las últimas consecuencias. Uno de los abogados que había trabajado en la defensa fue muy gráfico: «Es como si a un arquitecto le dicen que tire un edificio después de construirlo». De un plumazo la casa renunciaba a defenderse en un caso que fue organizado en los despachos de Ferraz entre algún recadero del partido y afiliados de CC.OO. miembros del Comité en Televisión Española. Sobre esa sentencia, para algunos histórica, para otros muchos un texto condenatorio sin razón ni fundamento, se levantó la campaña más feroz y más cainita de acoso y derribo contra mi persona y contra la credibilidad de los informativos de TVE, acompañada por el silencio cómplice de toda la profesión periodística que, salvo excepciones, no levantó ni una voz ni una pluma contra esa ofensiva ni contra un texto condenatorio que cuestiona la libre elección de las noticias y sus contenidos por los editores.

En la profesión unos eligieron el silencio; otros, como los directivos de Tele 5, la participación entusiasta de sus programas más desvergonzados y de sus más cínicos telepredicadores en ese linchamiento. La telebasura también tiene ideología, y en los últimos años la zafiedad televisiva más impúdica siempre se ha puesto del lado de un progresismo barato y de lo políticamente correcto. Al fin y al cabo, en esos programas se trata de linchar todos los días a alguien en una plaza pública dominada por la demagogia, el mal gusto, la zafiedad y la exhibición impúdica de las tripas. Es el mundo de los cínicos, palabra de etimología griega que servía para denominar a los perros, los que se cagan y se mean en la calle, sin ningún tipo de pudor. Tele 5 se resarcía así de su incapacidad para derrotar el liderazgo continuo e incuestionable de los telediarios de La Primera, y se vengaba también de las denuncias contra sus prácticas de piratería de imágenes cuyos derechos no le pertenecían pero que de forma continua copiaban con impunidad y utilizaban en sus informativos sin citar fuentes ni pagar obligaciones. La libertad de expresión y de información es un paraguas en el que cabe cualquiera. Esas prácticas de piratería se hicieron más intensas y desvergonzadas durante los Juegos de Sidney en 2000 y se han repetido en los de Atenas de 2004. Tele 5 y otros operadores saben que casos de este tipo, recurridos ante los tribunales, no prosperan porque los jueces suelen rechazar esas demandas al amparo de una interpretación amplia del derecho a la información. De nada sirven los pactos firmados de antemano. Una violación similar de los acuerdos puede costar en Estados Unidos cientos de millones de dólares. En España se solventa con una absolución que anima a quienes no tienen ningún pudor en gritar y atacar cuando entienden que no se ha respetado un pacto, pero luego son capaces de trampear con subterfugios para no quedarse a la zaga de la información.

Lo volvieron a demostrar después de los Juegos de Sidney, cuando llegó la hora de los Paralímpicos. Por aquel entonces, Tele 5 y sus directivos se habían embarcado en aquella operación de imagen que se llamó «Doce meses, doce causas», un intento de sacudirse el perfil de cadena de «muslo y pechuga» que tan buenas rentas les había dado en los primeros años de la televisión privada, cuando Berlusconi exportó a España una televisión en la que la imagen de la mujer era todo menos moderna. Los Juegos Olímpicos habían transcurrido en la casa en medio del malestar por las prácticas deshonestas de Tele 5. Los técnicos de la cadena copiaban la señal de Televisión Española, y en sus equipos ampliaban la imagen, para recortar el logo indicativo del emisor. De esa forma recortaban el 1 de La Primera, o el 2 de La 2, y podían emitir las imágenes de las medallas de los españoles sin ningún tipo de identificación de la procedencia de las imágenes. Cuando llegó la fecha de la ceremonia de apertura de los Juegos Paralímpicos, la cadena de Fuencarral reclamó que se le vendieran las imágenes para las dos y media, la hora de emisión de su primer informativo. Los Servicios de Producción de TVE encargados de la venta de las imágenes a otras cadenas les dijeron que estaban vigentes los mismos acuerdos que se habían alcanzado para los Juegos, y que esa señal sería distribuida después de la emisión del telediario de las tres. Esta vez los responsables de informativos de Tele 5 no optaron por la copia descarada, como habían hecho durante los Juegos. Esta vez manipularon la situación para clavar un rejón a TVE y justificarse ante su audiencia. El locutor que ese día presentaba los deportes se dirigió a los espectadores y les dijo que no podían ofrecer la ceremonia de apertura de los Juegos Paralímpicos porque TVE, «la televisión pública, esa televisión que pagamos todos, se niega a vendernos las imágenes de la ceremonia». La frase contenía varias mentiras: no nos negábamos a vender las imágenes a nadie, lo que no estábamos dispuestos es a que, si TVE pagaba fuertes sumas de dinero por los derechos de las Olimpíadas, fueran los demás los que ofrecieran esa información antes que nosotros; y tampoco era cierto que TVE la pagáramos todos, porque entonces era precisamente la televisión que no pagaba nadie. Días después, en el despacho de Javier González Ferrari, Paolo Vasile confesó que en medio de su campaña «Doce meses, doce causas», no podían salir en antena sin ofrecer una información completa de los Paralímpicos. Habrían entrado en una flagrante y patente contradicción. Agotada la vía de la piratería, eligieron la de devolver el golpe ante una audiencia que no se pudo enterar de que Tele 5 llevaba semanas violando todos los pactos, acuerdos que sí cumplieron otras emisoras de televisión, perjudicadas sin duda por las prácticas fraudulentas de la cadena dirigida por Vasile. Ese comportamiento se ha convertido en una tradición en Tele 5. Basta recordar el uso de imágenes de *Operación Triunfo* en las emisiones de *Crónicas marcianas*, que acabó cuando TVE envió un requerimiento a los responsables de la cadena y del programa para que cesaran en el pirateo. Cuando los materiales son de la tele pública, parecen decir en la Cinco, son de todos, y cuando son nuestros son privados.

Sobre la sentencia de la Audiencia Nacional se construyó toda una campaña en la que también participaron, de forma entusiasta, el grupo Prisa, y en especial los informativos de la Cadena Ser, que repetían una y otra vez que la sentencia me había condenado por manipulación, cuando en el texto de los jueces, ni aparece mi nombre ni se cita la palabra «manipulación». La jauría fue tan agresiva que llegaron al extremo de reclamar sangre. Ya comenté antes que Fernando G. Delgado consideraba a Urdaci y a otros periodistas «herederos directos de los que asesinaron a Federico García Lorca». Delgado, uno de los sargentos más exaltados del grupo, demostraba de nuevo su afición a esa frase, y de paso nos recordaba que él es uno de los que no han superado los viejos odios y está dispuesto a rescatar la quijada de la guerra civil para incitar al cainismo, al odio y al enfrentamiento. Ya en la jornada de reflexión de marzo de 2000 dijo algo parecido: en aquella ocasión llamó al voto para las izquierdas con el fino argumento político de que votar al Partido Popular era votar a los que asesinaron a Federico en Granada. Algo muy similar hicieron aquellos firmantes de un manifiesto publicado el viernes previo al domingo del voto. Se trataba de un manifiesto en el que los abajo firmantes, entre los que había un puñado de periodistas que esta nueva etapa de independencia ha llevado a puestos de responsabilidad en RTVE (allí estaban los hermanos Sacaluga, Alicia G. Montano, entre otros), pedían el voto para la coalición de Almunia y Frutos y alertaban de que si el PP continuaba en el poder se acabaría la democracia en España. ¿Se imaginan un manifiesto similar de sentido contrario, y firmado por periodistas con posiciones ideológicas cercanas a la derecha?

Retirado el recurso, difundida la idea de que fui condenado, el resultado desde el punto de vista personal es que yo soy el único español que no tiene derecho a la instancia del Tribunal Supremo para casar una sentencia de la Audiencia Nacional. El buen talante, el respeto al estado de derecho, a la justicia, al derecho a una defensa, les duró a los socialistas dos tardes. Caffarel obedeció aquel día una orden que venía desde fuera de la casa y que le obligaba a dejar en la indefensión a la empresa que dirigía: una aberración sin precedentes. Ella cumplió la orden sin vacilar, y en ese acto se dejó la independencia que había predicado tan sólo una semana antes, el 26 de marzo, en su toma de posesión. La iniciativa no pudo partir de la Dirección General porque el pretexto de hacer borrón y cuenta nueva y establecer en la casa la paz de los vencedores era un pretexto banal. La paz estaba garantizada toda vez que la estrategia había sido diseñada para derribar a la dirección y el recurso ante la Audiencia era un elemento más de una ofensiva general. Derribado el Gobierno el relevo en la dirección de RTVE estaba cantado. La guerra había concluido. No podían dejar que dos recursos les arruinaran la fiesta.

A las dos de la tarde Carlos Alsina adelantaba en Onda Cero la noticia: Caffarel ordenaba la retirada del recurso. Apremiada por la filtración la Dirección General de RTVE tuvo que salir al paso y se vio obligada a anunciar los nombramientos en Informativos y en RNE en la misma nota en la que el ente público daba cuenta de la retirada de la apelación. El sindicato UGT reclamaba en su nota del 30 de abril de 2004 que «si se trata de empezar de cero, como dice la Dirección General, sería más sensato no eliminar un solo recurso sino todos los interpuestos contra trabajadores de la casa, por ejemplo que se retiren los recursos de RTVE o de sus sociedades contra sentencias laborales a trabajadores, y para empezar, seguía la nota, con el pase a situación de fijos de los más de setenta contratados indefinidos que, habiendo visto refrendadas sus demandas por los tribunales, siguen en la incertidumbre y el riesgo de perder sus puestos de trabajo».

Adiós a las ondas

El 23 de abril fue mi último telediario. Mi destitución como director de Informativos lleva esa fecha. Está firmado por Juan Menor como director de la sociedad TVE. Muchos se preguntaron por qué. El consejero Sacaluga se preguntó en voz alta después de un consejo, qué maniobras oscuras y qué intereses económicos ocultaban ese cese según él apresurado. No hubo prisa ni trampa. Sacaluga sabía que me había marchado sin ninguna indemnización, sin ningún privilegio, amparado sólo por mis derechos como trabajador de la casa desde 1985. Ésas fueron mis prebendas, pero el recadero de José Blanco tenía que soltar tinta hasta el último minuto. Mi destitución lleva la firma de Juan Menor porque es la que tiene que figurar en ese documento. Yo mismo le pedí al director general, José Antonio Sánchez que ése fuera su último acto al frente de RTVE, por una cuestión estética.

Durante días asistí a un cruce de apuestas en los periódicos sobre cuál sería mi última aparición a las nueve de la noche en La Primera. Era una curiosidad ridícula. Quien me conoce sabe que estaría hasta el último día al frente de mis obligaciones. Así de sencillo. Me fui sin nostalgia, con el afecto de muchos y el desprecio de unos cuantos. Los últimos días en Torrespaña me sentí como uno de esos generales a los que arrancan los galones pero no pierden el respeto de los suyos. Echo de menos a muchas personas, y doy gracias por haber vivido momentos irrepetibles y por haber estado en el lugar que a muchos les hubiera gustado ocupar. Soy consciente también de que he atravesado algunos calvarios y he pisado algunas hogueras que nadie hubiera querido atravesar. Nunca he pensado en tirar la toalla. Abandonar hubiera sido fácil. Incluso podría haber buscado un pretexto para que me echaran. Hubo un director de Informativos que en plena transición emitió un reportaje extremo y desmesurado. Sabía que le iba a costar el puesto porque cuando lo vio antes de la emisión, con el redactor que lo había elaborado, se volvió hacia él y le dijo: «Esto es lo que necesito». El redactor fue apartado hacia el pasillo de los castigados y el director fue destituido y entró en la lista de las llamadas «víctimas de la libertad». Ése no es mi estilo. La lealtad es para mí un valor capital.

He asumido mi responsabilidad en todo lo que ha sido obra mía, e incluso he callado cuando otros me atribuían papeles que no eran míos o decisiones que se escapaban de mi ámbito de competencias. He asumido mis errores y los errores de mis subordinados. Otros prefieren ocultar los suyos por muy clamorosos que sean: tienen una doble vara de medir cortada en la madera de la hipocresía y el sectarismo. He pagado el precio de una persecución cainita y un linchamiento moral sin precedentes, organizado y jaleado desde la sede de un partido político y dirigido por un hombre que se convertiría en presidente del Gobierno, y con la complicidad de una buena parte de la profesión. Nunca me he defendido porque de algunas cosas que se dicen es mejor no hacerlo y porque el único derecho que no se consiente a los periodistas de la televisión pública es el de la réplica. Otros pueden convertir su micrófono en un instrumento de presión o en un bate de defensa personal. Nosotros no podemos. Eso nos convierte en un objetivo fácil y en una diana al alcance de cualquier francotirador. En una situación así todos se creen con derecho a disparar contra la cabeza visible. Alguien habrá dicho ya varias veces aquello de que durante mi gestión la casa fue condenada por la Audiencia Nacional y que ésa es una mancha indeleble. Es cierto. También lo es que los dos recursos que contestaban esa decisión fueron sumergidos en un bidón de cemento y arrojados al río. Según la directora general, Carmen Caffarel, TVE no tiene derecho a que el Supremo revise una condena mal redactada, y muy mal fundamentada, que afecta a toda la casa. Un acto de ese tipo habría sido inconcebible en una empresa privada, o en un organismo que no hubiera estado condicionado por las batallas políticas que habíamos vivido en los últimos dos años.

He cumplido con mi deber como profesional, he trabajado todos los días de esos seis años por mantener el liderazgo de los informativos de TVE y por situarlos como referencia. Y al margen de polémicas el trabajo de todos lo hizo posible, en un entorno muy complejo, mientras TVE iba perdiendo en el último año, en la temporada 2003-2004, el margen de cuota de pantalla que le aseguraba una cómoda primera posición. Los dos años de González Ferrari al frente de la Dirección General tuvieron un resultado brillante gracias a una oferta renovada y a la habilidad y el talento de un director irrepetible: Álvaro de la Riva. En los dos ejercicios del mandato de José Antonio Sánchez se mantuvo alto el pabellón con grandes dificultades, motivadas sobre todo por el control estricto de la Sepi. Los meses que siguieron a la destitución de Sánchez han sido hasta ahora los del hundimiento general de la cadena y la incertidumbre sobre su futuro. En mayo se perdió el liderazgo. En junio se profundizó en la caída a pesar de que TVE tenía los derechos sobre la Eurocopa que se jugó en Portugal. En julio se mantuvo la tendencia y en agosto, que suele ser un mes en el que las privadas no presentan batalla, se volvió a perder a pesar incluso de que TVE tenía los derechos exclusivos para la emisión de los Juegos Olímpicos. Para la directora general la Eurocopa de junio fue una razón para explicar el bajo rendimiento de la cadena, cuando en realidad el fútbol europeo ha sido siempre una razón para ganar. Desde la prensa, ahora por fin indulgente con los gestores de la casa, no ha faltado quien ha cargado las culpas de los males de RTVE sobre los que la gobernaron en el pasado. Pero la realidad es que las cartas para ganar la partida después de abril eran las mismas que antes del cambio de dirección, y el programador la misma persona que hacía las parrillas de la etapa de Sánchez. Los nuevos gestores se encontraron los despachos libres de hipotecas y sin embargo han fracasado. «Volveremos a ser líderes en septiembre, después del verano», dijo una abrumada directora general ante la Comisión de Control, que quería saber qué estaba pasando con la programación y a qué obedecía aquella caída sin precedentes. En septiembre la crisis se agravó. Tele 5 y Antena 3 se lanzaron a una guerra por la primera posición con todas las armas del *reality show* y de las grandes series. TVE ofrecía buenas palabras, nuevos estilos pero ningún nuevo contenido que tradujera aquellos propósitos.

Nos tocaron años difíciles, interesantes, y navegar en un mar proceloso sin la ayuda de casi nadie, pero hoy volvería a repetirlos. Es cierto lo que confiesan los cesados: al día siguiente el teléfono deja de sonar. Pero el puesto de director de Informativos de TVE no es de los que se echan de menos. No conozco un estímulo más motivador que una redacción en pleno zafarrancho. Pero soy capaz todavía de disfrutar de la tranquilidad de un teléfono callado. La noche de aquel viernes fue la primera en seis años que pude dormir con el móvil apagado. Al día siguiente comenzaba un tiempo nuevo, lleno de oportunidades, un horizonte abierto para hacer cosas que siempre había ambicionado y nunca había tenido tiempo de realizar. Al recoger los papeles de mi despacho, las fotos, los informes, los pocos recuerdos, tropecé con una vieja carpeta que había abierto en Roma, en el año 1993. En la portada decía *El cónclave. Apuntes ante la elección papal*. Ya tenía el hilo para continuar. Había encontrado el siguiente reto: abordar en un libro la complejidad histórica y política de la elección de los papas, en un libro proyectado hacia el futuro, hacia la elección del sucesor de Juan Pablo II.

Traspaso de poderes

La tarde del siguiente lunes, enterado de su nombramiento, llamé a Fran Llorente. La nota con la noticia de su ascensión a la Dirección de Informativos de TVE y la retirada del recurso era una mezcla extraña. No lo encontré, tenía el teléfono móvil apagado, y alguien en mi nombre le dejó un mensaje de felicitación y de que quería hablar con él. A la mañana siguiente me devolvió la llamada. A la una y media de la tarde estaba citado en el despacho en el que pasé mis últimos cuatro años en TVE y en el que ahora se sentaba un hombre vestido con vaqueros y un jersey. La conversación duró unos treinta minutos, fue correcta y a ratos cordial. Fran Llorente es un hombre afectuoso y educado en las formas, quizá tierno en exceso, casi maternal. Me dijo que sentía y lamentaba cómo se habían producido las cosas y me pidió que le explicara el dispositivo preparado para la boda del príncipe de Asturias y de Letizia Ortiz. Se lo expliqué con todo detalle.

Para ese día, 28 de abril, todo lo relativo a la boda, la programación y el esquema informativo estaba cerrado. Habíamos trabajado en el esquema y en la estructura desde hacía meses, desde unos pocos días después de que se anunciara el compromiso. Por cierto, a aquellas reuniones, coordinadas con una precisión puntillista por Juan José Buhigas, estaba convocado siempre Juan Menor, director de la cadena. Pero su silla sólo estuvo ocupada una vez, en la segunda de las convocatorias a la que asistió durante los primeros diez minutos. Siempre había algo que le hacía saltar de la silla como si ésta le quemara.

Para aquel 28 de abril ya hacía tiempo que se habían establecido los puntos de directo y las terrazas para instalar los estudios móviles. Se estaban ultimando los montajes de dos largos reportajes, dirigidos por Baltasar Magro, con las biografías del príncipe y de Letizia Ortiz. Otro equipo estaba trabajando en un largo reportaje sobre Madrid y otros contenidos que iban a alimentar la emisión de un programa informativo especial diario sobre la boda. Desde hacía meses, un equipo dirigido por Ángel Nodal y al que se había incorporado Valentín Villagrasa, ex director de Informativos del centro de Sant Cugat en Cataluña, estaba trabajando en la coordinación de reporteros y en la elaboración de reportajes para las emisiones especiales que iban a estar en antena al menos durante las dos semanas previas a la boda.

Todo estaba listo, incluso los especialistas que iban a acompañarnos en la transmisión del acontecimiento: el periodista e historiador Fernando Rayón; el experto en protocolo José Carlos Sanjuán y un hombre con un conocimiento de las dinastías y las familias reales y una vasta erudición en ese terreno: José Luis Sampedro Escolar. Le conocí durante los programas especiales que a principios de 2000 dedicamos a la vida y la muerte de la madre del rey don Juan Carlos. José Luis nos ayudó a comprender los ritos de las ceremonias, las reglas del protocolo y las normas que imperan en ese mundo exclusivo y desconocido de las familias reales. Si un heredero se presentaba en los funerales vestido con un traje determinado y adornado por tres o cuatro medallas, él conocía la historia de las distinciones y tenía la capacidad necesaria para explicar el sentido que tenía cada una de esas condecoraciones y porqué nuestro personaje llevaba esas insignias y no otras.

Se había previsto incluso la participación de José María Gil Tamayo, sacerdote y periodista y un buen comunicador que nos acompañó en la transmisión del último viaje del Papa a España. Otra de las personas cuya presencia estaba prevista aquel sábado en las emisiones de la mañana, aunque ella no lo supiera, era Cristina García Ramos que en aquella temporada dirigía y presentaba una revista de corazón de fin de semana: *Corazón, corazón*. Todo el equipo estaba coordinado por Ángel Nodal y por Valentín Villagrasa. Bastaba con dejarles trabajar para que todo saliera perfecto, porque son dos profesionales de una larga experiencia. La idea inicial era disponer el día de la boda de dos escenarios para poder combinar la presencia de expertos, invitados y periodistas. Uno de esos estudios en abierto estaría dirigido por Cristina. Sobre el papel, en el diseño inicial, ocho personas se debían encargar de llevar el peso de la transmisión, de explicar a los espectadores toda la carga de sentido contenida en la ceremonia y la perspectiva histórica de una boda que daba continuidad a la Corona y que era, sobre todo, un asunto de Estado.

Terminado el repaso a la boda, satisfecha la curiosidad de Llorente hasta los últimos detalles, me preguntó qué pensaba hacer. Le contesté que era inútil expresar ningún deseo porque la retirada del recurso sólo se podía entender como un propósito de la Dirección de dejar clavado en mi espalda, para siempre, el cuchillo de la condena, en definitiva de dejarme morir de inanición o de gangrena, de no permitirme ni siquiera el derecho a una revisión. Con ese precedente, añadí, no tiene sentido que yo diga qué quiero hacer, qué prefiero o dónde quiero estar porque todo lo que yo sugiera tendrá una respuesta negativa. Así que, añadí, «es mejor que preguntes qué es lo que me van a dejar hacer, cuál es la parcela del terreno de juego donde me vais a dejar jugar o cuál es la silla de la grada donde me voy a poder sentar para ver el partido». «Eso es algo que no está en tu mano decidir, y yo me limito a esperar una respuesta clara y pronta para saber qué futuro me espera en la casa», añadí. Estoy seguro de que la nueva dirección daba por descontado que yo volvería a Radio Nacional de España, pero no sabían que tan sólo días antes de ser cesado la Dirección de Personal y el director de RNE, José Antonio Sentís, habían firmado mi traslado de RNE a TVE, y por tanto mi vuelta a la Casa de la Radio era un camino cerrado.

«Contamos todos»

A partir de ese momento me convertía en un problema para los nuevos gestores de TVE, y en una prueba para demostrar la verdad o la falsedad del nuevo talante, de las formas y los fondos de una época que se presentaba como «nueva». A partir de septiembre, sin destino ni misión en la casa, sin lugar de trabajo ni cometido alguno, yo, como tantos otros en mi situación, éramos la demostración de que el lema de la nueva temporada «Contamos todos» era falso. ¿Empezaba de verdad una nueva época? ¿Estábamos a punto de inaugurar una televisión con otro estilo, como decían? En los días siguientes tendríamos muchas pruebas para comprobarlo. La primera, la de Teresa Alfageme, directora de Comunicación de RTVE desde que Javier González Ferrari llegara a la Dirección General, en mayo de 2000. Teresa había sido durante cuatro años una profesional apreciada por los periodistas que se encargaban de la información de televisión en los periódicos o en las radios; una mujer que llevó con una enorme eficacia las responsabilidades de un puesto nada fácil en una casa que está siempre en el ojo del huracán y en el punto de mira de grupos de presión, partidos políticos e intereses mediáticos. Teresa fue confirmada en su puesto a mediados de la última semana de abril. Dos días después, el viernes 30, Alfageme fue llamada al despacho de Caffarel y ésta le dijo que las presiones habían sido muy fuertes, que no había podido soportarlas y que se veía forzada a apartarla de su responsabilidad y firmar su destitución. Alfageme le dijo que se equivocaba y que si había cedido en algo de lo que estaba convencida, en un plazo de dos meses las presiones en otras áreas iban a ser tan fuertes que no podría sostenerse bajo el peso de la casa. En las semanas siguientes decenas de directivos y de puestos de responsabilidad cambiaron de manos, tanto en Prado del Rey como en Torrespaña. Con el pretexto del ahorro se dijo que se habían amortizado algunos puestos, mientras en la Dirección de Informativos los dos subdirectores que había en la época anterior se convertían en siete bajo el mandato de Llorente. En épocas de austeridad unos son más iguales que otros.

Otra de las primeras medidas de la nueva Dirección de Informativos fue cambiar a todos los responsables de las diferentes áreas de informativos y a los editores de los telediarios. Se puso al frente de las dos ediciones, las de las tres de la tarde y la de las nueve de la noche, a buenos profesionales pero sin ninguna experiencia en el diseño de telediarios y en la estrategia narrativa de los informativos. El resultado fue una caída de audiencia sin precedentes y la pérdida de un liderazgo que se había mantenido contra viento y marea durante los últimos seis años, a pesar de los ataques feroces desde fuera y desde dentro de la redacción, orquestados en una maniobra de pinza diseñada para sacudir la casa y derribar a su Dirección. Los más activos prebostes de la redacción, los que formaron aquel llamado «Comité Antimanipulación», ejemplo él mismo de tantas tergiversaciones y campañas, llegaron a pedir, en plena temporada de «limpieza», que se eliminara de los puestos de responsabilidad a «todos los que habían colaborado con la anterior Dirección». Una vez más el talante imponía su furia sectaria y su jacobinismo para copar hasta el más pequeño rincón de la casa y poner al frente de informativos y programas a los que podían aportar la pureza de su pedigrí ideológico, obviamente de lo que se llama la tendencia «progresista», por mucho que ese adjetivo esconda muchas veces un espíritu reaccionario.

Llegaba la época del «todos somos iguales». Otra de las medidas inmediatas de la nueva Dirección fue desmantelar un grupo de reporteros que había dado unos resultados de una extraordinaria calidad a los informativos, un grupo en el que habían trabajado profesionales de la talla de Almudena Ariza, María Oña, Ángel Orte, Letizia Ortiz, Mayte Pascual y tantos otros. Desde los primeros meses de mi mandato habíamos entendido que la redacción necesita algo así como una «fuerza de choque», un equipo pequeño de redactores y reporteros gráficos, con capacidad para salir en cualquier momento a cubrir cualquier situación de crisis, cualquier gran acontecimiento. Se trataba de buscar expertos en grandes operativos, profesionales con capacidad para el reportaje pero también para el directo, dispuestos a pasar largas temporadas fuera de casa y a trabajar doce y catorce horas al día sin una sola queja. Esos redactores cobraban muy poco más que el resto de la redacción, acomodada en horarios invariables y poco dispuesta a abandonar sus hábitos familiares por las dificultades que supone dejar organizada una familia para irse a trabajar lejos de casa. Fran Llorente me advirtió de que una de sus primeras medidas iba a ser terminar con ese sistema de trabajo. «Aquí —me dijo— todos somos iguales, y yo no estoy de acuerdo con esa forma de funcionar. Creo que todos deben hacer lo mismo y todos deben cobrar lo mismo.» Le expresé mi impresión de que se trataba de un grave error, porque no todos son iguales en una redacción, no todos hacen los mismos trabajos con la misma calidad, no todos están dotados con la misma facilidad para el directo y no todos tienen, por sus circunstancias personales, la misma disposición para el trabajo. El hecho de romper con un equipo de élite en la redacción suponía también desmotivar a un grupo de profesionales capaces de lo mejor y entregados a su trabajo y a su profesión, sin mirar quién se sentaba en la Dirección de Informativos. Disolver ese grupo era, por último, un mensaje negativo para una redacción a la que a diario le hace falta el estímulo de la competencia.

Otros tuvieron más fortuna. Los que participaron en la oposición interna, tratada con una extrema tolerancia a pesar de las maledicencias que han difundido algunos medios, recibieron después del cambio puestos de relevancia. Carmelo Machín fue enviado de nuevo a una corresponsalía, esta vez la de Washington, pero en esta ocasión a las órdenes de su mujer Ana Bosch. Machín es de nuevo corresponsal, puesto que siempre ambicionó, y en Washington, a pesar de su actitud profundamente antiamericana. En las semanas de la guerra del Golfo fue destinado al cuartel general de las tropas norteamericanas en el emirato de Qatar. Una detrás de la otra, en todas las conexiones, Machín despotricaba contra los generales de Estados Unidos e insistía en que allí no tenía ninguna información que ofrecer porque los mandos del ejército de las barras y las estrellas despreciaban a la profesión periodística. Lo contaba con una actitud displicente y el gesto torcido de los que quieren mostrar su disgusto. Cuando el jefe de su Área, Daniel Peral, le insinuó que dada la situación tendría que volver a Madrid o cambiar su destino, amenazó con denunciarlo como una represalia y un acto de censura. La oposición se había convertido en un grupo de intocables.

Los cambios llegaron también a los editores. Jenaro Castro, con un largo historial en la edición del telediario de las tres de la tarde, en el matinal y en el de las nueve de la noche, fue apartado de sus responsabilidades. El pretexto que esgrimió Fran Llorente a finales de julio fue el de que «no tenía nada para la categoría profesional» de Castro y por eso le ofrecía un puesto de redactor en el Área de Sociedad, con una rebaja sustancial de los honorarios de su contrato. Después del verano su situación empeoró. El 3 de septiembre se presentó la nueva programación. Jenaro Castro se dejó caer y se encontró con Juan Menor, el hombre que nunca contestaba al teléfono. Le pidió explicaciones de por qué se le había vetado para presentar la parte de sucesos del programa *Gente*. «Eres un buen profesional, Jenaro —le dijo Menor— pero han pesado más otras cosas.» La clave se la dio a Castro, días después, Matías Montero, subdirector de Informativos. El lunes 6 de septiembre, por la mañana, Jenaro le pidió explicaciones sobre lo que iba a hacer esta temporada. «Me están llamado de los periódicos —le explicó Jenaro— y de momento no quiero hablar porque espero que me deis una explicación. Parece como si me estuvierais pasando una factura porque decís que soy del PP.» «No es eso —le replicó Montero—. Creo que lo que más te está perjudicando es haber trabajado con Urdaci.» «Contamos todos», se repitió aquella mañana en las pantallas de los Estudios Buñuel. Tres días después, parafraseando *Rebelión en la granja*, unos contaban más que otros. Josep Puigbó, presentador primero de *El Debate de La 2* y después del telediario primera edición se quedó sin destino a finales de julio. Desde entonces disfrutó de unas largas vacaciones pagadas hasta que expiró su contrato.

¿Una nueva época? Alicia G. Montano, firmante de aquel manifiesto indecente en el que se pedía el voto para la coalición de la izquierda ante los peligros de regresión democrática si el PP ganaba las elecciones de 2000, fue nombrada subdirectora de Informativos, encargada de coberturas especiales y directora de *Informe semanal*. Baltasar Magro fue destituido, y ni siquiera su agresiva entrevista a Mayor Oreja durante la campaña de las europeas de junio le sirvió para que su nuevo programa de entrevistas tuviera un horario clandestino. Su lugar lo ocuparía Alicia, hasta entonces subdirectora del programa. Alicia llegó a Torrespaña desde el centro territorial de Navarra, y a la vez que su amigo Luis Roldán se hacía cargo de la dirección general de la Guardia Civil. En los meses que duró la investigación de periodistas de *Diario 16* sobre la fortuna de Roldán, los telediarios emitieron informaciones firmadas por Montano, en las que se justificaba el patrimonio del director como el resultado de una herencia que habría recibido a la muerte de su padre, un honrado taxista de Zaragoza. Alicia era entonces jefa de la sección de Nacional. Ella y su inmediato superior, Miguel Ángel Sacaluga, perpetraron aquella entrevista a Julián Sancristóbal en la prisión de Alcalá Meco, con la que montaron un largo reportaje de 14 minutos que ocupó casi la mitad del telediario. Aquella misma semana *Informe semanal* cantó las virtudes de Rafael Vera como secretario de Estado de Seguridad.

¿Un tiempo nuevo? Manuel Lombao, que puso su nombre bajo aquel texto el año 2000, fue nombrado director de Centros Territoriales. Lombao era célebre en la casa durante sus años como comentarista parlamentario porque cuando sonaban los aplausos en los bancos de la derecha él acompañaba las ovaciones con estas notas en su cuaderno: «¡Franco! ¡Franco!». Una de sus primeras circulares como director de Territoriales ordenaba a todos los centros que en las semanas previas al comienzo de la campaña electoral no dieran información política, porque de eso ya se encargarían los telediarios. Podríamos seguir pero se trata de dar dos ejemplos de lo nuevo y de la autoridad moral de la que están investidos los críticos de la última época. También podemos hablar de lo más reciente. El primer día del último Congreso socialista, celebrado entre los inciensos del triunfo y de la autocomplacencia, TVE tuvo serios problemas para la emisión del telediario de las tres de la tarde. Los vídeos no entraban, los planos se confundían y la selección de los mensajes no debió de ser la que esperaban los dirigentes del partido. Después del telediario Miguel Ángel Sacaluga, quien fuera subdirector de Informativos en la época de María Antonia Iglesias, consejero de Administración del ente y jefe de Prensa de la Federación Socialista madrileña, entró en el set de Informativos de TVE, y a gritos, le explicó a la jefa de nacional, Maribel Sánchez, lo que se esperaba de ella y los mensajes que se debían incluir en la segunda edición del telediario. Esta vez no tendría ningún problema para que los vídeos del telediario se ajustaran a sus deseos.

Varios días después de aquel encuentro en Torrespaña de finales de abril, el 5 de mayo, recibí una extraña llamada de Fran Llorente en la que me preguntaba cuál era mi situación en la casa. Me dijo que todos los días se recibían en la Dirección de Comunicación unas cuantas llamadas de profesionales del periodismo y de espectadores en las que preguntaban por mi situación en RTVE. «Y no sabemos qué decir», me confesó. El nuevo responsable de las relaciones con la prensa, Miguel González Somovilla, necesitaba instrucciones sobre mi circunstancia y mi relación con TVE. Le dije que era muy sencillo y que mi situación en la casa estaba muy clara: soy un cesante sin trabajo ni destino y estoy a la espera de que se me diga qué es lo que tengo que hacer. «Estoy, como se dice en esa casa, en el pasillo.»

La pregunta perseguiría a Fran Llorente durante meses. En el verano de 2004 se lo volvieron a preguntar en uno de esos cursos de verano de las universidades. Dijo que había un sitio para mí en la redacción y en su proyecto, y que si yo quería jugar con ellos, contaban conmigo, casi como en aquel viejo eslogan que intentaba promocionar el deporte en la España autoritaria. Aquella tarde me llamó María Penedo de *La Razón* para contarme las declaraciones de Fran y preguntarme cuál era mi respuesta. No necesité pensarlo: «Quiero ser —le dije— el editor y presentador de *La 2 noticias*, en las mismas condiciones de libertad que tenía Fran Llorente cuando ejerció esa responsabilidad». A María le sonó a broma, pero yo lo decía con la más firme de las convicciones y en un tono serio. Esa frase fue titular al día siguiente, pero la Dirección de Informativos no se pronunció. Ya tenía claro que ése no era el sitio que me reservaba Llorente en su equipo, y que tendría que pensar en otro. Quizá el problema, pensé, residía en que no pensaban reeditar las condiciones de libertad en las que se había desarrollado su trabajo, para las que hizo falta que más de una vez el director de Informativos les defendiera frente a presiones de todo tipo.

Una de las sorpresas que nos deparó el cambio fue la continuidad de Juan Menor. Los que compartimos con él las tareas de dirección sabemos que es un buen profesional al que cuando se le necesita se debe tirar de la cuerda para que baje de su nube a tierra firme. Juan tiene una personalidad compleja, insegura, a veces atormentada y que se manifiesta con una imagen amorfa, nerviosa, a veces exasperada. Pero cuando aterriza tiene una visión global de las estrategias, un conocimiento sociológico del mundo de la televisión muy notable. Quien tomó la decisión de mantenerle en su puesto no se equivocaba. Pero a veces las piezas dejan de funcionar cuando se ponen en otra máquina. Los criterios de programación en mayo y en junio cambiaron la que había sido la práctica habitual en los años anteriores. El mismo programador que había mantenido la primera posición para la cadena, tomaba decisiones que situaron a La Primera como la tercera del mercado. Juan pensó también que tenía que hacer concesiones a quienes le habían nombrado, que se tenía que justificar, quizá que tenía que pagar un peaje con la moneda de la opinión pública para agradecer la confianza recibida. Y por eso habló e intentó justificar su conciencia.

El primer atisbo de lo que le esperaba lo tuvo un día de primeros de mayo en un restaurante de Madrid. Almorzaba con Ramon Colom, que había sido director de TVE en la etapa socialista y padrino y valedor de la carrera de Juan en TVE. Colom se dedica ahora a la producción audiovisual y a la compra y venta de materiales producidos por otras cadenas en el mercado internacional. En un momento de aquel almuerzo la charla subió de tono y Menor se levantó de la mesa, agarró su chaqueta y se puso a gritar: «¡A mí no me puedes poner entre la espada y la pared, a mí tú no me puedes presionar así!». Poco a poco, pieza a pieza, Juan se deshizo de todo su equipo, de todos los que le habían acompañado en la gerencia o en la dirección de programas durante los dos últimos años. Uno a uno fueron cayendo los responsables de las unidades a los que él mismo había puesto. Era gente de su confianza, a los que había nombrado y con los que había trabajado; profesionales de una larga trayectoria en la casa, acostumbrados a trabajar con administraciones de todos los colores políticos. Después vino la purga de los programas. Uno de los primeros en desaparecer de las parrillas fue Fernando Sánchez Dragó y su *Negro sobre blanco*. Ya estaba bien de talante, había que apartar de la casa a un escritor que se declaraba aznarista y que hacía un programa de libros al margen de los intereses comerciales de las grandes editoriales. En su lugar nos pusieron a Javier Rioyo, un delegado del grupo Prisa y, por tanto, fiel a las estrategias de ventas de las editoriales de Polanco. Basta escuchar sus comentarios en la Ser para saber que Rioyo no saldrá de la disciplina de la milicia.

A mediados de mayo, durante una rueda de prensa, los periodistas le preguntaron cuál era el secreto de su juventud y el motivo de su continuidad y Juan destapó la caja de las excusas para decir que él era «un mercenario». Dijo que durante mucho tiempo había visto cosas raras en la casa pero que había callado por lealtad. Extraña forma la de la lealtad de Menor que le obliga al silencio: siempre he pensado que es más bien un motivo para hablar y discrepar, y les puedo asegurar que José Antonio Sánchez sabe escuchar y tener en cuenta las opiniones de quienes forman parte de su equipo y los matices que aporta la visión particular de cada cual. Me pregunté si Menor callaría también en su nueva etapa, viendo cómo la primera perdía el liderazgo y entregaba el primer puesto a Tele 5 o a Antena 3 en buena parte gracias a decisiones erráticas en la programación. En cualquier caso había una contradicción amorfa entre la lealtad que decía mantener y su naturaleza mercenaria. Hasta ese día yo tenía la idea de que la lealtad que se compra no es tal y que el mercenario vende su trabajo al margen de cualquier consideración moral a quien mejor le pague. Pero a Juan éstos, supongo, no le pagaban más. Así que aquella noche me acosté con el rumor de aquel enigma y después de enviar a Menor un mensaje de móvil: «Enhorabuena. Me han gustado mucho tus declaraciones de esta tarde».

22 de mayo. Historia de un fracaso

La boda del príncipe se acercaba. El día que hicimos el traspaso de poderes le dije a Llorente que tenía la impresión de que las cosas estaban tan atadas que si ponía a comentar la boda al más incapaz todo saldría bien. Los expertos de los que he hablado antes estaban preparados para intervenir en todos los programas y para revisar los guiones de modo que no se nos escapara ningún detalle. Fernando Rayón había escrito un libro sobre la boda de los reyes Juan Carlos y Sofía que es la obra de referencia para todos los que quieran conocer con detalle el desarrollo de aquel enlace y las circunstancias de las que estuvo rodeado. Jose Carlos Sanjuán había firmado artículos de fondo en *¡Hola!* sobre las bodas reales. José Luis Sampedro había puesto aquella primavera en las librerías una obra escrita con Fernando Rayón con la historia de las joyas de la familia real española. Todo estaba preparado para explicar los detalles más importantes y también los más intrascendentes. Cada gesto y cada paso en el ritual de una boda de Estado tienen un significado. Nuestro propósito era que no se nos escapara nada. Ese estilo debía ser nuestra seña de identidad y nuestra diferencia frente al trabajo de otras cadenas, más frívolas a la hora de acercarse a un acontecimiento como la boda del príncipe.

La víspera de la boda, el 21 de mayo, me acerqué hasta la plaza de Oriente para grabar una entrevista con el enviado especial de la RAI, la radiotelevisión italiana, Enzo Micalizzi. Conocía a Enzo de mis años en Roma, y cada vez que lo enviaban a España nos veíamos y como enviados de una televisión pública les ayudábamos en lo posible, con préstamo de imágenes o con asistencia en la producción. Aquella tarde grabamos una entrevista larga, rodeados de un público amable que se había acercado hasta el palacio para ver de cerca los preparativos de la boda. Cuando me marchaba llamé a Fernando Rayón, que a esa hora participaba en un programa especial que se realizaba en directo desde la terraza de la Torre de Madrid, sobre el fondo de los jardines del Huerto del Moro y el perfil neoclásico del palacio de Oriente. Nos vimos en un café de la calle Princesa. Lo primero que me dijo es que esa tarde había leído en un confidencial de internet que la Dirección de Informativos de TVE había decidido prescindir de todos los comentaristas previstos en el programa especial de la boda. La noticia había salido en el diario electrónico de Fernando Jáuregui. Le llamé y me lo confirmó: su fuente era directa. Horas después Rayón me comunicaba que uno de los encargados del operativo le había dicho de parte de Llorente que no contaban con su presencia al día siguiente para la boda. Rayón, que había renunciado a otras ofertas de otras televisiones para atender a La Primera, estaba desolado. José Carlos Sanjuán y José Luis Sampedro, más conocidos entre nosotros como «los dos apóstoles», compartían ese sentimiento.

De repente, sin más explicación y a tan sólo unas horas del acontecimiento, lo que habíamos preparado en largas reuniones y sesiones de trabajo durante meses desaparecía de la escena sin tiempo a reaccionar y a que aquellos tres expertos buscaran alternativas de trabajo en otros medios. La única explicación que Llorente dio a su intermediario, al encargado de comunicar tan desagradable noticia, fue que no les necesitaba, que le bastaba con gente de la casa, con Ana Blanco, Carmen Enríquez y Manuel Román, y que el diseño que yo había preparado era rancio y antiguo y no servía para una televisión que tenía que tener «otro aire». Los hechos, horas después, serían la prueba de que ese «otro estilo» no había encontrado todavía su forma. El programa, al margen de las polémicas exageradas por la realización, fue pobre, y el esquema improvisado a última hora no tuvo la más mínima capacidad para interpretar el sentido y los pasos de un rito en el que el más pequeño detalle está cargado de significados y mensajes, y por tanto merece y necesita una explicación. Nadie nos explicó por qué se habían elegido las lecturas de Tobías y de san Pablo, ni por qué en el primer caso se había suprimido un párrafo bíblico, ni por qué a la hora del matrimonio se había optado por el rito largo en lugar del «Sí, quiero» tradicional.

Las lagunas de los tres comentaristas fueron constantes, pero especialmente visibles durante la ceremonia religiosa. Estaba previsto que algún sacerdote ilustrara lo que iba pasando, pero las órdenes de Llorente suprimieron esa asesoría. Dado su desconocimiento en asuntos religiosos y litúrgicos, los tres encargados apenas pudieron comentar lo que estaba ocurriendo durante la misa y permanecieron muchos ratos callados, lo que llevó a no pocos espectadores a buscar alternativas en otras cadenas. Los errores abundaron también durante otros momentos de la transmisión. A Jaime Martínez Bordiú le llamaron «hijo de la condesa de Villaverde». Cuando llegaba Laurent de Bélgica, como no sabían su nombre dijeron, simplemente «el príncipe». Confundieron al duque de Aliaga con el duque de Huéscar; al otro arquitecto de la Almudena le llamaban Sidra cuando se llama Sidro; a la reina Rania de Jordania le decían princesa y no se dieron cuenta de que la que iba con ella era la reina Muna, madre del monarca jordano.

Mientras los realizadores se empeñaron en sacar varias veces la imagen de Carmen Caffarel, la directora general de RTVE, los comentaristas demostraron desconocer los nombres de los ministros: «Son tan nuevos —explicó uno de ellos— que no les conoce casi nadie». Sí tuvieron la oportunidad de explicar que la Orden de Carlos III era «la más importante», porque la del Toisón de Oro sólo se otorga a varones. En la Almudena estaban las reinas Margarita de Dinamarca y Beatriz de Holanda. Las dos tienen el Toisón. Preguntada por todos los incidentes del día de la boda, la directora general respondió que se lo habían encontrado todo hecho y que ellos, los nuevos responsables, se habían limitado a llevar a cabo un plan diseñado en el que no habían intervenido.

LOS RELEVOS

Los meses siguientes, hasta septiembre, serían el tiempo de los relevos y del cambio de rostros e imagen de la cadena. «Que nada ni nadie recuerde a la época de Urdaci», era la consigna repetida en todos los despachos. Había que cambiar las cabeceras de los telediarios, su sintonía y decorado. Lo único que no iba a variar en la cadena era la mosca que indica en la esquina inferior derecha la identidad del emisor. La consigna estaba definida desde primeras horas del 15 de marzo. Luego se harían algunas excepciones motivadas por la fuerza de los hechos y por las evidencias de que no se podía derribar todo el edificio sin hacerse daño con los cascotes.

Ana Blanco estaba sentenciada. La primera intención de los nuevos responsables de Informativos era cambiar a todos los presentadores sin dejar uno solo de los que se habían sentado ante las cámaras durante la etapa anterior. Y en buen parte cumplieron la orden hasta donde pudieron. La intención era dejar fuera incluso a Blanco, uno de los grandes activos de la cadena. En abril, el PSOE encargó a Miguel Ángel Sacaluga, como buen conocedor de los mecanismos de la casa y miembro del Consejo de Administración, que sondeara la situación interna. Sacaluga se presentó de nuevo ante el director general y le dijo que su partido le había nombrado delegado para el traspaso de poderes en RTVE. Sacaluga se entrevistó con los responsables de las Áreas de Programación y de Personal del ente público. Se encontró una situación mucho más saneada y limpia que la que heredó el Partido Popular en 1996. Para empezar, los contratos de imagen de presentadores y «estrellas» vencían a los pocos meses. No había hipotecas. Ningún contratado que no fuera de plantilla había sido enviado a corresponsalías, como el caso de Martínez Soler, nombrado corresponsal de TVE en Nueva York in extremis, poco antes de la derrota socialista en las urnas. Cuando Martínez Soler fue destituido, en parte para corregir aquel abuso caciquil, intentó movilizar a la prensa internacional en su ayuda para acusar a Sáenz de Buruaga de practicar una purga por motivos políticos.

Sacaluga comprobó en abril que esta vez no se había cometido ninguna irregularidad, que Sánchez saldría con las manos limpias y la casa en orden y que todos los contratos tenían unos pocos meses más de prórroga, para dar tiempo a la nueva Administración a tomar sus propias decisiones. Una vez examinados los papeles, el interés del consejero se centró en la situación de Ana Blanco. «¿Cuánto nos cuesta echarla?», le preguntó a la directora de Personal Milagros Hernández. «Hay que pagarle una indemnización equivalente a dos mensualidades», fue su respuesta. La intención estaba clara: se trataba de removerlo todo y renovar todo el escaparte. Para conseguirlo tenían dos vías: promover a puestos de responsabilidad a periodistas de la casa significados por su militancia socialista y contratar nuevos redactores. El nuevo director de Informativos no tardaría mucho tiempo en pedir 55 nuevos contratos para la redacción mientras mantenía a decenas de profesionales de la casa en los pasillos. Los administradores socialistas venían dispuestos a hacer tabla rasa y a demostrar que comenzaba un tiempo nuevo. Se tenía que «visualizar» que en España se había producido un cambio de Gobierno y una de las primeras medidas debía ser el relevo en los rostros de las noticias.

Esa intención se mantuvo hasta el mes de julio. A mitades de mes los responsables de Informativos recibieron un informe del departamento de Investigación de Audiencias y de Marketing en el que advertían que eliminar a Ana Blanco sería perder una de las señas de identidad de la cadena, un icono asociado a la televisión. Ana Blanco y Matías Prats son hoy los únicos presentadores revestidos con ese ropaje que los convierte en seres familiares, habituales de la pantalla, rostros que dan serenidad y confianza, presentadores capaces de salvar cualquier situación por delicada que sea. El estudio realizado por los técnicos de las audiencias aconsejaba no renunciar a ese valor. Ana Blanco sería la primera excepción a la regla de la tabla rasa, y su nombre quedaría por tanto fuera del rodillo por el que se pasó al resto de los presentadores. La segunda Helena Resano, formada en el Canal 24 Horas y en el equipo de reporteros de los telediarios, y que había ocupado en el telediario segunda edición el puesto que había dejado Letizia Ortiz. Renunciar a su personalidad tranquila y serena, a su seguridad en los directos y en las situaciones complicadas hubiera sido otro error y una pérdida de capital humano que la casa no estaba en condiciones de sufrir.

Del resto no quedó piedra sobre piedra. Todos los jefes de áreas fueron relevados. Se suprimió el programa *La economía* que presentaba Pedro Carreño, se cambiaron las direcciones de los programas y se modificaron todos los equipos de edición. Responsables de áeras informativas que tenían nivel laboral ejecutivo pasaron de la noche a la mañana a ser redactores de los telediarios periféricos, de *La 2 noticias* o de la tercera edición del telediario. Muchos redactores fueron enviados al Canal 24 Horas. Otros se marcharon a programas ajenos a la dirección de Informativos. Quizá les costaba asimilar aquel anuncio que apareció en la prensa el 12 de septiembre de 2004: debajo de una trama gris se leía «Mañana empiezan los telediarios». Era un insulto para todos los profesionales que habían trabajado en la casa y que lo seguían haciendo, y un bofetón para toda la audiencia mayoritaria quc había scguido los informativos hasta aquel día. Era el nuevo estilo, el talante.

16

Epílogo

El último capítulo se escribe al calor del estreno. Las promociones de la programación y de los informativos prometen un nuevo estilo. En los mensajes de la ¿nueva? TVE aparecen gentes vestidas de una forma desenfadada, con barbas, coletas, inmigrantes, niños con síndrome de Down, ancianos, jóvenes. Nada sobre los nuevos contenidos. Nada que nos permita saber qué rumbo tomarán. El 13 de septiembre Lorenzo Milá declara al diario *ABC* que va a despolitizar TVE. ¿Qué significa? ¿La van a despolitizar por dentro, desarmando el frente ideológico que introdujo Calviño en el año 1983, cuando decenas de profesionales se fueron a los pasillos, desde donde vieron desfilar a los nuevos contratados, cachorros de una camada con pedigrí ideológico? ¿O es que iba a desaparecer la política de los telediarios en el momento en el que el Gobierno socialista anunciaba un debate sobre la reforma de la Constitución? ¿Se iba a despoliti zar una parte o el todo? ¿Quién iba a ser el «despolitizador», un hombre de la derecha o de la izquierda, una mujer de centro o una de extrema izquierda? Y si no hubiera política en la agenda informativa ¿qué iban a poner? Cuestiones complejas que no tuvieron respuesta. No basta dar la orden de que desaparezcan los ministros del telediario, como se hizo con los sucesos, porque los ministros hacen cosas, toman medidas, las corrigen, y todo eso debe estar en el escaparate porque todo eso afecta a quienes nos ven. Los ministros anuncian, por ejemplo, la supresión de los descuentos en los libros de texto. Y luego dan marcha atrás. Ensayo un ejercicio práctico y pienso, por ejemplo, que despolitizar sería no abrir el telediario con esa noticia, que fue la primera noticia de aquel viernes 10 de septiembre para todos los medios de comunicación de España. Podemos poner en la escaleta como primera noticia algo más verde, más ecológico, como la novedad de que ya no hay fuel en los tanques sumergidos del *Prestige*. Por fin. Para todas las cadenas no deja de ser un asunto que se ventila en diez segundos. Para la nueva TVE es apertura y dos reportajes, en los que se nos cuenta que el Gobierno de ZP ha resuelto el problema que nos dejó el de Aznar. Los descuentos suprimidos, y luego resucitados, se van a un plano segundón.

Con esas dudas contemplamos el primer telediario. La primera sorpresa no es ver a Milá sin corbata. No podía salir de otra manera. Haberse puesto el lazo habría sido como enviar a la audiencia el mensaje de que se había terminado la etapa silvestre de *La 2 noticias* y comenzaba una más domesticada, desde su criterio estético. Nada de convenciones. Milá se soltó el botón del cuello, pero quizá no reparó en que los espectadores se dieron cuenta de que llevaba una camisa con puños de gemelo. Es decir, que había comenzado a desnudarse, como cuando uno ha tomado siete dry martini, la fiesta está a punto de terminar y ya se han ido los invitados más importantes. Con ese disfraz nos cantaron las maravillas de la nueva alianza de ZP con dos países de la vieja Europa que atraviesan una crisis profunda. Para abundar en la alabanza hicieron un repaso a fondo de las citas de Aznar con Bush, y así les vimos en la finca de Quintos de Mora, en el rancho de los Bush, fumándose un puro, con los pies encima de la mesa, y en la reunión de Azores. Nos enseñaron todo el álbum fotográfico de Aznar. Era un relato como para niños, como de La 2: aquí los buenos, aquí los malos; aquí las focas y aquí los malvados noruegos que las matan; aquí Bush que hace la guerra y aquí Chirac, que ahora es un amigo, a pesar de que nos la jugó en Perejil y de que hacía negocios redondos con el dictador Sadam, igual que los alemanes, que le vendieron al sátrapa todo lo que le hacía falta para ampliar su programa nuclear y componer su armamento químico.

Esa tarde-noche comprendimos qué era la despolitización: ni más ni menos que la plasmación en un telediario de la teoría de Caffarel sobre las mayorías y su derecho a ocupar el ecosistema informativo, como una especie en fase de ascenso en la pirámide del poder. El resultado de audiencia dejó a los responsables de Informativos insatisfechos. Tan sólo un 24,9 por ciento, a unas décimas de distancia de Antena 3, una victoria pírrica después de tanta promoción y de tanto «esto es nuevo y ustedes no lo van a reconocer». La corbata volvió pronto, aquel mismo viernes, y con un color verde sobre una camisa blanca. La prensa se enredó en un debate sobre si corbata sí, corbata no. Para unos la discusión era una pérdida de tiempo. En televisión todo es mensaje y todo tiene un sentido o una explicación. Y cualquier gesto, por pequeño que sea, está lleno de contenido. La elección siempre es compleja. Uno puede intentar demostrar un cierto desenfado, un nuevo talante, pero se arriesga a que lo interpreten como que te has quitado el lazo para evitar que te ahorquen.

La nueva Dirección demostraría pronto que además de marginar a decenas de profesionales no tenían un plan de futuro para la casa. La noche del 14 de marzo el jefe técnico de TVE, un hombre que conoce la fibra humana de la empresa, subió a mi despacho. «¿Cómo está la gente en los talleres?», le pregunté. Para mi sorpresa me contestó que estaban preocupados. «Han votado con ganas de dar un castigo al Partido Popular y hoy se han dado cuenta de que se han pasado. Con el PP esta casa tenía un plan de futuro. Hoy estamos al borde del abismo, en la incertidumbre.» Me dejó perplejo. Con el tiempo comprendí que tenía razón. En septiembre la Dirección General dijo que no asumía el Plan marco, firmado por Javier González Ferrari con la Sepi y los sindicatos, y auténtico plan de salvamento económico de RTVE que preveía el aumento de la subvención estatal y la eliminación de la deuda histórica. Los nuevos rechazaron el plan, sin tener uno nuevo.

Todo esto ocurría mientras el «comité de sabios» buscaba la piedra filosofal en las ruinas de la caverna de Platón. El futuro de las televisiones públicas no es un problema de sabios. Y más si se tiene en cuenta que en ese comité hay personas que no han alcanzado todavía la categoría de tales. La sabiduría es un estado que no se alcanza ni por contagio ni por designación ejecutiva. Estamos primero ante un problema político. El dictamen de los sabios se puede convertir en el parlamento en un menú indigesto o en una recomendación imposible de llevar a la práctica por falta de voluntad política para hacerlo. Pienso que los sabios debieran ser una segunda instancia: una vez alcanzado el consenso entre los partidos, una vez enterrada el hacha de guerra contra la televisión estatal, los filósofos, no sé qué filósofos, se deberían reunir para establecer algunos principios elementales de la programación, algunas bases fundamentales de referencia. Eso en el caso de que hiciera falta un grupo de filósofos, porque ¿es la televisión una cuestión de sabios? ¿No encajaría más bien en el *Elogio del analfabetismo* de José Bergamín? Y luego, todos, deberían dejar de trabajar. Creo que se ha comenzado la casa por el tejado, y que los primeros pasos indican que lejos de «contar con todos» se aparca en una maniobra sectaria a quienes pudieran no estar muy de acuerdo con los nuevos estilos y las nuevas formas. Eso sí, contaban con Prisa. Cuando los telediarios de Urdaci perdían una décima, *El País* se apresuraba a hablar de crisis. La victoria exigua de los nuevos fue saludada con este titular: «La audiencia respalda los informativos de TVE». Sus columnistas, ignorantes de la realidad interna de la casa y entregados al nuevo poder, escribían sobre «la bocanada de aire fresco que ha entrado en la redacción de Informativos de TVE». Claro que los vientos son como el espíritu y soplan donde quieren. Por aquellos días el mismo periódico tenía que pedir disculpas por haber utilizado el atentado de las Torres Gemelas para una campaña de promoción de su edición digital.

«Un día da para mucho» decían sus publicistas bajo dos fotos, con el antes y el después del *sky line* de Nueva York.

El Gobierno, entonces en la Oposición, debiera haberse dado cuenta de que nada se construye con el derribo apresurado de todo lo anterior. Las ruinas son mala base para asentar los cimientos de una obra nueva. Las palabras, como dice Paul Auster, acaban provocando los efectos que buscan. El linchamiento asumido por Zapatero consiguió en parte los objetivos que pretendía. Pero la historia demuestra que las maquinarias que utilizan la venganza como motor acaban devorando a quien las inventa. Espero que esta historia sirva para restablecer un diálogo destrozado con el martillo del ruido y de la furia. Muchas veces he pensado que era inútil escribirlo y muchos me han recomendado que dejara las cosas como estaban, que no tenía sentido volver al pasado para contar algunas verdades escondidas. Pero me convencieron las ideas de quienes piensan que el silencio es una derrota y que hay que ayudar al tiempo para que consiga cuanto antes dejar las cosas en su sitio. Pensé este libro como una deuda con quienes ejercen el periodismo y con quienes se acercan a esta profesión con la ilusión de los nuevos. También con los que han asistido a la historia convulsa de estos últimos años, en los que han vuelto a aparecer algunos de los peores rasgos de nuestro carácter histórico, los más destructivos: la intolerancia, la deslegitimación de unas opciones políticas votadas por la mayoría, el recurso a la agitación callejera como forma de oposición, el periodismo ejercido como una forma de sectarismo y la cultura manejada como signo de la falsa superioridad moral de la izquierda. Siempre he creído con Emil Cioran que «si pusiéramos en un platillo de la balanza el mal que los "puros" han derramado sobre el mundo y en el otro el mal proveniente de los hombres sin principios y sin escrúpulos, es el primer platillo el que inclinaría la balanza. En el espíritu que la propone, toda fórmula de salvación erige una guillotina».

En TVE el cadalso tiene la forma del exilio, o del destierro. El 13 de octubre, a las tres y media de la tarde, dos funcionarios tocaron la puerta de mi casa para entregar un sobre que contenía un documento firmado por la directora de Personal, Ángela Bejarano, la misma que como miembro de la Asesoría Jurídica había cumplido un papel titubeante y lamentable ante los jueces de la Audiencia Nacional. Ascendida a la Dirección de Personal, me ordenaba que me presentara al día siguiente ante el director del Canal Internacional para incorporarme como redactor. Dos o tres productores se dedican a recopilar programas de otros canales de RTVE, para formar con todos ellos una parrilla que se pueda emitir en los cinco continentes. Ese «trágala» fue la respuesta a mi negativa a la oferta que una semana antes me había formulado Juan Menor. En efecto, a primeros de octubre, tres días antes de la primera comparecencia de la temporada de la directora general ante la comisión del Parlamento, Juan Menor tenía prisa por solventar un problema que arrastraba desde hacía seis meses. La dirección corría el riesgo de que el Parlamento preguntara por el destino de Urdaci. Para preparar una respuesta Menor me ofreció un programa de entrevistas en el Internacional. Si aceptaba, el problema estaba resuelto. Si me negaba demostraría que el problema era yo. Así que aplacé cualquier contestación hasta el miércoles por la tarde. Pero entonces a Menor ya no le interesaba mi punto de vista y fue imposible que descolgara el teléfono para escuchar. No podía aceptar un programa que se podría ver en Argentina pero no en España. ¿Qué entrevistado habría aceptado una censura como aquélla? Tampoco se trataba de un programa que ya existiera en el Canal, sino de un contenedor nuevo, inventado ex profeso para resolver una situación que la casa vivía como problema, y al que no podía dar una salida que no tuviera las bendiciones de Ferraz y las de la sección sindical de CC.OO. Mi negativa se publicó en la prensa, con las explicaciones oportunas para que la opinión pública entendiera las razones. La siguiente ofensiva llegó en forma de carta conminatoria. Ese día decidí solicitar un permiso de dos meses para abrir una tregua y buscar una solución razonable a una situación que cada vez se parecía más a las andanadas de una pareja que se divorcia después de veinte años de vida en común. Por aquellos días el telediario segunda edición volvía a perder liderazgo, pero las peleas de la casa habían ahogado en mí toda nostalgia. Los sabios seguían meditando en su cenobio mientras TVE hundía su cuota de pantalla hasta situarla muy cerca de las televisiones autonómicas.

Sólo espero que este libro les haya servido para conocer mejor lo que ocurrió durante ese tiempo y la intrahistoria de Televisión Española, más allá de los tópicos y de las leyendas fabricadas por el interés político o comercial. Confío en que mi experiencia sirva para conocer mejor una historia reciente en la que hasta ahora sólo se ha escuchado una voz exterior, una versión lejana y airada, que pretendía condenarnos a los demás al silencio. Tengo la certeza de que hasta las etapas más duras y difíciles de la vida merecen la pena. Y espero que quienes tienen en sus manos las reglas de juego del futuro sean capaces de inventar una televisión que no tenga que renunciar al liderazgo, que no tenga que rendirse a la primacía informativa de la competencia para escapar a los zarpazos de quienes la quieren reducir a la mínima expresión. He contado mi experiencia, que es mi patrimonio, con la conciencia, como decía Oscar Wilde, de que «la verdad pocas veces es pura, y nunca simple».

Índice